装备失效分析技术

刘贵民　杜军　编著

国防工业出版社

·北京·

内 容 简 介

本书系统介绍了装备失效分析的理论和技术。第1章主要介绍失效分析的意义、基本要求及发展历程。第2章介绍失效分析的基本程序、思路及基本方法，以及常用失效分析技术。第3、4、5、6章分别介绍断裂失效、腐蚀失效、磨损失效和变形失效的原理和技术。第7、8章分别是再制造装备、电子元器件的失效分析。第9章介绍了代表性的装备失效分析案例，可以穿插在其他章节中进行学习和比较。

本书可作为机械、电子装备、安全工程等相关专业的本科和研究生专业学习教材；同时可供从事失效分析工作的科研人员、检测人员以及处理失效事故的管理人员作为参考书。

图书在版编目(CIP)数据

装备失效分析技术/刘贵民,杜军编著. —北京:国防工业
出版社,2012.5
ISBN 978-7-118-07998-2

Ⅰ.①装... Ⅱ.①刘...②杜... Ⅲ.①武器装备－失
效分析 Ⅳ.①E237

中国版本图书馆 CIP 数据核字(2012)第 059061 号

※

国防工业出版社 出版发行
(北京市海淀区紫竹院南路23号 邮政编码100048)
北京嘉恒彩色印刷有限责任公司
新华书店经售

*

开本 710×960 1/16 印张 19¼ 字数 344 千字
2012 年 5 月第 1 版第 1 次印刷 印数 1—4000 册 定价 48.00 元

(本书如有印装错误,我社负责调换)

国防书店:(010)88540777   发行邮购:(010)88540776
发行传真:(010)88540755   发行业务:(010)88540717

前　言

我国的失效分析工作从 20 世纪 70 年代进入一个新时期,无论是组织管理、实际的分析操作技术、理论研究及普及教育都取得了很大的进步和提高,一些机构也相继出版了一些有关的书籍。21 世纪以来,我国的装备制造业、再制造业得到迅速发展,失效分析也有了很大发展。本书在全面介绍失效分析基础理论基础上,力求反映失效分析技术和理论的最新发展,将再制造装备的失效分析及电子元器件失效分析的相关内容纳入到书中。

全书共分为 9 章。第 1 章是对失效分析技术的概括性介绍,主要包括失效及失效分析的定义,失效分析的意义、基本要求及发展历程。第 2 章介绍失效分析原理和方法,包括失效分析的基本程序、思路及基本方法,以及常用失效分析技术。第 3 章介绍断裂失效,包括断裂失效形式及其判断、线弹性断裂力学和弹塑性断裂力学的内容。第 4 章是腐蚀失效,介绍腐蚀学的基本知识、电化学腐蚀热力学、反应动力学,以及腐蚀失效形式、腐蚀失效实验。第 5 章是有关磨损失效的内容,主要介绍摩擦学基础知识,以及磨料失效、粘着磨损、冲蚀磨损、微动磨损、腐蚀磨损、疲劳磨损等常见磨损失效基本形式,并对摩擦与润滑进行了介绍。第 6 章对弹性变形失效、塑性变形失效以及高温作用下的变形失效等变形失效的相关知识进行了介绍。第 7 章介绍再制造装备的失效及寿命预测,首先对再制造工程技术进行了介绍,然后介绍了再制造装备的失效形式,最后介绍了再制造装备失效分析和寿命预测技术。第 8 章的内容是电子元器件的失效分析,包括 3 方面的内容:电子元器件的失效机理,电子元器件的失效分析技术,以及电子元器件失效分析技术的工程应用。第 9 章主要是代表性的装备失效分析案例介绍。

本书可作为机械、电子装备、安全工程等相关专业的本科和研究生专业教材;同时可供从事失效分析工作的科研人员、检测人员以及处理失效事故的管理人员作为参考书。

　　本书的第 1～6 章由刘贵民编写,郑晓辉校对;第 7～9 章由杜军编写,刘贵民校对;全书由刘贵民进行统稿。

　　借该书出版之际,对国防科技重点实验室基金项目(914OC85020111OC85)和国家自然科学青年基金项目(51102283)的支持,以及书中引用的文献资料的作者及出版机构表示感谢。

　　由于时间仓促,难免存在缺点及错误,敬请各位读者批评指正。

作　者

2011 年 12 月

目　录

第1章 概 论

1.1 失 效

装备及其构件在使用过程中,由于应力、时间、温度和环境介质及操作失误等因素的作用,失去其原有功能或原有功能退化以致不能正常使用的现象时有发生。这种丧失其规定功能或原有功能退化以致不能正常使用的现象称为失效。装备及其构件除了早期适应性运行及晚期耗损达到设计寿命的正常失效外,在运行期间,装备及其构件在何时、以何种方式发生失效是随机事件,无法完全预料。

装备及其构件的失效存在着各种不同的情况。例如,汽轮机在运转中突然发生叶片断裂而停止运转,这种完全失去原有功能的现象毫无疑问是失效;但有时装备是局部失去功能,或性能劣化,如航海陀螺仪中的轴承经长期使用后由于轴承发生磨损出现噪声或降低了精度,这时虽然尚未完全不能使用,但因失去精度,可认为也已经失效;有时装备整体功能并无明显变化,但其中某个零件部分或完全失去功能,此时虽然在一般情况下还能正常工作,但在某些特殊情况下就可能导致重大事故,这种失去安全工作能力的情况也属于失效,如锅炉和压力容器的安全阀失灵、火车的紧急制动失灵等。所以,失效可能发生于 3 种情况:①完全不能工作者;②性能劣化已不能达到原有指标者;③失去安全工作能力者。

1.2 失 效 分 析

对装备及其构件在使用过程中发生各种形式失效现象的特征及规律进行分析研究,从中找出产生失效的主要原因及防止失效的措施,称为失效分析。

失效总是首先从某些零件的最薄弱环节开始的,而且在失效的部位保留着失效过程中的信息。通过对失效件的分析,明确失效类型,找出失效原因,采取改进和预防措施,防止类似的失效在设计寿命内再次发生,从而使产品质量得以提高,这就是失效分析的目的。从技术上和经济上都没有必要要求装备永不失效,失效分析的目的不在于制造具有无限使用寿命的机械,而是确保装备在规定的寿命期限内不发生早期失效,或者把失效限制在规定范围之内,并对失效的过

1

程进行监测、预警,以便采取紧急措施。

1.2.1 失效带来的损失

失效分析的主要目的是要找出引起失效的原因,从而采取有效措施,使同样的失效不再重复发生。因为失效不仅带来极大的经济损失,而且还造成人身伤亡。这方面的实例很多。

1944年10月20日,美国东俄亥俄州煤气公司液化天然气储藏基地,一台直径21m,高12.8m的圆筒形储罐由于壳体破裂而喷出气体和液体,随后爆炸起火,20 min后,一台内径为17.4 m的球罐因受热倒塌而爆炸,造成128人死亡,当时经济损失达680万美元。

1979年9月7日,我国某电化厂氯气车间由于贮罐泄露导致液氯爆炸,使10t氯液外溢扩散,波及范围达7.35平方公里,死亡59人,779人中毒,直接经济损失超过63万元。

1979年12月18日,中国某地一煤气公司的液化气厂发生一起恶性爆炸事故。一台直径9.2m,容积400m³的球形液化气储罐突然爆裂,从长13.5m、宽0.5 m的裂缝喷出液化石油气,遇明火而爆炸燃烧,引起附近3个400m³的球形储罐和一个50m³卧式储罐以及25 m以外仓库中的5000个民用液化气瓶先后爆炸起火。大火燃烧了19 h,共烧掉液化石油气超过700t,烧毁机动车15辆以及罐区全部建筑,死亡33人,受伤53人,当时直接经济损失达650万元。

1984年12月3日凌晨,印度博帕尔市的美国联合碳化物公司所属的一家化工厂,由于储罐管路破裂,泄出大量毒气,造成375人死亡,2000人重伤。该市50万居民中有20万受到毒气侵害,2万人需要住院治疗。有关方面要求美国公司赔偿150亿美元的损失费。

1999年1月4日,重庆綦江虹桥,由于拱架钢管焊接部位以及连接桥梁、桥面与钢拱架的拉索、铆片、铆具均严重锈蚀,导致桥体垮塌,造成40多名群众死亡,数名群众受伤的惨剧。

2004年4月15日,位于重庆主城区的某化工厂,由于氯冷凝器的列管出现穿孔,发生氯气泄漏和三氯化氮爆炸事件,波及附近600米的居民区,造成7人死亡,3人中伤,中毒群众几百人。

军用装备的失效有时也会引起重大事故的发生。

2000年8月21日,军用684Ⅱ型交通艇在广东某海域进行航行试验时,由于法兰度不足造成螺栓脱落,导致主机与齿轮箱连接的联轴节严重损坏,曲轴、凸轮轴、主机相继损坏,船艇被迫返厂维修。

2001年11月8日,由EQ2102型军用底盘改装的12台轮式坦克修理工程车,在3000km的道路试验中,发现有11台工程车的分动箱壳体由于疲劳产生开裂。

军用装备的失效,不但会造成经济损失,威胁士兵的生命安全,同时,如果失效发生在战场上,既会影响军队战斗力,贻误战机,更会导致重大的军事事故。

失效带来人员伤亡和直接巨大的经济损失,同时,失效也会造成惊人的间接经济损失。所谓间接的经济损失,主要包括由于失效迫使企业停产或减产所造成的损失;引起其他企业停产或减产的损失;影响企业的信誉和市场竞争力所造成的损失;等等。

例如,某大型石化厂,在全厂最高大的脱碳塔旁边,有一个小小的底部液体加热再沸器,其作用是把脱碳塔底部的溶液引出并用蒸汽加热,使温度升高2℃,以便溶液再达沸点温度。这个再沸器管子经常损坏,损坏后要全厂停工修理,更换管束费用虽然不算高,但一次停工就需10天~20天,停一天损失20多万,间接损失比直接损失大得多。

由于设备失效引起企业及与其相关的其他企业停产而造成的损失,往往难于精确计算,实际的损失可能比估算的数字还要大。

1.2.2 失效分析的目的及意义

1. 促进科学技术的发展

失效分析是对事物认识的一个复杂过程,通过多学科交叉分析,找到失效的原因,不仅可以防止同样的失效再次发生,而且能进一步完善装备的功能,并促进与之相关的各项工作的改进。

例如,19世纪中期,铁路运输频繁出现车轴的断裂。通过对大量断轴进行失效分析和试验研究工作,找到了原因:金属构件在交变应力的作用下,即使该应力远远低于金属材料的拉伸强度,经过一定的循环积累,也会发生断裂,这就是"疲劳"。此后经物理学家、冶金学家、机械工程师反复、深入、系统地研究,使疲劳断裂成为金属材料强度学中的一个重要领域。用疲劳的机理可以解释很多失效现象,研制出抗疲劳性能良好的金属材料、结构和成形工艺。

又如,第二次世界大战期间,美国2500艘全焊接结构"自由轮"发生了一千多次破坏事故,其中238艘完全报废,19艘沉没,有24艘船舶甲板完全断裂。事故大多发生在美国—冰岛—英国这条北大西洋航线上,这里气温多在零度以下。原因是碳钢和低合金钢有一个脆性转变温度,尽管这些钢材在常温下有良好的韧性,但在低于室温的某一温度就会变脆(对缺口极为敏感),使钢材变脆的温度称为脆性转变温度。某些常用钢材的低温韧性转变特性可以很好地解释美国的"自由轮"、钢制桥梁、压力容器、管道等在低温下工作的脆性失效,促使研制出在低温下有良好性能的材料。现在已制造出在接近绝对零度的超低温下工作的装备和构件。

对各种失效机理的认识都是通过对装备构件发生的各种失效进行分析,提高了对客观规律的认识。失效、认识(失效分析)、提高、再失效、再认识、再提高,由此促进了科学技术的发展。

2. 提高装备及其构件的质量

对装备构件的失效分析是提高质量的有力措施。装备构件的质量往往通过各种试验检测进行考核,但试验室内再好的模拟试验也不可能做到与装备构件服役条件完全相同。任何一次失效都可视为在实际使用条件下对装备构件质量检查所做的科学试验,失效越是意想不到,越能给人们意想不到的启示,引导分析复杂多变的过程及影响因素下装备构件质量的偏差,找出被忽略的质量问题。由此从设计、材料、制造等各方面进行改进,便可提高装备及其构件的质量。

日本的机械产品一度曾以质量低劣闻名于世,但是目前日本产品的质量在世界范围内已占有明显的优势,这与他们重视质量、重视失效分析是分不开的。例如,马路上行驶的丰田皇冠、顶级凌志,堪称"精致豪华",这是日本在 30 多年前就着手系统地分析世界各国汽车构件失效情况,着重研究失效原因及改进措施的结果。

从大量化工及石油化工装置构件的失效分析总结出很多的经验,其中"金属材料的高质量"是预防失效的首要要求。例如,20 世纪 20 年代,奥氏体不锈钢在很多介质中发生晶间腐蚀失效,通过失效分析提出晶间腐蚀的贫铬理论、选择性腐蚀理论及沉淀相腐蚀理论等,为避免有害的碳化铬在晶界沉淀,降碳、加稳定的碳化物形成元素及杂质含量低的奥氏体不锈钢相继问世,使奥氏体不锈钢构件的晶间腐蚀失效率大大降低;又如,石油的含硫量越来越高,压力容器及管道大量的湿 H_2S 环境开裂失效问题逐渐引起世人关注,通过广泛深入地调查研究分析,认为碳钢及低合金钢在湿 H_2S 环境中的开裂问题与钢材的强度有关,与材料的化学成分、显微组织,尤其冶金质量影响有关,因此目前世界各国在开发高纯度及满意显微组织的湿 H_2S 环境专用钢,如法国在压力容器结构规范 CODAP—1990 中,除了规定限制钢材碳当量及焊缝热影响区的硬度,还提出要求:为降低夹杂,应限制 S 含量,使 $S \leqslant 0.002\%$,如能达到 0.001% 则更好;为改善显微组织,应限制 $P \leqslant 0.008\%$,以防止磷的偏析引起开裂。

3. 具有高经济效益、社会效益和军事效益

装备及构件失效带来直接及间接的经济损失,进行失效分析找出失效原因及防止措施,使同样的失效不再发生,这无疑就减少了损失,并带来了经济效益。还有它提高了装备构件质量,使用寿命增加、维修费用降低及高的产品质量信誉

等都带来了经济效益。失效分析能分清责任，为仲裁和执法提供依据。失效分析揭示了规章、制度、法规及标准的不足，为其修改提供依据。科学技术是生产力，失效分析有力地推动了科学技术的发展，在这个方面失效分析给整个社会带来的经济效益、社会效益和军事效益是难以估计的。

例如，1990 年，某型号反坦克炮钨合金脱壳穿甲弹在强度试验中，发现部分弹丸在膛内断裂，经综合分析，断裂原因是由于弹丸尾部强度不够。后来承制单位将弹丸尾部的盐浴处理改为真空热处理，提高了弹丸强度，有效防止了事故的再次发生。再如，2002 年 8 月，部队反馈国产某式手枪击针在训练中相继出现批量性断裂，经失效分析属空枪击发过多导致的疲劳断裂，而在手枪设计上只考虑了实弹射击的击针强度，忽略了部队训练的空枪击发，因此制造厂和使用部队按 4:1 共同负担了翻修和改进费用，圆满解决了存在的质量问题。

1.3　失效分析的发展

1.3.1　失效分析发展的 3 个阶段

一般把失效分析的发展历史分为 3 个阶段：失效分析的初级阶段、近代失效分析阶段及现代失效分析阶段。

第一次世界工业革命前是失效分析的初级阶段，这个时期是简单的手工生产时期，金属制品规模小且数量少，其失效不会引起重视，失效分析基本上处于现象描述和经验阶段。

失效分析受到真正重视是从以蒸汽动力和大机器生产为代表的世界工业革命开始的，这个时期由于生产大发展，金属制品向大型、复杂、多功能开拓，但当时人们并没有掌握材料在各种环境中使用的性态、设计、制造及使用中可能出现的失效现象。当时，锅炉爆炸、车轴断裂、桥梁倒塌、船舶断裂等事故频繁出现，给人类带来了前所未有的灾难。失效的频繁出现引起了极大重视，促使了失效分析技术的发展。此阶段最可喜的是各种失效形式的发现及规律的总结，并促使了断裂力学这一新学科的诞生。但限于当时的分析手段主要是材料的宏观检验及倍率不高的光学金相观测，因此未能从微观上揭示失效的本质；断裂力学仍未能在工程材料断裂中很好地应用。此为失效分析的第二阶段，此阶段一直延至 20 世纪 50 年代末，又称为近代失效分析阶段。

20 世纪 50 年代以后，随着电子行业的兴起，出现了微观观测仪器，特别是分辨率高、放大倍率大、景深长的透射及扫描电子显微镜的问世，使失效微观机制的研究成为可能。随后，大量现代物理测试技术的应用，如电子探针 X 射线显微分析、X 射线及紫外线光电子能谱分析、俄歇电子能谱分析等,促使失效分析登上了新的台阶。失效分析现处在第三阶段的历史发展时期,即现代失效分析阶段,这一阶段已经走过近半个世纪,并取得了巨大的成就。

电子显微分析使失效细节观察成为可能,促使断口学及痕迹学的完善,并成为失效分析最重要的科学技术。断裂力学在失效分析诊断中起了重大作用,揭示含裂纹体的裂纹扩展规律,并推进失效预测预防工作的进展,目前,断裂力学已成为研究含裂纹的工程结构件变形及裂纹扩展的重要分支学科。失效分析集断裂特征分析、力学分析、结构分析、材料抗力分析及可靠性分析为一体,已发展成为跨学科的、综合的和相对独立的专门学科,不再是材料科学技术的附属。

1.3.2 国内外失效分析状况

1. 中国的失效分析状况

中国的失效分析工作从 20 世纪 70 年代进入到快速发展时期,无论是组织管理、实际分析操作技术、理论研究及普及教育都取得了很大的进步和提高。

我国的失效分析工作主要由中央部委的失效分析研究中心、企业的理化实验室及高校相关的试验研究中心进行。重大的失效事故由国家直接主持领导,在全国调配相关学科专家组成攻关小组或失效分析小组,在规定的时间内解决重大技术关键问题;一些比较简单、涉及面较窄的失效分析任务,有时由失效装备单位委托失效分析专家来承担。

中国机械工程学会及中国科协所属的有关工程技术学会为促进失效分析学科的发展做出了很大贡献。1980 年,中国机械工程学会在材料专业分会内成立了失效分析委员会,组织失效分析全国性的学术活动,并于 1980 年开始组织召开全国机械装备失效分析会议;1992 年开始,由中国科协委托中国机械工程学会失效分析委员会主持,全国 20 多个工程学会开始共同举办全国机电装备失效分析预测预防战略研讨会。目前,这些会议已举办多届,全面报道了中国机械装备失效及失效分析的状况、失效分析的技术水平、理论研究的广度及深度。中国机械工程学会失效分析委员会在全国建立失效分析网点,建立失效分析专家库。另外,我国的很多工程技术刊物开辟失效分析专栏,及时报道各种工程装备及构件的失效分析案例;2006 年,由南昌航空大学和北京航空材料研究院共同主办,开始出版发行杂志《失效分析与预防》。通过会议交流、印发论文集及杂志发行,大大推动了中国失效分析工作的发展。中国现代的失效分析虽然起步较晚,但与美、英、日、德、前苏联等先进国家相比,差距正日益缩小。

2. 美国的失效分析状况

美国无论在国防高新技术部门还是在工业部门均开展了失效分析工作。在国防高新技术部门,如原子能、宇航等,失效分析主要是在国家的研究机构进行,如橡树岭国立研究所、肯尼迪中心、约翰逊中心等;在民用工业部门,失效分析主要在一些公司进行,如福特汽车公司、西屋公司、通用汽车公司、波音公司等都有相应的技术部门进行失效分析工作。美国的失效分析与保险公司和法院有着密切的关系,常以打官司而告终。不少重大失效事件是保密的,只有"解密"以后才能了解到。失效分析资料交流的公开渠道是在各种学会。美国金属学会(ASM)在领导失效分析工作方面做了很大的努力,早在 1966 年就汇编出版了《零件是怎样失效的》(《How Components Fail》)一书,以后又出版了一些手册、论文集和资料汇编等。美国机械工程师学会(ASME)和美国材料与试验学会(ASTM)也都围绕失效分析这个主题开展了一些讨论和出版了一些论文集。

美国材料与试验学会于 1975 年将《金属手册》改版为多卷本,从第八版开始,有独立的"失效分析与预防"(Failure Analysis and Prevention)作为单独的一卷(第十卷),该卷由多位作者合编,归纳了美国几十年中出现的几十种失效类型,并采用了数百个案例加以说明,阐明如何分析由设计、选材、制造及其他原因引起的失效,并提出防止失效的措施。

美国的 Jack A. Collins 教授于 1981 年编著的教材《机械设计中的材料失效》(《Failure of Materials in Mechanical Design》),被广泛用于工程学院的高年级本科生和初级研究生的教学,该书对有关材料失效的各种理论做了比较详细的介绍,对常见的失效形式做了详细的分析,还提出了各种失效预测及预防的方法。该书于 1993 年做了少量增补和删改后再版,目前仍然是亚利桑那州大学和俄亥俄州大学机械工程专业的教科书。

3. 其他国家的失效分析状况

英国对重大事故的失效分析主要由国家的研究机构进行。其国立工程研究所(NEL)、国立物理研究所(NPL)、焊接研究所(W1)、中央电力局(CEGB)、英国煤气公司等都有专门的失效分析机构。英国的大学与这些机构联系密切,承担了相当数量的失效分析任务,并开设了失效分析课程,为提高失效分析技术起了很大的作用。

德国有西欧唯一从事失效分析及预防的专门商业性研究结构,阿连安兹技术中心(AZT)每年完成失效分析任务 700 项～760 项,出版《机械失效》(DERM-ASCHINDNSCHADEN)月刊。一些失效分析研究单位建立了失效事故分析档案,以便有案可查,同时,还可以将这些事故档案加以统计分析,为以后失效分析提供宝贵的资料。德国近十多年来更致力于失效分析工程理论的研究,并在高等院校设置了《失效分析学》课程。

日本的金属材料技术研究部是政府的机械失效分析工程管理及运作机构。

日本企业对失效分析特别重视，认为失效分析是质量管理的一个组成部分。产品在使用中出现失效时，即根据"产品失效报告书"所填写的失效的具体情况，进行不同深度的失效分析，然后将得出的结论通过不同的途径反馈到有关部门，然后采取必要的改进措施。

苏联在20世纪四五十年代就开展了失效分析工作，并出版了一系列有关失效分析的专著，但其国内曾出现的重大事故却很少在刊物上报道，对于与失效分析相关的一些问题，如材料的强度与断裂、机械的可靠性与耐用性等则在公开刊物上讨论得较详尽。

1.4　失效分析学科简介

1.4.1　失效分析的基本类别

如果按内涵的组成可将失效分析分为失效分析诊断、预测和预防三大类；如果按主要学科分支分类，失效分析则包括断口学、痕迹学以及正在发展的失效评估等。如果按失效分析的目的不同则可分为以下几种。

（1）狭义的失效分析——主要目的在于找出失效的直接原因。

（2）广义的失效分析——不仅要找出失效的直接原因，而且要找出技术管理方面的薄弱环节。

（3）新品研制阶段的失效分析——对失效的研制品进行失效分析。

（4）试用阶段的失效分析——对失效的试用品进行失效分析。

（5）定型产品使用阶段的失效分析——对失效的定型产品进行失效分析。

（6）修理品使用阶段的失效分析——对失效的修理品进行失效分析。

（7）确认事故责任以及索赔而进行的失效分析——对肇事或失效装备质量进行分析。

1.4.2　失效分析的主要分支学科

1. 断口学

断口是装备或试样在使用或试验过程中发生断裂（或形成裂纹后打断）所形成的断面。断口的形貌特征记录了材料断裂前在载荷和环境作用下的不可逆变形，以及裂纹的萌生和扩展直至断裂的全过程。断口学就是通过定性和定量的分析来识别这些特征的，并将这些特征与发生损伤及失效的过程联系起来，从而找出与失效相关的内在及外在原因的一门科学技术。

对断口的认识和利用可以追溯到古代，但断口分析作为一门学科则是最近半个世纪的事情。这主要归功于扫描电镜的问世,使得对断口微观细节的观察分析成为可能,从而使断口学在断裂失效分析中发挥了很大作用。

目前,虽然断口学已得到很大发展,但仍存在一些问题,如断口分析基本上是以定性分析为主,定量分析手段不完善;另外,由于科技的发展使得新材料不断涌现,也使得新材料的断口特征及其在特殊环境下的断裂行为与其断口特征内在联系的研究一直是一个亟待研究的课题。

2. 痕迹学

从远古时代地球上的陨石坑,到古代的甲骨文和敦煌的壁画,直至现代社会鉴别罪犯的指纹,都是一种痕迹。在刑事检查中首先发展起来的是指纹痕迹分析法。

痕迹是环境作用于某个系统,在系统表面留下的标记;痕迹分析就是对这些标记进行诊断鉴别。痕迹学就是通过定性和定量的分析来识别这些"标记"及其演变的特征,找出其变化的过程和原因,为事故和失效分析提供线索和证据。

痕迹学应用于失效分析由来已久,但真正成为在失效分析中应用得较为系统的一门科学技术则是 20 世纪末的事情,其代表作是张栋的《机械失效的痕迹分析》。如今,痕迹学也像断口学一样,深入到失效分析的每一个角落,在失效分析中发挥着重要的作用,并成为失效分析学科中重要的组成部分。

3. 失效评估

由于任何偶然性造成的随机性失效在样大时总体上必然服从某些统计规律,也就是从无序状态转化为一定的有序状态,这就为装备的失效评估提供了技术基础。

近年以来,失效评估逐渐被重视起来,成为失效分析的一个分支。钟群鹏教授近 20 年来在断裂失效的评估方面进行了系统研究,建立和发展了断裂失效评估的一些基本理论和方法。但总体来说,失效评估技术还很不成熟,是有待大力研究的新领域。

1.4.3　失效分析与相关学科的关系

现代失效分析发展阶段初期,主要围绕断裂特征和性质分析来进行,加之在20 世纪 60 年代以前所进行的失效分析基本上限于材料的组织和性能、宏观痕迹分析和材质的冶金检验等,因此,失效分析与材料研究领域联系密切。在 20世纪 80 年代以前,失效分析的学术组织也都附属于材料领域。

但失效分析发展到现在,已经成为多学科交叉的领域,与很多学科的关系都非常密切,如断裂分析中需要力学,失效机理分析需要材料物理,磨损失效分析需要摩擦与磨损学,等等。而在众多学科中,可靠性分析与失效分析的关系尤为密切,因为它们是具有紧密联系的一个矛盾体的两个方面。

可靠性是产品在规定的条件下和规定的时间内完成规定功能的能力。当用概率定量描述这种能力时,称为可靠度。可靠是相对失效而言,而失效则意味着不可靠。

既然可靠是相对失效而言的,所以可靠性是相对失效性而言的,则可靠度(概率)相对失效度(概论)而言有如下关系:

$$可靠度\ R(t) + 失效度\ P(t) = 1$$

从上面公式可以看出,失效度就是不可靠度,而失效性即不可靠性。同样,可靠分析相对失效分析而言,可靠性(度)分析相对失效性(度)分析而言。通过上述对比可看出,失效分析和失效性(度)分析不是一个概念。

失效分析是以失效装备(或将要失效的装备)及其相关的失效过程为分析对象,并以查找某个失效装备的机理和原因为主要目标;而可靠性(度)分析以某一种装备(或系统)群体为分析对象,评估其失效的可能性或获得其失效概率为主要目标。因此,失效分析的思路和方法与可靠性分析的思路和方法不一样。

1.4.4 现代失效分析的发展方向

失效分析从 20 世纪 50 年代末以来得到了迅猛发展,使失效分析从简单实用的事故分析技术向一个独立的分支学科飞跃提供了基础。作为正在兴起和发展的边缘学科,失效分析有众多有待进行深入系统地研究的热点领域。

1. 完善失效分析学科

尽管失效分析理论的主要支撑技术——断口学和痕迹学已得到了很大的发展,但失效分析作为一门学科,其体系的系统性和完整性还远不够完善,与相关学科的“边界”也不够明确,特别是失效预测和失效预防理论、技术和方法尚未形成相对独立的体系,这无疑将限制失效分析的发展。目前,失效分析主要依据经验或根据已有的断口、裂纹、金相图谱来进行失效诊断;而现有的图谱和案例集基本上仍是定性的“特征诊断”,虽然也有一些定量分析的结果,但大多只是特定条件下的定量分析,不能给出损伤失效特征随条件变化的系统性、规律性认识的诊断依据。近年来,研究人员在金属疲劳断口物理数学模型和定量反推原始疲劳质量及疲劳应力等方面进行了一系列的研究工作,但总体上仍然处于定性分析阶段。

2. 装备的安全可靠性评估技术

由于装备在设计、制造、装配、使用和维修等阶段存在诸多的不确定因素,实际所受的外力不仅随工况不同而改变,还受偶然性的影响;同时,装备所受的抗力也由于材料组织的不均匀、内部缺陷的随机分布和加工制造的不一致,存在很大的分散性。因此,失效受偶然性和必然性两个因素的共同影响。但任何偶然性造成的随机性在样本大时总体上必然服从某些统计规律,即事物从无序状态转化为一定的有序状态,这就为安全可靠性评估提供了基础。

安全可靠性评估不仅需要对过去同类产品的使用数据进行收集和统计分析,而且要研究涉及表征构件的各种基本参数的分散概率及其对装备失效的影响,在此基础上建立安全可靠性或失效概率的物理数学模型,并通过数值计算、实验或计算机模拟验证,从而达到装备产品安全可靠性评估的目的,使装备在规定的工作条件下、规定的寿命内,在完成规定功能的情况下将失效的可能性减小到最低程度。

3. 新材料断口特征及其规律研究

现代科技的发展使得各种新材料以及运用新工艺制取的传统金属材料得到了广泛应用。陶瓷、高分子材料和复合材料等与传统金属材料在力学行为、化学特性及断裂本质等方面存在巨大差异,因此其失效特征需要预先进行一些基础性研究。另外,传统的金属材料,由于现代材料制备技术的日益发展,像粉末冶金、定向凝固及单晶制备技术的大量采用,也使得其损伤特征与原来发生了很大改变。如定向凝固合金叶片存在类似树脂基复合材料损伤破坏的某些特点,比如在低速高能冲击后的损伤问题等,都值得高度重视。另外,定向凝固合金尤其是单晶合金的再结晶及其预防问题已成为工程应用中的一个棘手问题。

4. 固体材料环境损伤的演化诱致突变及其预测

任何装备都在特定的环境下服役,失效取决于材料的环境行为。装备与服役条件交互作用,使装备材料的组织、结构和性能发生变化,最终导致失效。环境失效机理涉及材料、物理、化学、机械、电子等领域,其研究成果能为改善材料的性能打下理论基础,使材料设计从被动提高环境抗力到主动适应多元环境,并将促进宏观、微观弹塑性断裂力学、疲劳学和安全评估等学科的共同发展,建立、发展和完善与环境失效有关的模式、诊断、预测和控制等理论。材料的环境行为具有多因素耦合和非线性损伤累积的特点,如温度变化和机械载荷的耦合作用、应力和腐蚀环境的交互作用等。环境因素耦合效应的物理机制、多因素作用的非线性损伤叠加理论、损伤累积过程的描述和物理数学模型,将成为材料在复杂环境过程中失效评价和控制的理论基础。在此基础上,建立复合作用下材料和装备的寿命预测模型,完善复杂环境下的材料与装备的损伤模型、剩余寿命评估方法和耐久性分析技术等。

5. 失效过程的计算机模拟与辅助诊断

由于装备的失效过程很复杂,目前还没有预测材料、构件和装备的损伤倾向和评估剩余寿命的有效手段,对于失效机理和失效过程的认识基本上仍是唯象和定性的。用计算机模拟装备失效的动力学过程,不仅可以证实失效机理和失效原因的分析是否正确,而且可以为材料和装备的设计提供科学依据。近年来发展起来的用计算机模拟失效件断口和失效特征形貌的技术,为计算机辅助诊断和模拟损伤过程提供了必要条件。

失效过程的计算机模拟与诊断包括失效库的建立、断口的三维重建与模拟、损伤过程的动力学模拟与再现等,在此基础上,借助神经网络原理形成具有自学习功能的用于分析材料及装备损伤行为和失效机理的人工智能系统。

6. 电子产品及其控制系统的失效分析

随着现代科学技术的发展,对电子元器件的种类和精细程度的要求也越来越高,伴随而来的是电子产品出现失效与故障的频率提高;同时,电子元器件种类繁多,功能各式各样,失效形式常常具有随机性和偶然性,因此,电子产品的失效分析工作的领域广、难度大。而控制系统功能繁多,失效模式复杂多样,分析检测的难度也很大。

7. 再制造产品的失效分析

在进入 21 世纪后,人口、资源、环境协调发展的任务更加突出,为建设节约型社会、环境友好型社会和发展循环经济,对再制造的需求更加迫切,我国的再制造工程在近些年来得到了迅猛发展。很显然,经过再制造的装备,其失效形式、机理等一定和原装备有不同之处。目前,由于再制造刚刚起步,再制造装备的失效还没有形成规模,但不可否认的是,随着再制造工程的发展,再制造装备的失效会变得越来越重要。

1.5　失效的基本模式

对于机械装备而言,断裂失效、腐蚀失效、磨损失效及变形失效是主要的失效形式。

断裂失效又分为韧性断裂失效、脆性断裂失效和疲劳断裂失效。构件在断裂之前产生显著的宏观塑性变形的断裂称为韧性断裂失效;构件在断裂之前没有发生或很少发生宏观可见的塑性变形的断裂称为脆性断裂失效;构件在交变载荷作用下,经过一定的周期后所发生的断裂称为疲劳断裂失效。

腐蚀是材料表面与服役环境中发生物理或化学反应,使材料发生损坏或变质的现象,装备发生腐蚀使其不能发挥正常的功能则称为腐蚀失效。腐蚀有多种形式,有均匀遍及构件表面的均匀腐蚀和只在局部地方出现的局部腐蚀,局部腐蚀又有点腐蚀、晶间腐蚀、缝隙腐蚀、应力腐蚀开裂、腐蚀疲劳等。

当材料的表面相互接触或材料表面与流体接触并做相对运动时,由于物理和化学的作用,材料表面的形状、尺寸或质量发生变化的过程称为磨损。由磨损而导致装备功能丧失称为磨损失效。磨损有多种形式,其中常见粘着磨损、磨料磨损、冲击磨损、微动磨损、腐蚀磨损、疲劳磨损等。

变形失效又分为弹性变形失效和塑性变形失效。当应力或温度引起构件可恢复的弹性变形大到足以妨碍装备正常发挥预定的功能时,就出现弹性变形失效;当受载荷的构件产生不可恢复的塑性变形大到足以妨碍装备正常发挥预定的功能时,就出现塑性变形失效。

1.6 引起失效的主要原因

装备及其构件在设计寿命内发生失效,原因是多方面的,主要是由设计不合理、选材不当及材料缺陷、制造工艺不合理、使用操作和维修不当等四方面引起的,可以是单方面的原因,也可能是交错影响,要具体分析。

1. 设计不合理

由于设计上考虑不周密或认识水平的限制,构件或装备在使用过程中失效时有发生,其中结构或形状不合理,构件存在缺口、小圆弧转角、不同形状过渡区等高应力区,设计不恰当引起的失效比较常见。

设计中的过载荷、应力集中、结构选择不当、安全系数过小(追求轻巧和高速度)及配合不合适等都会导致构件及装备失效。构件及装备的设计要有足够的强度、刚度、稳定性,结构设计要合理。

分析设计时引起失效的原因尤其要注意。对复杂装备未做可靠的应力计算;或对装备在服役中所承受的非正常工作载荷的类型及大小未做考虑;对工作载荷确定和应力分析准确的装备,如果只考虑拉伸强度和屈服强度数据的静载荷能力,而忽视了脆性断裂、低循环疲劳、应力腐蚀及腐蚀疲劳等机理可能引起的失效,都会在设计上造成严重的错误。

2. 选材不当及材料缺陷

装备及构件的材料选择要遵循使用性原则、加工工艺性能原则及经济性原则,其中遵循使用性原则是首先要考虑的。使用在特定环境中的构件,对可预见的失效形式要为其选择足够的抵抗失效的能力。如对韧性材料可能产生的屈服变形或断裂,应该选择足够的拉伸强度和屈服强度;但对可能产生的脆性断裂、疲劳及应力腐蚀开裂的环境条件,高强度的材料往往适得其反。在符合使用性能的原则下选取的结构材料,对构件的成形要有好的加工工艺性能。在保证构件使用性能、加工工艺性能要求的前提下,经济性也是必须考虑的。

选材不当引起的构件及装备的失效时有发生。如某厂原使用引进的管壳式热交换器一台,壳体及管子均为 18-8 铬镍奥氏体不锈钢,基于生产需要按原图纸再加工一台,把壳体改为低碳钢与 18-8 铬镍复合钢板,管子仍为 18-8 铬镍钢,投入使用即发生壳体横向开裂,分析原因表明,管壳因材料热膨胀系数差异引起过大的轴向温差应力,是热交换器壳体材料选用复合钢板后又未对换热器结构做改进所造成的失效。

装备及构件所用原材料一般经冶炼、轧制、锻造或铸造,制造过程中形成的缺陷往往会导致失效。如冶炼工艺较差会使金属材料中有较多的氧、氢、氮以及杂质和夹杂物,这不仅会使钢的性能变脆,甚至还会成为疲劳源,导致早期失效。而轧制工艺控制不当会使钢材表面粗糙、凹凸不平,产生划痕、折叠等。铸件容易产生夹杂、疏松、偏析、内裂纹,这些都可能引起脆断,因此要求强度高的重要构件较少用铸件。由于锻造可明显改善材料的力学性能,因此,许多受力零部件尽量采用锻钢。但同时锻造过程中也会产生各种缺陷,如过热、裂纹等,从而导致装备在使用过程中失效。

3. 制造工艺不合理

装备及其构件往往要经过机加工(车、铣、刨、磨、钻等)、冷热成形(冲、压、卷、弯等)、焊接、装配等制造工艺过程。若工艺规程制定不合理,在加工成形过程中往往就会留下各种各样的缺陷。如机加工常出现的圆角过小、倒角尖锐、裂纹、划痕;冷热成形的表面凹凸不平、不直度、不圆度和裂纹;在焊接时产生的焊缝表面缺陷(咬边、焊缝凹陷、焊缝过高)、焊接裂纹、焊缝内部缺陷(未焊透、气孔、夹渣),焊接热影响区更因在焊接过程经受的温度不同,使其发生不同的组织转变,有可能产生组织脆化和裂纹等缺陷;组装的错位、不同心度、不对中及强行组装留下较大的内应力等。所有这些缺陷如超过限度则会导致装备失效。

4. 使用操作和维修不当

使用操作不当是装备失效的重要原因之一,如违章操作,超载、超温、超速;缺乏经验、判断错误;无知和训练不够;主观臆测、责任心不强、粗心大意等都是造成失效的隐患。

对装备的检查、检修和更换不及时或没有采取适当的修理、防护措施,也会引起装备失效。

1.7　失效分析的基本要求

1. 失效分析对人员的基本要求

失效分析是一个多学科交叉的产物,失效分析是装备产品设计与制造的重要技术基础。装备产品的失效是在所承受的外力(包括环境、功能)超过产品本身所具有的抗力下发生的。因此,失效分析人员除应具有失效分析专业的基础和共性知识外,还应掌握力学、材料或电子等学科中的相关专业知识,并了解其他相关专业的一般基础知识及其应用,较好地掌握理化分析、无损检测、裂纹断口分析、力学试验等有关失效分析所需的检测方法等。

2. 失效分析对管理的基本要求

由于失效分析的重要性、复杂性和特殊性,加强失效分析的管理是非常重要的,主要应注意以下几方面的事项。

（1）失效分析人员应坚持实事求是、坚持真理、修正错误。

（2）广泛吸收各种专业人员的意见,充分听取不同的意见和建议。

（3）掌握和运用并行工程的管理思路和方法。

第2章 失效分析原理和方法

2.1 失效分析的基本程序

如果只有一个构件或零部件失效,失效分析比较容易进行;但大多数情况下,往往是多个零部件同时遭到破坏,情况比较复杂,不知道是哪一个构件先出现问题,哪一些构件是受牵连的。因此在进行失效分析时,不仅要有正确的失效分析思路,还要有合理的失效分析程序。由于失效的情况多种多样,失效原因也错综复杂,很难有一个规范的失效分析程序。但一般来说,失效分析程序大体上可以分为以下几个步骤:明确目的要求、调查现场及收集背景资料、失效件的保护、失效件的检测及试验、确定失效原因和提出改进措施。

2.1.1 明确失效分析的目的要求

失效分析的目的有多种,如:①尽快恢复装备功能,使工厂全线恢复正常生产;②仲裁性的失效分析,目的是分清失效责任(包括法律和经济责任);③以质量反馈或技术攻关为目的的失效分析。但不管失效分析是何种目的,其宗旨都是找出失效原因,避免同样的失效事件再次发生。

对于不同的目的要求,失效分析的深度和广度会有很大的差别。很显然,失效分析的范围越广、越深入,失效分析工作进行得越透彻,所得结论的可信度越高。但不考虑客观要求和经济效益,只追求分析的深度和广度的做法,是不切合实际的,也是不可取的。失效分析的深度和广度,应以满足目的和进度为前提,以最经济的方法取得最有价值的分析结果。

明确了分析的目的和要求,并对所分析的构件有了初步了解,就可以确定分析的深度和广度。因此,任务提出者及任务接受者应共同讨论,统一认识,明确失效分析的对象、目的及要求。

一般情况下,以下几种情况在共同讨论前就要搞清楚:分析的构件是单件还是所有同型号、同功能的构件都要分析;只分析构件还是构件所存在的装备及系统一并分析;失效构件是否得到妥善保护或是已经检查解剖(遭到破坏);同类型的失效情况过去是否发生过;构件的使用、制造、设计、历史等相关性的问题等。

16

2.1.2 调查现场及收集背景资料

1. 现场失效信息的收集、保留与记录

明确目的要求后,失效分析人员应尽早进入现场。因为进入现场的人越多,时间越长,信息的损失量越大。如某些重要的迹象(如散落物、介质)等可能被毁掉,使失效件的残骸碎片丢失、污染、移位,或者将断口碰伤等。

收集信息时应广泛考虑各种可能性,不能先认定是什么失效原因,再为此收集证据,要以客观事实为依据来论证失效原因和过程。要收集的信息一般有两类:①确认能反映失效事故起因、过程的现象和资料;②估计可能用得着的资料及值得进一步分析的现象。

现场收集的信息包括资料和记录的文献,应满足如下3个条件:①能全面、三维、定量地反映失效后的现场;②能反映出失效先后顺序的各种迹象;③能反映出失效机理的各种现象。

记录的方法有摄影、录像、笔记、画草图等。记录文献上应有简要文字说明各种内容之间的关系,如注明左、中、右、前、后,比例尺、时间,局部照片所反映的位置在现场总体照片上的部位(反映局部和整体的关系)。下面以断裂失效为例来说明记录的主要工作。

(1) 做出失效现场草图,标出坐标的空间尺度。

(2) 对重大的爆炸失效,要将装备的所有残骸、碎片的散落地点标注在草图上(不易找到的飞得最远的碎片往往是最重要的),并收集、清点、编号,做出残骸恢复图。2003 年 2 月 1 日美国哥伦比亚号航天飞机在返回途中爆炸,当时美国政府组织了近 5000 人的专业队伍在 2560 km^2 范围内进行"拉网式"搜寻,共找到碎片 1.2 万块。

(3) 记录(拍照)并测量断裂区的塑性变形及断口的角度、纹理、颜色、光泽等能反映断裂时的受力、变形和断裂发展过程的各种现象,绘出裂纹扩展方向图。

(4) 收集与失效有关的物质,如气氛、粉尘、飞溅物、反应物,并注意机械划伤、污染吸附等容易造成混淆的痕迹。

(5) 采集残骸的重要关键性部位,以便进行实验室分析。

(6) 清理现场,并将编号的无用残骸放在避风雨的地方备用。

2. 调查、访问及收集背景资料

对于重大、复杂的失效分析任务,要进行多方的调查和访问。对象包括事故当事人、在场人、目击者及与失效信息有关的其他部门人员,如仪表室、控制室的值班人员、门卫、电话值班人员、消防值班人员等。

17

调查内容主要包括：①事故前的各种操作参数，如压力、温度、流速、流量、转速、电压、电流等；②事故前的异常迹象，如声音、光照、电参数、气温、振动、仪表指示异常及气味、烟、火等；③有关失效件的历史文献及其他有用资料。

为保证所得结果可靠真实，在调查访问中应注意不要有诱导性的提问；注意被访问人的心理状态，想办法解除涉嫌者或责任者的各种顾虑；不勉强被访问者提供情况；当被访问人提供的情况或意见出现矛盾时，不要轻易否定或肯定，记录下来再逐步甄别；能个别访问的应个别访问，必需开调查会时，应在个别访问之后进行，以避免互相迎合而导致错误结论。

访问调查可以获得一些很有用的线索和知识，但要真正准确地进行分析，还需要更充足的可靠依据。尤其是涉及诉讼和责任时，更要充分收集各种相关的科技档案背景资料、工业标准、规程、规范，甚至是来往信函及协议之类的文件档案。如果就理化机制分析构件失效，所收集的资料可包括如下内容。

（1）失效装备的工作原理及运行数据，有关的规程、标准。

（2）设计的原始依据，如工作压力、温度、介质、应力状态和应力水平、安全系数、设计寿命和所采用的公式或规程、标准。

（3）选材依据，如材料性能参数、焊缝系数等。

（4）失效装备所用材料的牌号、性能指标、质量保证书、供应状态、验收记录、供应厂家、出厂时间等。

（5）加工、制造、装配的技术文件，包括毛坯制造工艺（各个环节）文件，如图纸、工艺卡（工艺流程）及实施记录、检验报告、无损检验报告等。

（6）运行记录，包括工作压力、温度、介质、时间、开停车情况、异常载荷、反常操作（如超温）及已运行时间等。

（7）操作维修资料，如操作规程、试车记录、操作记录、检修记录等。

（8）涉及到合同、法律责任或经济责任的，还需查阅来往文件和信函。

这些资料一方面可以使失效分析人员免于做一些重复性的实验工作；另一方面也会使分析工作更有依据。但需注意的是，在档案内发现的问题并不见得就是失效原因，还必须进一步进行理论或实验论证，有时可能需要委托技术力量更强的部门做更深入的计算分析、测试、研究。

以上所述各项工作并非都必须做，应视工作需要有重点地进行。

2.1.3 失效件的保护

失效分析在某种程度上与公安侦破工作有相似之处，必须保护好事故现场和损坏的装备，因为留下的残骸件是失效分析的重要依据，一旦被破坏，会对分析工作带来很多困难。失效件的断口保护是最为重要的，因为断口上有失效的大量信息。断口的保护主要是防止机械损伤和化学损伤。

对于机械损伤的防止,应在事故发生后马上把断口保护起来。在搬运时将断口保护好,在有些情况下需利用衬垫材料,尽量使断口表面不相互摩擦和碰撞。有时断口上可能沾上一些油污或脏物,此时不可用硬刷子刷断口,并避免用手指直接接触断口,以防止断口上出现人为的混淆信息。

对于化学损伤的防止,主要是防止来自空气、水或其他化学药品对断口的腐蚀。可采用涂层法,即在断口上涂一层不受腐蚀又易于清洗的防腐物质。对于大构件,可涂一层优质的新油脂;对于较小的构件断口,除涂油脂外,还可采用浸没法,即将断口浸于汽油或无水酒精中,也可以采用乙酸纤维纸复型技术覆盖断口表面,或把断口放入装有干燥剂的塑料袋里。不能使用透明胶纸或其他黏合剂直接粘贴在断口上,因为一般的黏合剂很难清除,且可能吸附水分而引起腐蚀。

2.1.4 失效件的观察、检测和试验

在调查研究基础上,要对收集到的失效件进行观察和检测,以确定失效类型,找出失效原因。

1. 观察

在清洗前要对失效构件(包括收集到的全部残片)进行全面观察,包括肉眼观察、低倍率放大或显微镜宏观检查,以及高倍率显微镜微观观察。

用肉眼进行初步观察。肉眼具有很大的景深,能够快速检查较大的面积,而且能够感知形状,识别颜色、光泽、粗糙度等的变化,从而取得失效件的总体概貌。

低倍率放大或显微镜宏观检查可以补充肉眼分辨率的不足,对失效件的特征区及其与邻近构件接触部位的宏观形貌做进一步了解;对断裂断口则可获得腐蚀的局部区域,为微观机制分析提供选点,如果宏观观察能判别断裂顺序、裂纹源、扩展方向,则微观观察就可在确定的裂纹源区、裂纹扩展区及断裂区分别观察不同的特征,从而找出异常的信息,为失效原因及机理提供有力的证据。

2. 检测

观察只能了解失效件的表观特征,对失效件的本质特征变化则需通过各种检查、测试进行深入研究。检测一般包括如下内容。

(1) 化学成分分析。根据需要对失效构件材料的化学成分、环境介质及反应物、生成物、痕迹物等进行成分分析。

(2) 性能测试。力学性能包括构件金属材料的强度指标、塑性指标和韧性指标 σ_b、σ_s、σ_n、σ_D、δ、ψ、A_{KV}、K_{KC}、δ_C 及硬度等;化学性能包括金属材料在环境介

质中的电极电位、极化曲线及腐蚀速率等;物理性能则主要是反应热、燃烧热等。

（3）无损检测。采用物理的方法,在不改变材料或构件性能和形状的前提下,迅速而可靠地确定构件表面或内部裂纹和其他缺陷的大小、形状、数量和位置。构件表面裂纹及缺陷常用渗透法及电磁法检测,内部缺陷则多用超声波检测。

（4）组织结构分析。包括材料表面和心部的金相组织及缺陷。常用金相法分析金属的显微组织,观察是否存在晶粒粗大、脱碳、过热、偏析等缺陷;夹杂物的类型、大小、数量和分布;晶界上有无析出物,裂纹的数量、分布及其附近组织有无异常,是否存在氧化或腐蚀产物等。

（5）应力测试及计算。很多构件的失效类型与应力状态相关,有资料报道,由于残余应力而影响或导致构件失效的达 50% 以上。因此要考虑构件材料是否有足够的抵抗外力使其破坏的能力。不管哪一种断裂类型,其裂纹扩展能力都是应力的正变函数,应力增加,裂纹扩展速率递增。很多腐蚀失效在应力作用下才会产生,如应力腐蚀开裂与腐蚀疲劳都有与应力相关的裂纹启裂门槛值。构件由于承载而存在的薄膜应力,因温度引起的温差应力以及因变形协调产生的边缘应力,都是可以在设计中进行计算并在结构设计时加以考虑的。但在制造成形过程中产生的残余应力以及在安装使用过程中因偶然因素产生的附加应力是难以估算的。因此,失效的应力往往需要测试计算,尤其是在制造成形过程中存留的残余应力。内应力的测定方法很多,如电阻应变片法、脆性涂层法、光弹性覆膜法、X 射线法及声学法等,所有这些方法实际上都是通过测定应变,再通过弹性力学定律由应变计算出应力的数值。

3. 试验

为了给失效分析做出更有力的支持,往往对关键的机理解释进行专项试验,或对失效过程的局部或全过程进行模拟试验。如对 Cl⁻ 应力腐蚀开裂的失效构件,可以按国家标准进行同材质标准试样的 Cl⁻ 水溶液试验。模拟试验就是设计一种试验,使其绝大多数条件同失效件工况相同或相近,但改变其中某些不重要且模拟费用高、时间长、危险大的影响因素,看是否发生失效及失效的情况。

2.1.5　确定失效原因并提出改进措施

正确判断失效形式是确定失效原因的基础,但失效形式不等于失效原因。还要结合材料、设计、制造、使用等背景和现场情况对照查找。在条件认可或有必要的情况下,对得出的失效原因要进行失效再现的验证试验,若得到预期结果,则证明所找到的原因正确,否则还需再深入研究。

失效分析的根本目的是防止失效的再发生,因而确定失效原因后,还要提出改进措施,并按提出的改进措施进行试验,并跟踪实际运行;如果运行正常,则失效分析工作结束,否则失效分析要重新进行。

失效分析工作完成后,应有总结报告,其中至少应包括以下内容:①装备失效过程的描述;②失效类型的分析和规模估计;③现场记录和单项试验记录计算结果;④失效原因;⑤处理意见,即报废、降级、维修(修复)等;⑥对安全性维护的建议;⑦知识和经验的总结等。

2.2 失效分析的思路及基本方法

2.2.1 失效分析思路的方向性及基本原则

1. 失效分析思路的方向性

失效分析思路(即思考方向)是指导失效分析全过程的思维路线(思考途径)。在此要明确两个问题:一是不能把失效分析简单地归结为从果求因的逆向认识过程;二是失效分析思路的方向有多种选择。

1) 失效分析不是简单的从果求因过程

这主要体现在下面3个方面。

(1) 失效的最终完成状态呈现的是失效过程的总结果。已知的原因和结果都具有双重性,而且失效过程是一种累积损伤过程。失效的完成状态,不仅呈现终态的结果,而且保留中间状态,甚至起始状态的某些结果。

(2) 失效分析时常常先判断失效类型,然后再查找失效原因。判断失效类型不是根据失效状态的最后一个结果,而是依据全过程的整体结果。失效类型是连结失效信息和失效原因的纽带,对整个失效分析工作起的作用很大。

(3) 失效过程的起始状态应作为分析重点。实际上,分析失效原因时,并不把失效过程终点的结果列为分析重点,而是一开始就力图把失效过程的起始状态作为分析重点。如调查失效件的原材料保证单、进厂复验单、图纸和技术条件上的有关规定,检修记录,现场履历本记载,等等;而对失效件本身,则比较关注失效源,如断裂源、疲劳源、表面加工状态、检验标记、各种痕迹等。

2) 失效分析思路方向的多种选择

失效分析思路的方向有很多种,举例如下。

(1) 顺藤摸瓜。即以失效中间状态的现象为原因,推断整个过程进一步发展的结果,直至过程的终点结果。

不是每次失效分析都能查出失效的直接原因的,如疲劳破坏的肇事件断口上,疲劳源区若被严重擦伤,就很难找出疲劳失效的直接原因。顺藤摸瓜的做法虽然不能查出失效起始状态的原因(有时也称之为直接原因),但可揭示过程中间状态直至过程终点之间的一系列因果联系。

(2)顺藤找根。即以失效过程中间状态的现象为结果,推断该过程退一步的原因,直至过程起始状态的直接原因。

(3)顺瓜摸藤。从过程的终点结果出发,不断由过程的结果推断其原因。

(4)顺根摸藤。从过程起始状态的原因出发,不断由过程的原因推断其结果。

(5)顺瓜摸藤+顺藤找根。

(6)顺根摸藤+顺藤摸瓜。

(7)顺藤摸瓜+顺藤找根。

上述(1)~(6)都是一种单向的因果联系推断,只有(7)才是双向的因果联系推断,从瓜入手,或从根入手,或从藤入手,没有必要一成不变,思路一定要开阔,不要把自己的思路固定在某一不变的方向上。

2. 基本原则

失效分析的思路虽然因失效事件的不同可选择不同的思路,采用不同的具体手段进行分析,但思维过程却要遵守一些基本的原则,并在分析的全过程中正确运用,才能保证失效分析工作的顺利和成功。

1)整体观念原则

一旦有失效,就要把"装备—环境—人"当做一个整体系统来考虑。失效构件与邻近的非失效构件之间的关系、失效件与周围环境的关系、失效件与操作人员的各种关系等要统一考虑。尽可能大胆设想失效件可能发生哪些问题,环境条件可能诱发哪些问题,人为因素又可能使失效件发生哪些问题,逐个地列出失效因素,以及由其所导致的与失效有关的结果。然后对照调查、检测、试验的资料和数据,逐个核对排查列出的问题。

2)立体性原则

也就是从多方位综合思考问题。如同系统工程提倡的"三维结构方法",从3个方面来考虑问题,即逻辑维、时间维及知识维。具体到失效分析,逻辑维是从装备规划、设计、制造、安装直至使用来思考问题;时间维是按分析程序的先后,调查、观察、检测、试验直至结论;知识维则是要全面应用管理学、心理学知识及失效分析知识来综合判断。

3)从现象到本质的原则

许多失效特征只表示有一定的失效现象。如一个断裂构件,在断口上能观察到清晰的海滩花样,又知其承受了交变载荷,一般就认为是疲劳断裂。这只是认定失效类型,但还没有找出疲劳断裂的原因,无法提出防止同一失效现象再次发生的有效措施。因此还应该继续进行分析工作,弄清楚产生疲劳断裂的原因,才能从根本上解决问题。

4) 动态性原则

失效是动态发展的结果,经历了孕育、成长、发展至失效的动态过程。另一方面,装备构件相对于其周围环境、状态或位置,处于相对变化之中,设计变量或操作工艺指标只能是一个分析的参考值。管理人员、操作人员的变动,甚至操作人员的情绪波动,也都应包括在动态性原则当中。

5) 两分法原则

失效分析工作中尤其强调对任何事物、事件或相关人证、物证用两分法看问题。如名牌产品、进口产品质量多数是好的,但确实也有经失效分析确定其失效原因是设计不当或材料有问题或制造工艺不良等。如某石油化工厂进口的尿素合成塔下封头甲铵液出口管,使用 5 年后突然塔底大漏,大量甲铵液外喷,被迫停产。检查结果发现原因是接管与封头连接的加强板的实际结构和原设计不符,手工堆焊耐腐蚀材料层厚度不够,在腐蚀穿孔的地方只有 1 层,达不到原设计 3 层的要求。

6) 以信息异常论为失效分析总的指导原则

失效是人、机、环境三者异常交互作用的结果,因此过程中必然出现一系列异常的变化、异常的现象、异常的后果、异常的事件、异常的因素,这些异常的信息是系统失控的客观反映。尽可能全面捕捉掌握这些异常信息,尤其是最早出现的异常信息,是失效分析的总的指导原则。

2.2.2 失效分析思路简介

由于失效分析思路的重要性、多向性,而每项失效事件又各具特点,寻找合适的失效分析思路指导,以最小的付出而完成失效分析任务是所有失效分析工作者的期盼。本节简单介绍几种常用的较普遍的失效分析思路。

1. "撒网"式

对于失效事件,从构件及其装备的系统规划设计、材料选择、制造、安装、使用及管理维修等所有环节进行分析,逐个因素排除。这种思路不放过任何一个疑点,十分全面、可靠,但在失效分析中,往往由于人力、物力、财力和时间的限制,难以对每一个环节每一个因素都进行详尽的排查。作为大型复杂系统失效分析的前期工作,初步确定失效原因与其中一、两个环节有密切关系,甚至只与一个方面的原因有关后,则把该环节划定为分析的范围。

撒网式对每一个因素进行详尽的排查,是失效分析中常用的分析思路。如果是在更换了装备构件不久后发生失效事件,则可在构件的制造、组装、使用的各个影响因素排查。在确定了不是装备本身的问题后,则可在环境工况,或是相关人员的影响因素中进行排查。环境工况指装备内外环境,包括装备的介质、温度、压力、流速、载荷变化等;装备外环境包括周围气氛、天气、地势的影响等;相关人员的各种因素包括不安全的行为和人的局限性。不安全的行为有缺乏经验导致的判断错误、技术不良、主观臆测、违章操作、粗心大意、工作态度不好、玩忽职守等。人的局限性包括人的生理极限、健康标准等,如人的耐疲劳性、耐湿性、人的五官感受程度及可靠性,以及认定思维、认识限制,等等。

2. 按失效类型的分析思路

这是应用最多的一种失效分析思路,首先判断失效类型,进而推断失效原因。如断裂失效,要以裂纹萌生、稳态扩展、失稳扩展以致断裂为主线,观测裂纹的形态、特征、产生的位置,判断裂纹的类型,寻找裂纹萌生的原因,分析扩展的机理。如焊接构件出现裂纹或开裂,在失效分析中往往先确定裂纹在焊缝中的位置,然后观察裂纹的形态及各种特征,必要时测试成分、组织及焊接残余应力及硬度数据;最后综合人员及环境的影响因素,一般就可以找到断裂失效的原因。

3. 逻辑推理——失效分析的基本思路

不管是否学过逻辑学,是否懂得逻辑,只要进行思维,就一定要运用概念,做出判断和进行推理。

进行逻辑推理,就是从已有的知识推出未知的知识,也就是从一个或几个已知的判断,推出另一个新的判断的思维过程。而判断则是断定事物情况的思维形态。只要推出新判断的前提是真实的,推理前提和结论之间的关系是符合思维规律要求的,得出的结论或判断就一定是可靠的。所以,正确运用逻辑推理,是人们获得新知识的一个重要手段,在失效分析中应充分运用。

通过推理,可以扩大对失效现象的认识,从现有知识推出新知识,从已知推出未知。它不仅能反映出事物现在的内在联系,而且能反映出发展趋势。因此,推理是一种特殊的逻辑思考方式,是分析判断失效事件的逻辑手段。在失效分析中逻辑推理思路的作用和意义如下。

(1)推理适合于认识失效事件的反映形式。依据现场调查和专门的检验获得的有限数量的事实,形成直观的认识(即直接知识),联想以往经验及运用丰富知识,进行一系列推理,推断失效的部位、时间、类型、过程、影响和危害等一系列因果联系(即间接知识)。根据推导出来的新的判断,扩大线索,进一步做专门检验和补充调查,从而把失效分析工作逐渐引向深入。因此推理可扩大对失效事件认识的成果。

(2)推理是失效分析中重要的理性认识阶段。要想对失效事件有本质和规律性的认识,就必须在感性认识基础上,对感性材料联系起来进行思考,进行去伪存真、由此及彼、由表及里的思考,采用逻辑加工并运用概念(定义)构成判断和进行推理。没有这一认识阶段,认识就不可能深化,也不可能扩大认识领域,更不可能认识事物之间的内在联系及其发展趋势。

(3)推理可在失效分析的全过程(各个阶段)发挥作用。失效分析的过程在一定意义上是由一系列的推理链条组成的,形成一个严密的逻辑思维体系,这是失效分析工作科学性的一个重要标志。

(4)推理是审查证明失效证据的逻辑手段。失效证据是证明失效真实情况的一切事实,它必须具备两个条件:是客观存在的事实;能证明失效事件真实可信。

审查、证明失效事件真实的过程,既是收集、查证、核实证据的过程,又是推理判断的过程。从认识运动的顺序上讲,证明失效事件真实要经过两个过程:一是从特殊到一般,二是从一般到特殊。这是两个互相联系又互相区别的过程,由此构成证明的认识过程。

从特殊到一般是指按失效分析程序逐个收集和查证核实证据,并对这些证据材料逐一加以分析、推理判断,然后进行综合和抽象,得出一般性的结论。这个认识过程就是从具体证据到失效类型和原因的认识过程。

从一般到特殊,就是以对失效事件的本质认识为指导,分别去考查每个证据同失效事件事实之间是否有内在联系。

只有经历这两个认识过程,全部审查证明过程才算完成。因此,收集、判断、运用证据的过程也是一个推理的过程。

综上所述,逻辑推理的思路是以真实的失效信息事实为前提,根据已知的失效规律性的(理论的)知识和已知判断,通过严密的、完整的逻辑思考,推断出失效的类型、过程和原因。因此,逻辑推断的思路可以作为指导失效分析全过程的思维路线(思考途径)。它最能体现和发挥人们在失效分析中的主观能动性和创造性,所以,逻辑推断思路应是失效分析的基本思路。

4. FTA (Fault Tree Analysis)系统工程学的分析思路

在安全工程中 FTA 称为事故树分析法;可靠性工程一般把 FTA 称为故障树分析法;FTA 在失效分析中又称为失效树分析法。FTA 已被公认为当前对复杂安全性、可靠性分析的一种行之有效的方法。

FTA 从结果到原因来描绘事件发生的有向逻辑树,是一种图形演绎分析方法,是事件在一定条件下的逻辑推理方法。可围绕某些特定的状态进行层层深入的分析,表达系统的内在联系,并指出失效件与系统之间的逻辑关系。定性分析可找出系统的薄弱环节,确定事故原因的各种可能的组合方式;定量分析还可以计算复杂系统的事故概率及其他的可靠性参数,进行可靠性设计和预测等。

复杂装备是由相互作用又相互依赖的若干构件或子系统组合成具有特定功能的有机整体。为此,设计时已从功能的内在联系规定了构件、部件、子系统、系统之间比较明确的因果关系。如果系统发生故障(丧失规定功能的状态),可以利用系统的原理图、结构图、系统图、工作流程图、操作程序图以及结构原理、操作规程、工作原理等一系列由设计(思想)所决定并服务于系统功能的技术资料来建FTA树,实现FTA所能达到的众多目标。此时所建的故障树,主要是从功能故障的角度来逐层确定事件及其直接原因。关心的是故障发生的部位(即系统的薄弱环节)、故障发生的概率等,从而改进设计,进行可靠性设计或预测等。并不追究故障的微观机理和物理、化学过程。

一旦把FTA法引入失效分析,情况就不一样了。因为失效分析不是失效性分析,失效与可靠相对应,失效性与可靠性相对应,而失效度(概率)与可靠度(概率)相对应。因此,失效分析与可靠分析相对应,而失效性分析与可靠性分析相对应。所以,失效分析不是失效性分析,也不是可靠性分析。可靠性(度)或安全性(度)分析以群体(或系统)为对象,并与时间(寿命)因素密切相关,统计和概率论是其理论基础。而失效分析归根结底是以单个失效构件为对象,重点研究的是构件丧失规定功能的模式、过程、机理和原因。

通过上述分析不难看出,失效分析与可靠性分析(或失效性分析)在研究对象、目的和方法上都有重大差异,不能混为一谈。在失效分析中一般不宜采用FTA,也没有必要采用FTA。实际上构件失效的机理常常归结为材料损伤,而材料损伤的原因大多是隐性的,不通过一定的检验手段和鉴定难以发现(如成分不合格、强度超差、冶金缺陷等);另外,直接原因和间接原因往往也难以区分,至于事件的发生概率更不是失效分析本身所能掌握、提供的,所以在失效分析中采用FTA一般也行不通。但是在失效分析工作的后期,即综合性分析阶段,FTA可以作为一种辅助的审查方法加以运用,把整个失效过程用逻辑树图形进行演绎审查,以便发现失效分析中的漏洞。

2.2.3　失效分析常用的逻辑推理方法

1. 归纳推理

归纳是由个别事物或现象推导出该类事物或现象的普遍性规律的一种推理方法,即从特殊到一般的推理。一般来说,普遍性的判断归根到底是靠归纳推理提供的,掌握个别事物(现象)的量和共性越多,越有代表性,所得到的普遍性结论的可信度越高。但这种结论仍有或然性,不可绝对化。

2. 演绎推理

演绎是由一般(或普遍)到个别(或特殊),演绎推理的结论没有超过前提所断定的范围。从真实的前提出发,利用正确的推理形式,必然能够得到真实的结论,这是演绎推理的根本作用。

如失效已经判断为某一模式,因每一模式的机理和原因已有一套比较系统的理论,则可以据已定的模式演绎出新的判断,把调查分析工作引向深入。

3. 类比推理

观察到两个或两个以上失效事件在许多特征上都相同,便推出它们在其他方面也相同,这就是类比推理。

类比推理应力求全面、完整。既要从局部类比,又要从整体类比,要进行全过程、全方位类比;应以失效对象、失效现象、失效环境等为类比的主要内容,而过去的分析结论仅作参考;类比要注意是否存在差异;类比推理的可靠性取决于两个事件相同特征的数量和质量,相同特征数量越多,质量越相近,可靠性越高。类比推理有或然性,要避免片面性,多提假设,才能有助于调查深入分析。

4. 选择性推理

当失效事件中的某一情况的发生存在着两种以上的可能性可供选择,此时用已知的事实否定其中一个可能性,而肯定另一个可能性,这叫从否定中求肯定,这种推理方法称为选择性推理。但这种推理有或然性,不可单独使用。

5. 假设性推理

在证据不足、情况复杂的调查分析中,往往要以为数不多的事实和现象为基础,根据已有的知识,提出相应的假设,然后进行推理,得出结论。

在以上所有的推理过程中要特别注意如下 3 点。

(1)推理的前提必须是客观事实,不然会得出错误的结论。

(2)推理是逻辑手段,所得到的推论只能为分析研究失效情况提供参考、线索和方向,但不能作为证据。

(3)逻辑思维应当是辩证的,不是绝对准确的,任何情况下都要遵守形式逻辑的推理规则,这可以保证人们思维的一贯性,避免思维混乱和自相矛盾。

上述 5 种常用的推理思考方法在整个失效分析过程中的正确、灵活运用和有机组合,就构成了较完整的逻辑推理思路。

2.3　失效分析常用技术

断口分析、裂纹分析、痕迹分析、模拟试验是失效分析最常用的技术方法,在失效分析中起着很关键的作用。将这些方法在失效分析工作中与分析思路密切结合,对于得到正确的失效分析结论至关重要。

2.3.1　痕迹分析

　　装备失效时,由于力学、化学、热学、电学等环境因素单独或协同作用,在构件表面或表面层会留下某种标记,称为痕迹。这些标记可以是表面或表面层的损伤性的标记,也可以是失效件以外的物质。对痕迹进行分析,研究其形成机理、过程和影响因素,称为痕迹分析。痕迹分析是失效分析中最重要的分析方法之一,对判断失效性质、失效顺序、提供分析线索等方面有着极为重要的意义。

　　痕迹分析在进行受力分析、相关分析、确定温度和介质环境的影响、判断外来物以及电接触影响等一系列因素分析中,所提供的直接或间接证据对失效分析起着重大作用。如液氯钢瓶爆炸事故中附在墙壁上的黑色生成物的痕迹分析,就是判断引起爆炸的化学反应的可靠关键证据。

　　在长期实践中,人们已进行了许多成功的痕迹分析工作,积累了丰富的经验,但痕迹分析技术、方法和理论仍然有待大力发展和完善。

　　由于各种痕迹形成机理不同,形成过程相当复杂,因此痕迹分析是一种多学科交叉的边缘学科,涉及材料学、金相学、无损检验、工艺学、腐蚀学、摩擦学、力学、测试技术、数理统计等各个领域,这就决定了痕迹分析法的多样化。

　　痕迹不像断裂那么单纯,断裂的连续性好,过程不可逆,而且裂纹深入构件内部,在裂纹形成过程中断面不易失真,所以断口较真实地记录了全过程。而痕迹往往缺乏连续性,痕迹可以重叠,甚至可以反复产生和涂抹;同时,痕迹暴露于表面,较易失真,有时记录的仅仅是最后一幕,因此痕迹分析更需采用综合分析的手段。

　　1. 痕迹的种类

　　失效过程中留下的痕迹种类繁多,根据痕迹形成的机理和条件不同可分为以下几类。

　　1)机械接触痕迹

　　构件之间接触的痕迹,包括压入、撞击、滑动、滚压、微动等的单独作用或联合作用所形成的痕迹称为机械接触痕迹,其特点是发生了塑性变形或材料的转移、断裂等,痕迹集中发生在接触部位,并且塑性变形极不均匀。

　　2)腐蚀痕迹

　　由于构件材料与周围的环境介质发生化学或电化学作用而在表面留下腐蚀产物及表面损伤的标记,称为腐蚀痕迹。腐蚀痕迹分析可有以下几个方面。

　　(1)表面形貌变化,如点蚀坑、麻点、剥蚀、缝隙腐蚀、气蚀、鼓泡、生物腐蚀等。

（2）表面层化学成分的改变,或腐蚀产物成分的确定。

（3）颜色的变化和区分。

（4）材料物质结构的变化。

（5）导电、导热、表面电阻等性能的变化。

（6）是否失去金属声音等。

3）电侵蚀痕迹

由于电能的作用,在与电接触或放电的部位留下的痕迹称为电侵蚀痕迹。电侵蚀痕迹分为两类。

（1）电接触痕迹。由于电接触而留下的电侵蚀痕迹。当电接触不良时,接触电阻剧增,使电流密度很大,从而留下电侵蚀痕迹。电接触部位在火花或电弧的高温作用下,可能产生金属液桥、材料转移或喷溅等电侵蚀现象。

（2）静电放电痕迹。由于静电放电而留下的电侵蚀痕迹。很多工业场合容易引起静电火灾和爆炸。有调查数据显示,在有易燃物和粉尘的现场,约70%的火灾和爆炸事故是由静电放电而引起的。

常见的静电放电痕迹是树枝状的,有时也有点状、线状、斑纹状等。

4）热损伤痕迹

由于接触部位在热能作用下发生局部不均匀的温度升高而留下的痕迹。金属表面局部过热、过烧、熔化、烧穿、表面保护层的烧焦都会留下热损伤痕迹。不同的温度有不同的热损伤颜色,且热损伤后材料的表面层成分、结构会发生变化,表面性能也会有所改变。

5）加工痕迹

对失效分析有帮助的主要是非正常加工痕迹,即留在表面的各种加工缺陷,如刀痕、划痕、烧伤等。

6）污染痕迹

污染痕迹是各种外来污染物附着在表面而留下的痕迹。污染物并未与材料表面发生反应,只附着在其表面。污染痕迹有时能提供某种参考线索。

2. 痕迹分析的主要内容

（1）痕迹的形貌（花样）,特别是塑性变形、反应产物、变色区、分离物和污染物的具体形状、尺寸、数量及分布。

（2）痕迹区以及污染物、反应产物的化学成分。

（3）痕迹的颜色、色度、分布、反光性等。

（4）痕迹区材料的组织结构。

（5）痕迹区的表面性能（耐磨性、耐蚀性、硬度、涂层的结合力等）。

（6）痕迹区的残余应力。

（7）痕迹区散发的各种气味。

（8）痕迹区的电荷分布和磁性等。

3. 痕迹分析的程序

（1）寻找、发现和显现痕迹。一般以现场为起点，全面收集各种痕迹，不放过任何细微的有用痕迹。痕迹不像断裂那么明显，需要一定的耐心和经验。

一般首先搜集能显示装备失效顺序的痕迹，其次是搜集外部的痕迹，然后再搜集构件之间的痕迹，最后是搜集污染物和分离物，如油滤器、收油池、磁性塞等中的各种多余物、磨屑等。

在对失效件进行分解时，要确保痕迹的原始状况，不要造成新的附加损伤，以免引起混淆。

（2）痕迹的提取、固定、显现、清洗、记录和保存。照相、复印、制膜法等都可用来提取和固定痕迹，利用各种干法和湿法方法还可以提取残留物。

（3）痕迹鉴定。痕迹鉴定的一般原则是由表及里，由简而繁，先宏观后微观，先定性后定量，并遵循形貌——成分——组织结构——性能的分析顺序。

鉴定痕迹时要充分利用过去曾发生过的同类失效的痕迹分析资料。如果鉴定时需破坏痕迹区进行检验，应慎重确定取样部位，并事先进行记录。

2.3.2 断口分析技术

断裂是金属装备及其构件最常见的失效形式之一，断裂的失效件上一般都形成断口（指失效件的断口表面或横断面）。

1. 断口分析的重要性

在断口上忠实地记录了金属断裂时的全过程，即裂纹的产生、扩展直至开裂的整个过程。同时断口上记录着与裂纹有关的各种信息，包括外部因素对裂纹萌生的影响及材料本身的缺陷对裂纹萌生的促进作用，以及裂纹扩展的途径、扩展过程及内外因素对裂纹扩展的影响等。通过对这些信息的分析，可以找出断裂的原因及影响因素。因此，断口分析在断裂失效分析中占据着非常重要的地位。在一定程度上可以说断口分析是断裂失效分析的核心，同时又是断裂失效分析的向导，指引失效分析少走弯路。

2. 断口分析的依据

（1）断口的颜色与光泽。主要观察有无氧化、腐蚀的痕迹，有无夹杂物的特殊色彩及其他颜色等。如果断口有锈蚀，则观察是红锈、黄锈或是其他颜色的锈蚀。还要看是否有深灰色的金属光泽、发蓝颜色（或呈深紫色、紫黑色金属光泽）等。

高温工作下的断裂构件，从断口的颜色可以判断裂纹形成的过程和发展速度,深黄色是先裂的,蓝色是后裂的;若两种颜色的距离很靠近,可判断裂纹扩展的速度很快。

钢件断口若呈现深灰色的金属光泽,是钢材的原色,是纯机械断口;断口如果有红锈则是富氧条件下腐蚀形成的 Fe_2O_3;断口有黑锈则是缺氧条件下腐蚀得到的 Fe_3O_4。

根据疲劳断口的光亮程度,可以判断疲劳源的位置。如果不是腐蚀疲劳,则源区是最光滑的。

（2）断口上的花纹。不同的断裂类型,在断口上会留下不同形貌的花纹。如疲劳断裂断口宏观上有时有沙滩条纹,微观上有疲劳辉纹;脆性断裂有解理特征,断口宏观上有闪闪发光的小刻面或人字河流条纹、舌状花样等;韧性断裂宏观有纤维状断口,微观上则多有韧窝或蛇行花样等。

（3）断口粗糙度。断口表面由许多微小的小断面构成,这些小断面的大小、高度差决定断口的粗糙度。不同材料、不同断裂方式所得到断口的粗糙度也不同。

属于剪切型的韧性断裂的剪切唇比较光滑,而正断型的纤维区则较粗糙。属于脆性断裂的解理断裂形成的结晶状断口比较粗糙,而准解理断裂形成的瓷状断口则很光滑。

疲劳断口的粗糙度与裂纹扩展速度有关(成正比),扩展速度越快,断口越粗糙。

（4）断口与最大正应力的交角。当应力状态、材料及外界环境不同时,断口与最大正应力的交角也不同。韧性材料的拉伸断口往往呈杯锥状或呈 45°切断的外形,其塑性变形以缩颈的方式表现出来。即断口与拉伸轴向量最大正应力交角是 45°。脆性材料的拉伸断口一般与最大拉伸正应力垂直,断口表面平齐,没有剪切唇,没有缩颈。韧性材料的扭转断口呈切断型,断口与扭转正应力交角也是 45°。

（5）断口上的冶金缺陷。夹杂、分层、晶粒粗大、白斑、白点、氧化膜、气孔、疏松、撕裂等冶金缺陷,往往是导致断裂的因素,常可在失效件断口上经宏观或微观观察而发现。

3. 断口的宏观观察与微观观察

（1）宏观观察。是指用肉眼、放大镜、低倍光学显微镜或扫描电子显微镜来观察断口的表面形貌,这是断口分析的第一步和基础。先用肉眼和低倍率放大镜观察断口各区的概貌和相互关系,然后选择关键的局部区域,加大倍率观察微细结构。通过宏观观察可以收集到的信息,可初步确定断裂的性质(脆性断裂、韧性断裂、疲劳断裂、应力腐蚀断裂等),还可以分析裂源的位置和裂纹扩展方向,并初步判断冶金质量和热处理质量等。

（2）微观观察。是用显微镜对断口进行高放大倍率观察，包括断口表面的直接观察及断口剖面的观察，一般用金相显微镜及扫描电镜进行。通过微观观察可以进一步核实宏观观察收集的信息，确定断裂的性质，裂源的位置及裂纹走向、扩展速度，找出断裂原因及机理，等等。

进行剖面观察需要截取剖面，通常是用与断口表面垂直的平面来截取（截取时注意保护断口表面不受损伤），垂直于断口表面有两种切法：一是平行裂纹扩展方向截取，应用这种方法可研究断裂的过程，因为在剖面上包含了断裂不同的区域；二是垂直裂纹扩展方向截取，应用这种方法可以在一定位置的断口剖面上，研究某一特定位置的区域。

应用剖面观察可观察二次裂纹尖端塑性区的形态、显微硬度变化、合金元素有无变化情况等，可以帮助分析研究断裂原因和机理之间的关系，因此，在微观观察时经常应用剖面观察技术。

2.3.3　裂纹分析技术

裂纹是一种不完全断裂的缺陷，把裂纹打开后，也可以用断口技术进行分析。裂纹的存在不仅破坏了材料的连续性，而且裂纹尖端大多很尖锐，容易引起应力集中，加速构件在低应力下提前破断。

裂纹分析的目的是确定裂纹的位置及裂纹产生的原因。

裂纹形成的原因往往很复杂，如设计不合理、选材不当、材质不合格、制造工艺不当及维护和使用不当等均有可能导致产生裂纹。因此，裂纹分析是一项十分复杂而细致的工作，往往需要从原材料的冶金质量、材料的力学性能、成形工艺流程和每道工序的工艺参数、构件的形状及其工作条件以及裂纹的宏观和微观特征等各个方面进行综合分析，牵涉到多种技术方法和专门知识，如无损检测、化学成分分析、力学性能测试、金相分析、微区成分分析等。

1. 裂纹的基本形貌特征

（1）一般情况下，裂纹两侧会凹凸不平，耦合自然。即使经变形后局部变钝或某些脆性合金的耦合特征不明显，但完全失去耦合特征的情况是不多见的。耦合特征与主应力性质有关。若主应力是切应力，则裂纹一般呈平滑的大耦合特征；若主应力是拉应力，则裂纹一般呈锯齿状的小耦合特征。

（2）除某些沿晶裂纹外，绝大多数裂纹尾端是尖锐的。

（3）裂纹的深度大于宽度，是连续性的缺陷。

（4）裂纹有各种形状，如直线状、分枝状、龟裂状、辐射状、环形状、弧形状，形状往往与形成的原因密切相关。

2. 裂纹的宏观检查

宏观检查的主要目的是确定检查对象是否存在裂纹。除通过肉眼进行直接外观检查和采取简易的敲击测音法外,通常采用无损检测方法,如 X 射线、磁探伤、渗透、超声波、荧光等检测裂纹。

3. 裂纹的微观检查

为了进一步确定裂纹的性质和产生的原因,对裂纹需进行微观分析,一般用金相分析和电子显微分析来试试。微观检查的主要内容如下。

(1)裂纹形态特征,如裂纹的分布是穿晶的,还是沿晶的,主裂纹附近有无微裂纹和分支等。

(2)裂纹及其附区域近的晶粒度有无显著粗大细化以及大小不均匀的现象;晶粒是否变形;裂纹与晶粒变形的方向是平行还是垂直;等等。

(3)裂纹附近是否存在碳化物或非金属夹杂物,其形态、大小、数量及分布情况如何;裂纹源是否产生于碳化物或非金属夹杂物周围,裂纹扩展与夹杂物之间有无联系。

(4)裂纹两侧是否存在氧化和脱碳,有无氧化物和脱碳组织。

(5)产生裂纹的表面是否存在加工硬化层或回火层。

(6)裂纹萌生处及扩展路径周围是否有过热组织、魏氏组织等缺陷。

4. 产生裂纹部位的分析

裂纹的形成主要归结于应力因素。但裂纹产生的部位往往很特殊,可能与构件局部结构形状引起的应力集中有关,也可能与材料缺陷引起的内应力集中等因素有关。

(1)结构形状引起的裂纹。由于结构上的需要或由于设计上的不合理,或加工制造过程中形成的缺陷,或在运输过程中由于碰撞而形成的尖锐凹角、凸边或缺口,截面尺寸突变或台阶等"结构上的缺陷",这些缺陷在制造和使用过程中将产生很大的应力集中,并可能导致裂纹。所以要注意裂纹所在部位与结构形状之间关系的分析。

(2)材料缺陷引起的裂纹。材料本身的缺陷,尤其是表面缺陷,如夹杂、划痕、折叠、氧化、脱碳、粗晶及气泡、疏松、偏析、白点、过热、过烧、发纹等,不仅直接破坏了材料的连续性,降低了强度与塑性,而且往往会在这些缺陷的尖锐前沿形成很大的应力集中,使材料在很低的应力下产生裂纹并扩展,最后导致断裂。统计表明弯曲循环应力作用下,100% 的疲劳源起于表面缺陷。

(3)受力状况引起的裂纹。如果材料质量合格,构件形状设计合理,则裂纹将在应力最大处形成,有随机分布的特点。此时,为了判别裂纹起裂的真实原因,要特别侧重对应力状态的分析,尤其是非正常操作工况下的应力状态,如超载、超温等。

5. 主裂纹的判别

找到主裂纹进行分析容易判别产生的原因,是失效分析的关键。但主裂纹产生后,往往又会产生支裂纹和微裂纹,称为二次裂纹。主裂纹与二次裂纹的萌生与扩展机理是相同的,因此具有相似的扩展与形貌特征。一般有4种主裂纹的判别方法:T形法、分枝法、变形法与氧化法,如图2-1所示。

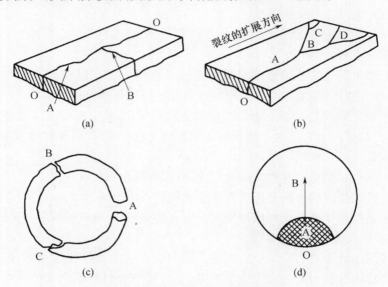

图 2-1　主裂纹判别方法示意图

（a）T形法;A—主裂纹;B—二次裂纹;O—裂源;(b)分枝法;A—主裂纹;
B、C、D—二次裂纹;O—裂源;(c)变形法;A—主裂纹;B、C—二次裂纹;
（d）氧化法。A—主裂纹形成的断口部分;B—二次裂纹形成的断口部分;O—裂源。

（1）T形法。将散落的碎片按相匹配的断口组合在一起,如果其裂纹成T形,则在一般情况下横贯裂纹 A 为首先开裂的。如果 A 裂纹阻止 B 裂纹扩展(或 B 裂纹的扩展受到 A 裂纹的阻止),A 裂纹为主裂纹,B 裂纹为二次裂纹。

（2）分枝法。在断裂失效中,往往在出现一个主裂纹后,又会产生很多的分叉或分枝裂纹。表现在宏观上,是将散落的碎片按相匹配的断口组合在一起后,会发现成树枝形的裂纹。裂纹的分叉或分枝方向通常为裂纹的局部扩展方向,其相反方向指向裂源,即分枝裂纹为二次裂纹,汇合裂纹为主裂纹。

（3）变形法。将散落的碎片按相匹配的断口组合在一起,形成构件原有的几何外形状,此时,变形量较大的部位为主裂纹,其他部位则为二次裂纹。

（4）氧化法。如果断裂失效受环境因素影响较大,可检验断口各个部位的氧化程度,氧化程度最严重的区域为最先断裂的部位,即主裂纹所形成的断口。因为氧化严重说明断裂的时间较长,而氧化轻者或未被氧化者为最后断裂所形成的断口。

6. 裂纹的走向

1) 裂纹的宏观走向

金属材料裂纹的宏观扩展(走向)是根据应力原则和强度原则进行的。

(1) 应力原则。金属脆性断裂、疲劳断裂、应力腐蚀断裂时,裂纹的扩展方向一般都垂直于主应力的方向。当韧性金属承受扭转载荷或金属在平面应力的情况下,其裂纹的扩展方向一般平行于切应力的方向,如韧性材料的切断断口。

(2) 强度原则。裂纹的扩展(走向)不仅按应力原则进行,还按材料强度原则进行。强度原则是指裂纹总是倾向沿着最小阻力路线,即材料的薄弱环节或缺陷处扩展。有时按应力原则扩展的裂纹,途中突然发生转折,出现这种情况的原因就是由于材料内部的缺陷,在转折处常常能够找到缺陷的痕迹或者证据。

如果材质比较均匀,应力原则起主导作用,裂纹按应力原则进行扩展;当材质存在着明显缺陷(不均匀)时,强度原则将起主导作用,裂纹按强度原则进行扩展。

应力原则和强度原则对裂纹扩展的影响有时也是一致的,此时裂纹将沿着一致的方向扩展。如表面硬化的齿轮,按强度原则裂纹可能沿硬化层和心部材料的过渡层(分界面)扩展,因为在分界面上的强度急剧地降低;按应力原则,齿轮在工作时沿分界面处的应力主要是平行于分界面的交变切应力和交变张应力,因此往往发生沿分界面的剪裂和垂直于分界面的撕裂。

2) 裂纹的微观走向

对裂纹的宏观观察分析是十分重要和必不可少的,是整个裂纹分析的基础,但宏观分析往往不能解决断裂的机制、原因和影响因素的问题,因此,还必须对裂纹做微观分析。

从微观来看,裂纹的扩展方向可能是沿晶界的,也可能是穿晶或者是混合的,这取决于晶内强度和晶界强度的相对比值。

一般情况下,对应力腐蚀裂纹、回火脆性、氢脆裂纹、磨削裂纹、焊接热裂纹、冷热疲劳裂纹、过烧引起的锻造裂纹、铸造热裂纹、蠕变裂纹、热脆等,晶界是薄弱环节,因此裂纹沿晶界扩展;而疲劳裂纹、解理断裂裂纹、淬火裂纹、焊接裂纹及其他韧性断裂的情况,晶界的强度一般大于晶内强度,因此裂纹是穿晶的,这时裂纹遇到亚晶界、晶界、硬质点或其他组织和性能的不均匀区时,往往会改变方向,因此人们认为晶界能够阻碍疲劳裂纹的扩展,这就是常常用细化晶粒的方法来提高金属材料疲劳寿命的原因之一。

7. 裂纹周围和末端的情况

对裂纹周围情况的分析十分重要,因为通过对裂纹周围情况的分析,可以了解裂纹经历的温度范围和构件的工艺历史,从而判断产生裂纹的具体过程。如在裂纹源附近和裂纹转折处往往可以找到相应的材料缺陷;在高温下产生的裂纹,或经历了高温过程的裂纹,其裂纹周围也常常有氧化和脱碳痕迹等。

需要进一步指出的是,对裂纹周围情况的分析还应包括对裂纹两侧的形状耦合性对比。比如在金相显微镜下观察淬火和疲劳裂纹时,虽然裂纹走向弯曲,但一般情况下裂纹两侧形状是耦合的;而发裂、拉痕、磨削裂纹、折叠裂纹以及经过变形后的裂纹等,其耦合特征不明显。因此,裂纹两侧的耦合性可以作为判断裂纹性质的参考依据。

另外,裂纹末端的情况也是综合分析判断裂纹性质和原因的重要参考。一般情况下,疲劳裂纹、淬火裂纹的末端是尖锐的,而铸造热裂纹、磨削裂纹、折叠裂纹和发纹等末端呈圆秃状。

2.3.4 模拟试验

模拟试验是失效分析中经常采用的一种分析和验证方法,也称为事故再现性试验,是根据现场调查和失效分析的情况,在装备构件发生失效的实际工况条件下,使其再次发生同样的失效形式,然后根据试验结果分析其失效原因。有时为了查清失效原因,往往需要进行多次失效模拟工作。

模拟试验可以验证现场调查和失效分析中得出的原因;可以在失效件不全、证据不充分的情况下,提供事故的可能原因;可以解决失效分析中的某些疑点,排除某些现象;还可以显示失效事故的发展过程、失效件的破坏顺序等。

模拟意味着同真实工况有所不同,如蠕变、腐蚀、疲劳等失效过程很长,真实再现的模拟时间长,成本高;高温高压大型设备和装置的价高、危险大等。故模拟试验是设计出一种试验,使其绝大多数条件与工况相同或很相近,但改变其中某些因素进行试验,观察是否发生失效及失效的情况。

第3章 断 裂 失 效

装备构件在应力作用下分离为互不相连的两个或两个以上部分的现象称为断裂。构件内部产生裂纹也属于断裂范畴,只要把裂纹打开,也可按照断裂失效进行研究,对裂缝扩展行为的描述属于断裂力学的范畴。断裂力学包括线性弹性断裂力学(linear elastic fracture mechanics,LEFM),及仍在发展中的弹性塑性断裂力学(elastic-plastic fracture mechanics,EPFM)。

断裂是装备构件常见失效形式之一,特别是脆性断裂危害很大。金属材料的断裂一般有3个阶段,即裂纹的萌生、亚稳扩展及失稳扩展,最后是断裂。金属构件可能在材料制造、构件成形或使用阶段的不同条件下启裂、萌生裂纹;并受不同的环境因素及承载状态的影响而使裂纹扩展直至断裂,因此有不同特征的各种类型的断裂失效。

在断裂部位有匹配的两个断裂表面,称为断口,断口及其周围会留下与断裂过程密切相关的信息。通过断口分析可以判断断裂的类型、机理,从而找出断裂的原因和预防断裂的措施。

3.1 断裂失效形式及其判断

3.1.1 断裂失效的分类

1. 按断裂前的变形程度分类

(1)韧性断裂。断裂前产生明显的塑性变形,断裂过程中吸收较多的能量,一般是在高于材料屈服应力条件下的高能断裂。

(2)脆性断裂。断裂前的总变形量很小,没有明显、可以觉察的宏观变形量。断裂过程中材料吸收的能量很小,一般是在低于允许应力条件下的低能断裂。

根据断裂前的变形量来划分,只具有相对的意义。因为即使同一种材料,如果应力、温度、环境等条件改变,其变形量可能会发生显著的变化;有时在宏观范围内是脆性断裂,但在局部范围内或微观范围内却有可能存在着大量的塑性变形。

需要说明的是,完全脆性断裂和完全韧性断裂是较少见的,通常是脆性和韧性的混合型断裂。

2. 按应力类型及断面相对位置分类

(1)正断。当外加力引起装备构件的正应力分量超过材料的正断抗力时发生的断裂称为正断。正断时断裂面垂直于正应力或最大拉伸应变方向。

(2)切断。当外加力引起装备构件的切应力分量超过材料在滑移面上的抗力时发生的断裂称为切断。切断时断裂面平行于最大切应力或最大切应变方向,与最大正应力约成45°角。

正断可能是脆性断裂,也可能是韧性断裂,而切断一般是韧性断裂。

3. 按裂纹扩展途径分类

(1)穿晶断裂。穿晶断裂是指裂纹的萌生和扩展穿过晶粒内部的断裂(图3-1中B),由于穿晶破坏均沿着特定的结晶面破裂,因此又称为解理断裂。穿晶断裂大多是脆性断裂,但也有韧性断裂。

图3-1 裂纹扩展路径示意图

A—沿晶裂纹;B—穿晶裂纹;C—混晶裂纹。

(2)沿晶断裂。沿晶断裂是指裂纹沿晶界扩展直至断裂(图3-1中A)。如果晶界上存在着脆性相、焊接热裂纹、蠕变断裂、应力腐蚀等,则一般会发生沿晶断裂。沿晶断裂一般是脆性断裂,但有时也有韧性断裂。

(3)混晶断裂。单纯的沿晶断裂或穿晶断裂很少见,大多数情况下,多晶体材料裂纹的扩展是混晶(既有晶、也有穿晶)断裂(图3-1中C),也成为准解理断裂。

4. 按负荷的性质及应力产生的原因分类

(1)疲劳断裂。是指材料在交变负荷下发生的断裂。

(2)环境断裂。指材料在环境作用下引起的低应力断裂。主要包括应力腐蚀断裂和氢脆断裂。

需要指出的是,以上的分类并不是绝对的,而是互相联系的。如对工业上最常见的多晶材料而言,韧性断裂一般就是沿晶断裂,而脆性断裂就是穿晶断裂。

3.1.2 韧性断裂

断裂之前产生显著宏观塑性变形的断裂称为韧性断裂。

1. 韧性断裂的特征

韧性断裂的断裂过程很缓慢,塑性变形与裂纹成长同时进行。裂纹萌生及扩展的阻力大、速度慢,材料在断裂过程中需要不断消耗相当多的能量。随着塑性变形的增加,承载截面积不断减小,直至材料承受的载荷超过强度极限 σ_b,裂纹扩展达到临界长度,发生韧性断裂。韧性断裂的塑性应变可大于5%以上。由于韧性断裂前产生显著的塑性变形,会引起注意,一般不会造成严重事故,如图 3-2 所示,伴随裂纹生长的,还有非常严重的塑性变形。

图 3-2　液氨管韧性断裂失效实物照片

韧性断裂有两种类型。一种是宏观断面与最大正应力相垂直,称为正断型断裂,又称为平面断裂,这种断裂出现在形变约束较大的场合,如平面应变条件下的断裂;另一种是宏观断面与最大切应力方向相一致,即与最大正应力约成45°角,称为切断,又称为斜断裂,这种断裂出现在滑移形变不受约束或约束很小的情况下,如平面应力条件下的断裂。各种韧性断裂都是这两种断裂形式的单独存在,或这两种形式结合派生出来的。

图 3-3 所示是工程构件最常出现的两种韧性断裂的宏观形貌。图 3-3 (a)是正断与切断相结合的杯—锥状断裂。在直径较大、没有缺陷及缺口的光滑圆棒试样的缓慢应变拉伸试验中,当材料韧性较好时,一般出现这种断裂。图 3-3(b)是纯剪切断裂。这种断裂由位错滑移形变引起,并沿滑移面分离。产生缩颈后试样变得越来越细,缩颈的作用相当于在两个方向(斜断裂)或空间中许多方向上(颈缩为一点)的剪切位移,这种断裂常发生于滑移形变不受约束或约束较小的情况下。如平板承受拉伸载荷,薄壁容器的器壁承受双向拉伸载荷,等等,其断裂时出现的是剪切斜断裂;高纯金属圆棒小试样慢速拉伸会变得很

39

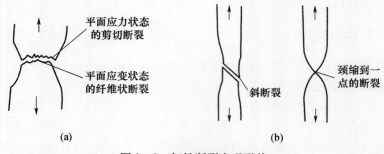

图 3 - 3　韧性断裂宏观形貌

（a）杯—锥状断裂；（b）纯剪切断裂。

细,断裂时断口接近一个点。

2. 韧性断裂的断口形貌

杯—锥状韧性断裂是由平直面断裂和斜断裂两种基本断裂形式结合派生出来的,因此下面以杯—锥状断口为例来说明韧性断裂断口的形貌特征。

1）断口宏观形貌

韧性断裂的断口具有明显的区域性,在直径较大的圆棒钢试样的断口上能观察到3个区:凹凸不平暗灰色且无光泽的纤维区、放射线纹理的灰色有光放射区及平滑的亮灰色剪切唇区。

图3 -4(a)、图3 -4(b)所示为光滑无缺陷圆棒试样的拉伸韧性断口的宏观形貌示意图,在缩颈后断裂的两个断面呈匹配的杯状和锥状。断面与主应力相垂直,断面粗糙不平。纤维区位于杯底和锥顶中心部位,由无数纤维状的“小峰”组成,“小峰”的小斜面和拉伸轴线约成45°角。纤维区是由于材料内部处在平面应变三向应力作用下启裂,形成很多小裂纹及裂纹缓慢扩展而形成的。纤维区外是平行于裂纹扩展的放射线状的纹理,称为放射区,是由于中心裂纹向四周放射状快速扩展而形成的。当裂纹快速扩展到试样表面附近时,由于剩余厚度已经很小,故变为平面应力状态,剩余的外围部分被剪切而断裂,断裂面沿最大切应力面和拉伸轴成45°角,该区称为剪切唇区。

如果圆棒钢试样的表面有缺口或缺陷,则从缺口或缺陷处启裂,试样的中心是最后断裂区,如图3 -5(a)所示。

厚截面板状试样的韧性断口也能看到3个明显的区域:中心纤维区成椭圆形,放射区成人字花样,其尖端指向裂纹源,最外面是45°的剪切唇区。随着板厚的减小,剪切唇区所占断口面积增大,放射区则缩小。非常薄的板试样其断口是全剪切的,所得到的是平面应力条件下造成的纯剪切断口,如图3 -5(b)所示。

40

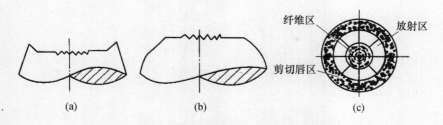

图 3 - 4 光滑圆棒试样韧性断口的宏观形貌示意图
(a) 杯形断口；(b) 锥形断口；(c) 断口的 3 个区域。

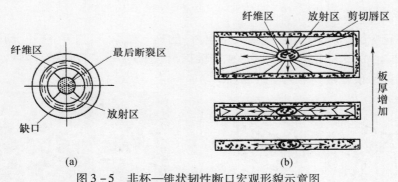

图 3 - 5 非杯—锥状韧性断口宏观形貌示意图
(a) 有缺口圆棒试样；(b) 板状试样。

从韧性断裂宏观形貌的 3 个区域的特征可分析断口的类型、断裂的方式及性质,有助于判断失效的机理及找出失效的原因。根据纤维区、放射区及剪切唇区在断口上所占的比例大小可初步评价材料的性能,如纤维区较大,则材料的塑性和韧性比较好;如放射区较大,则材料的塑性低、脆性大。但按 3 个区域评价材料性能时要综合考虑构件截面形状及尺寸以及环境的影响,如温度降低、加载速度升高等会使纤维区及剪切唇区减小、放射区增大,因为温度降低会引起低温脆性,加载速度升高会使裂纹扩展速率增加。

2）断口微观形貌

韧性断裂的端口有正断和切断两种基本类型,其微观形貌相应地也有微孔聚集型的韧窝花样和纯剪切的蛇行花样（及由蛇行滑动形成的涟波或延伸而致的无特征花样）。

（1）韧窝。韧性断裂断口的微观形貌呈现出韧窝状,在韧窝的中心常有夹杂物或第二相质点,如图 3 -6 所示。

韧窝的形状与材料断裂时的受力状态有关。根据受力状态的不同,通常可以出现 3 种不同形态的韧窝,分别为等轴韧窝、剪切韧窝及撕裂韧窝。

图 3 - 6　20 钢的韧窝及其夹杂物 TEM 5000 ×

在正应力(垂直于断面的最大主应力)的均匀作用下,如果显微孔洞沿空间3 个方向上的长大速度相同,则形成等轴韧窝(图 3 - 7)。拉伸试样断口的杯形底部和锥形顶部由等轴韧窝组成。

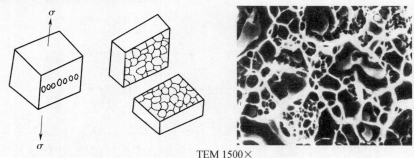

TEM 1500×

图 3 - 7　等轴韧窝

在切应力(平行于断面的最大切应力)作用下,塑性变形使显微孔洞沿切应力方向的长大速度达到最大,同时,显微孔被拉长,形成抛物线状或半椭圆状的韧窝,这时两个匹配面上的韧窝的方向相反,这种韧窝称为剪切韧窝(图 3 - 8),通常出现在拉伸断口的剪切唇区。

在撕裂应力作用下出现伸长的或呈抛物线状的韧窝,此时两个匹配面上的韧窝方向相同,这种韧窝称为撕裂韧窝(图 3 - 9)。撕裂韧窝的方向指向裂纹源,其反方向则是裂纹的扩展方向。

撕裂韧窝与剪切韧窝在形貌上没有什么不同,大多是长形、抛物线状,只是在对应的两个断面上,其抛物线韧窝的凸向不同,剪切韧窝的凸向相反,撕裂韧窝的凸向则相同。

一般情况下,各种形态的韧窝是混合在一起的。在实际的韧性断口中,等轴

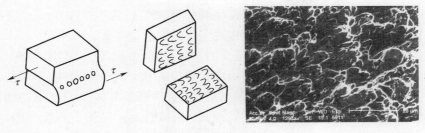

图 3 - 8　剪切韧窝

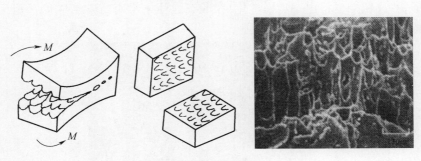

图 3 - 9　撕裂韧窝

韧窝与抛物线韧窝有规则且交替分布,能观察到抛物线韧窝包围着等轴韧窝。

　　韧窝的大小和深浅决定于断裂时微孔的核心数量和材料本身的相对塑性,如果微孔的核心数量很多或材料的相对塑性较低,则韧窝的尺寸较小或较浅;反之,韧窝的尺寸就较大或较深。

　　通常情况下,如果韧窝越大越深,则材料的塑性越好。在金属材料的韧性断口中,最常见的就是尺寸不同的各种韧窝花样,但也可以看到尺寸较大的均匀韧窝,或者是在较大韧窝周围密集着较小的韧窝。如果断口中只有均匀的韧窝,说明形成韧窝源的夹杂物或第二相质点只有一种类型,而且显微孔洞之间的连接是靠材料内部的塑性变形来实现的;当断口中存在着尺寸大小不同的韧窝,尤其是均匀的大韧窝周围有尺寸不同的小韧窝时,说明首先是较大尺寸的夹杂物或第二相质点作为韧窝的核心形成显微孔洞,当显微孔洞长大到一定程度后,较小的夹杂物或第二相质点再接着形成显微孔洞并长大,并与先前形成的显微孔洞在长大过程中发生联结,因而形成大小不一的韧窝。

　　韧窝数量的多少取决于显微孔洞的多少。当材料中含有较多的第二相质点或夹杂物时,在韧窝形成过程中,第二相质点或夹杂物往往存在于韧窝底部(图3-6),形成的韧窝数量较多、较小。

　　虽然韧窝的大小、深浅和数量与材料的塑性有直接关系,但因材料的冶金质量、相组成、热处理质量、晶粒大小、性能和环境温度等因素的影响,至今还没有找到韧窝大小、深浅、数量与材料塑性之间明确的定量关系。

（2）蛇行花样。某些杂质、缺陷少的金属材料,经过较大的塑性变形后,会沿滑移面剪切分离。由于位向不同的晶粒之间的相互约束和牵制,不可能仅仅沿某一个滑移面滑移,而是沿着许多相互交叉的滑移面滑移,形成起伏弯曲的条纹形貌,这种形貌一般称为蛇行花样,如图3－10所示。若形变程度加剧,蛇行花样因变形增加而变得平滑,会进一步形成涟波花样,如图3－11所示。如果继续变形,涟波花样也将进一步平坦化,在断口上留下没有特殊形貌的平坦面,称为无特征花样,或者延伸区、平直区。

图3－10　大韧窝的底部的蛇行花样条纹 TEM 1000×

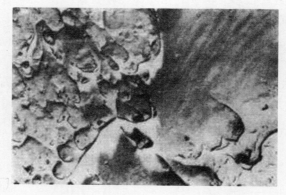

图3－11　剪切韧窝及涟波花样 TEM 1000×

3. 产生韧性断裂的影响因素及防止措施

产生韧性断裂的主要原因是材料强度不足,如构件受到较大的载荷或过载,局部应力集中等使装备构件局部强度不足,主要预防措施如下。

（1）设计时充分考虑装备构件的承载能力,设计变形限位装置,或者增加变

44

形保护系统,等等,尽可能使塑性变形不发展成断裂。

(2) 保持仪表完好,准确显示操作工况。

(3) 严格遵守操作规程,杜绝超载、超温、超速等。

(4) 随时检查有无异常变形。

(5) 定期测厚,尤其是有腐蚀、高温氧化等引起壁厚减薄的工况。

(6) 其他。

3.1.3 脆性断裂

1. 脆性断裂的特征

由于脆性断裂有突发性,因此往往造成非常严重的后果。脆性断裂有以下几个特征。

(1) 脆性断裂时工作应力往往不是很高,往往低于材料的屈服点,甚至低于设计的许用应力。因此,人们把脆性断裂又称为低应力脆性断裂。高强度钢、低强度钢都可能发生脆性断裂。

(2) 中、低强度钢的脆性断裂一般在比较低的温度下发生,因此也把脆性断裂叫做低温脆性断裂。

(3) 脆性断裂以内部裂纹作为裂纹源,总是突然间发生,断裂前总的变形量极小,无明显先兆,难以察觉,常造成装备构件灾难性的总崩溃。

(4) 脆性断裂通常在体心立方和密排六方金属材料中出现,而面心立方金属材料只有在特定的条件下才会出现脆性断裂。

(5) 脆性断裂一般沿低指数晶面穿晶解理。由于解理是通过破坏原子间键合来实现的,而密排面之间的原子间隙最大,键合力最弱,因此绝大多数解理面是原子密排面。如体心立方金属材料的常见解理面为$\{100\}$(有时是$\{110\}$和$\{112\}$),密排六方金属材料的解理面为$\{0001\}$。表 3 - 1 为常见纯金属的解理面。需要说明的是,如果晶界上有脆性物存在或有晶间腐蚀时,脆性材料也可能产生沿晶断裂。

表 3 - 1 常见纯金属的解理面

金属	晶系	解理面	金属	晶系	解理面
α - Fe	体心立方	$\{100\}$	Ti	密排六方	$\{0001\}$
W	体心立方	$\{100\}$	Te	六方	$\{1010\}$
Mg	密排六方	$\{0001\}$	Bi	菱形	$\{111\}$
Zn	密排六方	$\{0001\}$	Sb	菱形	$\{111\}$

2. 脆性断裂的断口形貌

1）断口宏观形貌

脆性断裂大多数是穿晶解理型断裂，其断口宏观形貌具有两个明显的特征，分别是小刻面以及人字条纹或山形条纹。

（1）小刻面。脆性解理断裂的断口平滑明亮，呈结晶状。多晶体材料的解理断口，由于每个晶体的取向不同，所以解理面与断裂面的位向也不相同，形如剥落的云母片，若把断口放在手中旋转，将闪闪发光，像许多分镜面，称这些发光的小平面为小刻面。

（2）人字条纹或山形条纹。脆性解理断口还有一个特殊的宏观形貌特征，即从断裂源点形成人字条纹或山形条纹特征。根据人字条纹或山形条纹的图形就可以判断脆性断裂的起源点及裂纹扩展方向。因为随着裂纹的发展，人字条纹或山形条纹变粗，因此条纹从细变粗的方向为裂纹扩展方向；而相反的方向，即人字条纹矢形指向的方向和山形条纹汇集的方向则指向裂纹起源点。这对于寻找脆性断裂源，从而正确分析失效原因具有实际意义。

美国顺纳德球形储氢压力容器（直径11.7m）爆炸成为20个碎片，断裂总长达198m，断口呈人字条纹。将20个碎片拼合，图3-12为碎片拼合后的底视图。可见，人字条纹矢形方向汇集到清扫孔 A、B、C 处，从而断定裂纹源处于清扫孔处。右上角是清扫孔附近的放大图，裂纹起源于 A、B、C 处。

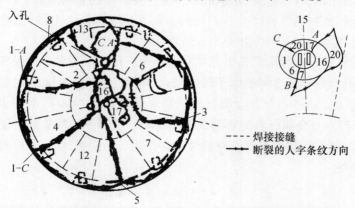

----- 焊接接缝
——➤ 断裂的人字条纹方向

图3-12 球形储氢压力容器脆性断裂分区底视图

2）断口微观形貌

脆性断裂的断口一般是解理特征，材料的微观组织不同，其解理断口的形貌也不同。铁素体的解理断口一般呈河流条纹、舌状花样；珠光体的解理断口呈不连续的片层状；马氏体的解理断口则由许多细小的解理面组成，可观察到针状刻

46

面。但共同点是几乎所有的解理断口上均有二次裂纹。

（1）河流条纹。脆性解理断口微观形态的一个特征是呈现河流花样（图3-13）。由于实际晶体内存在着许多缺陷（如位错、析出物、夹杂物等），所以在晶粒内的解理并不是只沿着一个晶面，而是沿着一簇相互平行（具有相同晶面指数）、位于不同高度的晶面进行解理。不同高度解理面之间的裂纹相互贯通形成解理台阶，众多的解理台阶相互汇合在一起形成河流花样。因此，河流花样是断裂面上的微小解理台阶在图像上的表现，河流条纹相当于各个解理平面的交割。河流条纹的流向是裂纹扩展的方向，河流的上游（即河流分叉方向）是裂纹源，图3-13所示为白口铸铁的河流花样，河流条文由上向下两侧发展，表明有两个相差一小角度的解理面相接在一起。

图3-13　白口铸铁的河流花样 TEM 2000×

（2）舌状花样。脆性解理断裂的电子微观断口形貌的另一个特征是出现舌状花样。之所以称为"舌"，是因其显微形态如"舌"的缘故（图3-14）。当材料脆性大、温度低，临界变形困难时，晶体变形以形变孪晶的方式进行。

体心立方金属的舌状花样形成过程如图3-15所示。沿主解理面{100}扩展的裂纹A向右扩展，在B处与孪晶面{112}相遇，裂纹在孪晶面{112}发生次级解理而改变方向，从而使裂纹从主解理面局部转移到形变孪晶晶面上，即扩展到C处，然后沿CD断开；与此同时，主裂纹也从孪晶两侧越过孪晶面沿DE继续扩展，于是便形成了解理舌状花样。

（3）羽毛花样及鱼骨状花样。在脆性解理断口上有时还可以看到羽毛状花样及鱼骨状花样。图3-16为白口铸铁断口在透射电镜下观察到的鱼骨状花样，是由于解理裂纹沿不同晶面和晶向扩展而形成的，中间的鱼骨为{100}<100>解理，两侧分别为{100}<110>和{112}<110>孪晶解理。图3-17

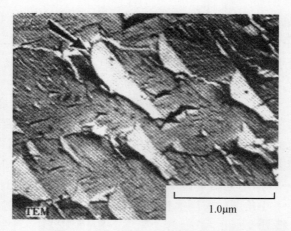

图 3 - 14　纯铁低温冲击断口中的舌状形貌,舌状物平面为(112)孪晶面

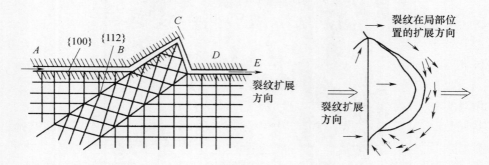

图 3 - 15　解理舌状花样形成示意图

图 3 - 16　白口铸铁断口在透射电镜下观察到的鱼骨状花样 TEM 2000 ×

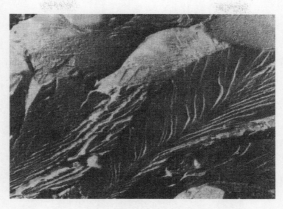

图 3 - 17　白口铸铁断口的羽毛状花样 TEM 2000×

为白口铸铁断口的羽毛状花样,是解理面沿柱状晶扩展时形成的。

　　(4)瓦纳(Wallner)线花样。极脆的体心立方结构的金属材料解理断裂,或者一些非金属材料断裂时,有时会出现一种瓦纳线的解理特征,花样与宏观人字条纹相似,但裂纹扩展方向恰恰相反,这是裂纹快速扩展时裂纹尖端与弹性冲击波相互干涉造成的。

　　(5)准解理花样。实际的穿晶脆性断口并不是解理形态,而是大多属于准解理类型。准解理断口的显微特征是具有起源于解理面心部向四周扩展的辐射状河流条纹,以及由隐蔽裂纹扩展、接近韧性变形而形成的撕裂棱和微坑结构,有时也有舌状花样,所以准解理断口的显微形态介于解理断口与韧性断口之间的一种断口形态。图 3 - 18 所示为准解理断口的河流花样及韧窝。

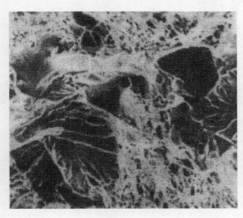

图 3 - 18　准解理断口 TEM 2000×

（6）沿晶断裂（冰糖葫芦形貌）。有些脆性断裂并不是沿晶粒内的解理面裂开,而是沿着晶粒边界裂开。当晶界有析出物、偏析、回火脆性以及某些条件下的蠕变、应力腐蚀和焊接热影响区等时,往往会出现晶间脆性断裂。如不锈钢中的 $Cr_{23}C_6$ 沿晶界析出,常引起沿晶界脆断;某些合金钢中的磷、锡、砷、锑等元素沿晶界偏析,会导致回火脆性而引起沿晶断裂。沿晶断裂的断口特征是呈现较大浮凸,可以看到多面体的晶粒外形和三叉边界,显微镜下观察往往会看到冰糖葫芦形貌,如图 3 - 19 所示。

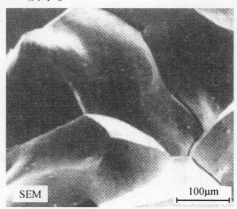

图 3 - 19　沿晶断裂（冰糖葫芦形貌）

（7）氢致脆性断口。如果钢中的扩散氢含量较高,在热处理过程中,氢原子脱溶、聚集结合成氢分子,会产生极大压力,使钢脆性断裂,形成的断口则称为氢致脆性断口,简称氢脆。

高强度高合金钢中经常发生的白点缺陷就是氢脆造成的。图 3 - 20 所示的为 3CrNiMoA 钢经淬火处理压裂后的宏观形貌,可以发现在断口上有许多圆形、卵形白斑（白点）,这些就是氢脆造成的。

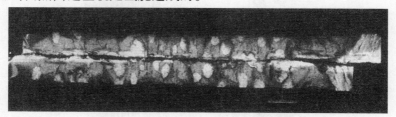

图 3 - 20　3CrNiMoA 钢断口上的白点

氢脆断口为典型的沿晶断裂（图 3 - 21）,在晶面上有细小的爪状和发纹状特征。

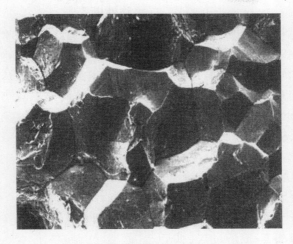

图 3 - 21　65Mn 钢氢脆断口的微观形貌 TEM 3000×

3. 脆性断裂的影响因素

脆性断裂的影响因素有很多,下面列举一些常见的因素。

1) 应力状态与缺口效应

应力状态指装备构件内应力的类型、分布、大小和方向。不同的应力状态对脆性断裂有不同影响,如最大切应力(τ_{max})促进塑性滑移的发展,是位错移动的推动力,对形变和断裂的发生及发展过程都产生影响;而最大拉伸应力(σ_{max})则只促进脆性裂纹的扩展。因此,最大拉应力与最大切应力的比值(σ_{max}/τ_{max})越大,产生脆性断裂的可能性越大。在三向拉伸应力状态下比值(σ_{max}/τ_{max})最大,因此极易导致脆性断裂。在实际的装备构件中,由于应力分布不均匀而经常造成三向应力状态,如构件的截面突然变化、小的圆角半径、预存裂纹、刀痕、尖锐缺口尖端处等往往由于应力集中而引起应力分布不均匀,周围区域为了保持协调而产生变形,对高应力区加以约束,从而造成三向拉伸应力状态。这是金属构件在静态低负荷下产生脆性断裂的重要原因。

2) 温度

温度是造成脆性断裂的重要因素之一。许多脆性断裂事故发生在低温条件下。

低温脆性断裂是由于温度改变引起材料本身的性能变化。随温度的降低,金属材料的屈服应力增加,韧性下降,解理应力也随着下降。当温度低于材料脆性转变温度时,材料的解理应力小于屈服应力,材料由正常韧性断裂转变为脆性断裂。

3）尺寸效应

随着工程结构的大型化,所使用的钢板厚度逐渐增加,如厚壁容器、高压设备的厚度高达 100mm～200mm。钢板厚度对脆性断裂有较大的影响,主要表现在厚钢板的缺口韧性差。实验表明钢板厚度对脆性断裂开始温度有较大影响,钢板越厚,其低温脆性倾向越显著。如厚度在 50mm～150mm 的 C－Mn 钢板,板厚每增加 1 mm,其脆性断裂开始温度上升 0.17℃;而厚度在 150mm～200mm 的 C－Mn 钢板,板厚每增加 1mm,其脆性断裂开始温度则上升 0.52℃。

厚板的脆化原因一般认为与冶金质量和应力状态有关。

4）工作介质

金属构件在腐蚀介质中,如果同时受到应力(尤其拉应力)作用,又有电化学腐蚀时,极易产生应力腐蚀裂纹,导致脆性断裂。

装备构件在加工、成形过程(如铸造、锻造、轧制、挤压、机械加工、焊接、热处理等工序)中如果产生较高的残余应力,则在与腐蚀介质的协同作用下极易产生应力腐蚀而导致脆性断裂。

如蒸汽锅炉上铆钉的断裂,奥氏体不锈钢在盐水、海水、苛性钠溶液中产生的应力腐蚀断裂,铝合金在海水中产生的断裂,铜合金在氨水溶液等介质中产生的断裂都是由于构件本身存在应力,且在腐蚀介质环境下工作而产生的应力腐蚀断裂。尤其是高强度的钢构件,如果在较低的静负荷下发生突然的脆性断裂事故,就应考虑是否发生了由应力腐蚀而造成的破坏。

5）焊接质量

很多脆性断裂出现在焊接构件中。焊接构件的脆性断裂主要取决于工作温度、缺陷尺寸、应力状态、材料本身的脆性及焊接影响因素(如焊接残余应力、焊接错边等)。焊接缺陷一般有夹杂、气孔、未焊透和焊接裂纹等,这些缺陷的存在对焊接构件的断裂起着重要作用。

6）材料和组织因素

脆性材料、有氢脆倾向的材料、冶金质量不良的材料以及缺口敏感性大的材料都会促使发生脆性断裂。不良的热处理工艺会产生脆性组织状态,如组织偏析、脆性相析出、晶间脆性析出物、淬火裂纹,另外,淬火后消除应力不及时或不充分也容易形成裂纹源,促进脆性断裂的发生。

4. 预防脆性断裂的途径

设计中用到的传统强度的计算方法是以材料的屈服点作为依据,不能避免脆性断裂,因为设计时没有综合考虑温度、加载速度、尺寸效应、三向应力状态等引起脆性断裂的因素。随着工业的发展,人们逐渐认识到除合理选材外,在设计和制造阶段就应该采取措施防止脆性断裂的发生。

合理的结构设计应综合考虑并控制下列因素:材料的断裂韧性水平,装备构件的最低工作温度和应力状态,承受的载荷类型(交变载荷、冲击载荷等)及环境腐蚀介质。

温度是引起脆断的重要因素之一,必须使装备构件的最低工作温度高于材料的脆性转变温度。若构件工作温度较低,甚至低于该材料的脆性转变温度,则必须降低设计的应力水平,使应力低于裂纹扩展的水平;若设计的应力不能降低,则应更换材料,选择脆性转变温度更低的材料。

在选择材料时,除考虑强度外,还应保证材料有足够的韧性。应该从断裂力学的观点来选择材料,若材料有较高的断裂韧性,则构件中允许有较大的缺陷存在。

设计时应使由缺陷产生的应力集中减小到最低限度,如减少尖锐角,消除未焊透的焊缝,结构设计时尽量保证几何尺寸的连续性(在结构不连续的过渡部位往往产生应力集中)。

另外,为减少脆性断裂,还应尽量减少由焊接产生的缺陷,这可以通过选择适当的焊缝金属,焊接预热、焊后热处理以及设计合理的焊接条件等来实现。同时,应使焊接部位远离应力集中的区域;尽量避免或减少焊缝的集中和重叠交叉;采用合理的焊接工艺,保证焊透;避免焊缝表面缺陷;清除干净焊后留下的焊接金属或凸起,保证表面平整,对焊接的管件或其他配件端部应磨出一个光滑圆角,以减少应力集中;在条件允许的情况下应尽量消除焊接残余应力。

3.1.4　疲劳断裂

在交变载荷作用下,虽然应力水平低于金属材料的抗拉强度,甚至低于屈服极限,但经过一定的循环周期后,装备构件发生的突然断裂称为疲劳断裂。疲劳断裂是脆性断裂的一种形式,有文献报道,疲劳断裂及与疲劳有关的断裂约占各种断裂失效的80%以上。对疲劳断裂进行失效分析研究,对提高装备构件的疲劳抗力十分重要。

疲劳断裂的方式有很多种,按载荷类型可以分为拉伸疲劳、拉压疲劳、弯曲疲劳、扭转疲劳及各种混合受力方式的疲劳;按载荷的交变频率可以分为高周疲劳和低周疲劳;按应力大小可以分为高应力疲劳(一般是低周疲劳)及低应力疲劳(一般是高周疲劳);另外,在复杂环境条件下还有腐蚀疲劳、高温疲劳、接触疲劳、微振疲劳等。

1. 疲劳负荷
造成疲劳断裂的负荷是交变负荷,其基本形式有3种,分别为反向负荷、单向负荷及单向导前负荷。

反向负荷是指装备构件承受等值反向交变的拉伸、压缩或切应力,又称为对称循环应力,如图 3-22(a)所示。在弯曲负荷下的旋转轴所承受的就是反向负荷。

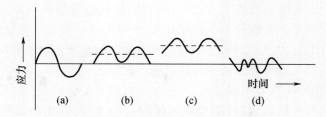

图 3-22 疲劳负荷的形式
(a)反向负荷;(b)单向负荷;(c)单向导前负荷;(d)随机负荷。

单向负荷是指装备构件承受从零应力直到最大应力的变化(应力的形式可以是拉伸、压缩或剪切),又称为完全脉动循环应力,如图 3-22(b)所示。齿轮在工作过程中受到的就是这种负荷。

单向导前负荷指负荷从最小应力到最大应力之间进行变化,但没有到达零点,如图 3-22(c)所示。连杆螺钉受到的就是单向导前负荷。

构件在机器中运转,由于工作条件随时可能发生变化(如开、停车),工作负荷可能有大有小,运转也可能时快时慢,因此疲劳负荷的应力波形、应力幅大小、负荷周期等都可能随时间而变化,因此,装备构件实际受到的疲劳负荷波谱是多种多样的,图 3-22(d)所示的是实际运转时得到一种随机疲劳波形。但不管疲劳负荷如何变化,其基本特点是应力波形、应力大小、应力方向等负荷的基本参数随时间交替变化。

装备构件在交变负荷作用下,一次应力循环不产生明显的破坏作用,不会发生断裂。疲劳断裂是经多次循环以后发生的,高周疲劳断裂的循环次数 $N_f > 10^4$,低周疲劳断裂的循环次数较少,一般 $N_f = 10^2 \sim 10^4$。高周疲劳与低周疲劳界限不是十分明确,也有的以 10^5 为界限。疲劳断裂应力远小于抗拉强度 σ_b,甚至小于屈服极限 σ_s。高周疲劳断裂的应力水平较小,一般 $\sigma_f < \sigma_s$,也称为低应力疲劳;低周疲劳断裂的应力水平较高,一般 $\sigma_f \geq \sigma_s$,因此也称为高应力疲劳或应变疲劳,由于低周疲劳断裂的应力水平超过了屈服极限,因此往往有塑性变形发生。

材料的疲劳性能一般用疲劳曲线($\sigma - N$ 曲线)来表示,如图 3-23 所示。a 曲线是常用结构钢的典型疲劳曲线。对于常用的钢铁材料,其疲劳极限 σ_r 是材料可以无限循环而不破坏的最高应力,在疲劳极限以下的应力状态下运转,具有无限寿命;在疲劳极限以上的应力运转,疲劳寿命有限。

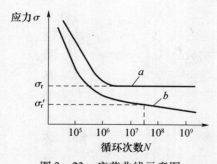

图 3 – 23　疲劳曲线示意图

a—结构钢的疲劳曲线；b—腐蚀疲劳曲线；σ'_r—条件疲劳极限。

疲劳断裂只在反复拉伸和反复切应力的情况下出现,纯压缩负荷下不会出现疲劳断裂,疲劳裂纹的起源点往往在最大拉应力处。如果准备构件承受弯曲和扭转负荷,其最大应力总是产生在构件表面处。图 3 – 24 所示为一个承受弯曲负荷的轴的应力分布情况,可以看出在轴的表面出现了最大拉应力,加上表面易出现工艺缺陷和应力集中而造成弱化,所以疲劳源通常在装备构件的表面。有时由于热处理、表面强化工艺产生的残余应力和外加应力叠加的作用,会在亚表面出现应力高峰,或化学热处理过渡层的质量较差,这时的疲劳源就会在亚表面。只有当材料内部存在着明显的缺陷,如夹杂、裂纹等,疲劳源才有可能出现在内部。

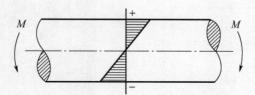

图 3 – 24　轴弯曲载荷时的应力分布示意图

2. 疲劳断裂过程

疲劳断裂与一次性负荷断裂有所区别,是一种累进式断裂。疲劳断裂过程包括疲劳裂纹的萌生、疲劳裂纹的扩展和瞬时断裂 3 个阶段。

1）疲劳裂纹的萌生

研究表明,疲劳裂纹是由不均匀的局部滑移和显微开裂引起的。

不均匀局部滑移的原因是形成了表面滑移带。由于受到交变负荷作用,金属表面的晶体在平行于最大切应力平面上会产生无拘束的相对滑移,并由此产生一种复杂的表面状态,出现金属表面的"挤出"和"挤入"现象(图 3 – 25),形成滑移带,当表面的这种滑移带形成尖锐而狭窄的缺口时,便产生疲劳裂纹的裂

55

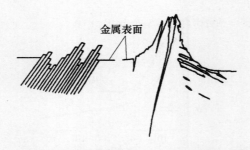

图 3-25　表面滑移带产生"挤入"及"挤出"示意图

纹源。纯金属和单相合金疲劳裂纹的萌生主要是这种不均匀局部滑移造成的。

大多数的工程金属由于存在第二相、夹杂物、晶界或亚晶界及各类冶金、工艺缺陷等,这些部位在较低的应力下就会出现应力、应变集中,容易启裂。装备构件疲劳断裂的裂纹常在表面的冶金及工艺缺陷部位萌生,如夹渣、气孔、缩孔、疏松、腐蚀坑等;如果材料的缺陷较少,疲劳裂纹一般由晶界开始萌生。

2)疲劳裂纹的扩展

疲劳裂纹的扩展包括滑移、塑性形变与不稳定断裂等,是这些过程交替作用的复杂过程。按照时间划分,通常具有切向扩展和正向扩展两个阶段(图 3-26)。

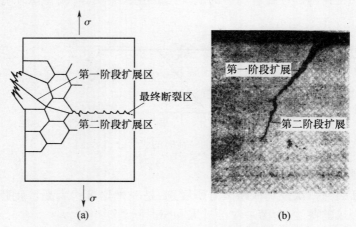

图 3-26　疲劳裂纹扩展的两个阶段
(a)疲劳裂纹扩展示意图;(b)高强度钢螺栓的实际疲劳裂纹 115×。

第一阶段为切向扩展阶段。由于交变应力的作用,材料表面形成了"挤出"滑移带(图 3-26(a)左中部的凸起);交变应力继续作用,滑移形成的裂纹源扩展形成裂纹,裂纹尖端沿着与拉伸轴成45°方向的滑移面扩展。这是裂纹扩展的第一阶段,范围较小,大约在 2~5 个晶粒之内,裂纹深度决定于材料的晶体结构、晶粒尺寸、应力水平、温度和环境介质等。面心立方结构材料的裂纹深度一般比较大,另外,晶粒越大,应力水平越高,裂纹扩展的深度越大。此外,扩展深度还和晶体与拉伸轴的取向、加载速度等因素有关。此阶段疲劳裂纹扩展的速率很低,但占整个疲劳寿命的比例却不低。

第二阶段是正向扩展阶段。在交变应力作用下,裂纹从原来与拉伸轴成45°,发展到与拉伸轴约成 90°,即由平面应力状态转变为平面应变状态。这一阶段最突出的显微特征是断口存在大量相互平行的条纹,称为疲劳辉纹(见3.1.4.3 疲劳断口形貌)。在一定条件下,疲劳辉纹间距的大小与宏观裂纹扩展速率的大小有对应关系。

3)瞬时断裂

在第二阶段扩展到一定深度后,由于装备构件的剩余工作截面减小,应力逐渐增大,裂纹加速扩展。当剩余面积小到不足以承受负荷时,就发生突然的瞬时断裂,其断裂过程同单调加载的情形相似。一般情况下,这一阶段的断口微观形貌呈现被拉长的韧窝花样或准解理等显微特征,有剪切唇区(见 3.1.4 节疲劳断口形貌)。

需要说明的是,即使是塑性良好的金属,其疲劳断口附近一般也观察不到宏观塑性变形。

3. 疲劳断口形貌

疲劳断口分析是研究疲劳断裂过程、分析断裂原因的重要方法。因为和其他断裂一样,疲劳断裂断口也记载了从裂纹萌生至断裂的整个过程,有明显的疲劳过程形貌特征,这些特征受材料性质、应力状态、应力大小及环境因素的影响。

1)疲劳断口的宏观形貌

(1)宏观形貌特征。疲劳断裂有 3 个阶段,相应地,在断口一般也能观察到3 个区域:疲劳裂纹起源区、疲劳裂纹扩展区和最终断裂区(瞬断区),如图 3-27 所示。特殊情况下某些区域可能会特别小,甚至消失,如当材料对裂纹的敏感性小、载荷小、载荷频率大等情况下,断口上的最终断裂区的相对面积可能很小。

① 疲劳裂纹起源区(疲劳裂纹萌生区)。疲劳裂纹萌生区在整个断口中所占比例很小,通常就是断面上疲劳花样放射源的中心点或疲劳弧线的曲率中心点。疲劳裂纹源一般位于构件表面应力集中处或不同类型的缺陷部位(如构件表面的刀痕、划伤、烧伤、锈蚀、淬火裂等表面缺陷)。但当装备构件的心部或亚表面存在着较大的缺陷(如夹杂物、气孔、夹渣、白点、内裂等)时,裂纹源也可能发端于构件的亚表面或内部。具有表面硬化层的装备构件,如表面淬火、化学热

57

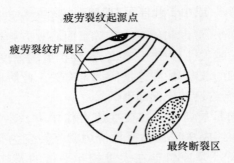

图 3－27　疲劳断口三区示意图

处理或特殊几何形状(缺口、沟槽、台阶、尖角、小孔、截面突变等)，裂纹源一般出现在过渡层处或应力集中部位。

　　一个疲劳断口一般有一个疲劳源，但也有很多例外。如反复弯曲疲劳时会出现两个疲劳源；低周循环疲劳时，由于应力水平较大，断口上常有几个位于不同位置的疲劳裂纹起源点；腐蚀环境下，反复弯曲的疲劳断口中，由于滑移使金属表面膜发生破裂而出现许多活性区域，也有多个疲劳源。图 3－28 所示为某破碎机偏心轴(材料为 45 钢，调质处理)的疲劳断口，具有疲劳断口的典型特征，两侧箭头所指部位为两个疲劳源。

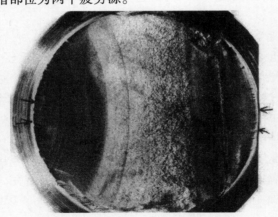

图 3－28　两个疲劳源的疲劳断口

　　当有多个疲劳源时，其萌生的时间有先后顺序，源区越光滑，则该疲劳源越先产生。

　　② 疲劳裂纹扩展区。在扩展区常可看到有如波浪推赶海岸沙滩而形成的"沙滩花样"，又称"贝壳状条纹"(简称贝纹)、"疲劳弧带"等，如图 3－28 所示，两侧的扩展区所占面积较大，其都有贝纹线。贝纹线花样由于裂纹扩展受到障

碍,时而扩展、时而停止,或由于开停车、加减速、加卸载等导致负荷周期性突变而使疲劳裂纹前沿不连续扩展造成的,每一条带的边界是疲劳裂纹在某一个时间的推进位置。如果在宏观上观察到贝纹线花样,就可断定这个断口是疲劳断口;如果没有观察到贝纹线,也不要轻易否定,必须进一步进行高倍观察再做出判断,因为在裂纹连续扩展且无载荷变化的条件下,断口上没有宏观贝纹线花样。贝纹线花样通常出现在低应力高周循环疲劳断口上(图 3-28 所示的破碎机偏心轴就属于正断型低应力高周疲劳断裂),而在均匀负荷的实验室疲劳试验条件及许多高强度钢、灰铸铁和低周循环疲劳断口上则很难见到。

疲劳裂纹扩展区是一个明亮的磨光区,越接近疲劳起源点越光滑,这是由于在相当长的时间内受到交变负荷作用的结果。拉应力使裂纹扩张,压应力使裂纹闭合(或大、小应力使裂纹张、合),裂纹两侧反复张合,形成明亮的磨光区。

多源疲劳的裂纹扩展区,各个裂纹源不一定在一个平面上,随着裂纹扩展的进行,各个裂纹之间彼此相连,在不同平面间的连接处便形成了疲劳台阶或折纹,图 3-28 所示的疲劳断口的扩展区就有较多台阶。疲劳台阶越多,表示应力或应力集中越大。

疲劳裂纹扩展区的大小和形状取决于构件的形状、应力状态和应力水平。

③ 最终断裂区。最终断裂区的断口形貌大多呈现宏观的脆性断裂特征,即粗糙"晶粒"状结构,其断口与主应力基本垂直。如图 3-28 所示,中间比较粗糙的部位为瞬断区,只有当材料的塑性很大时,最终断裂区才具有纤维状结构,并出现 45°的剪切唇区。

(2)疲劳断口宏观特征的应用。总结出的疲劳断口的宏观特征可以用来判断和分析疲劳起源点、裂纹扩展方向、应力大小、负荷类型及材料的缺口敏感性等。

① 判断疲劳起源点及裂纹扩展方向。疲劳裂纹是以裂纹源为中心向四周扩展。随着截面的逐渐减小、弱化,裂纹扩展速度加快,疲劳条纹变得更稀、更粗,因此,根据磨光区和疲劳条纹很容易找到疲劳裂纹的起源点。疲劳裂纹起源点总是处于磨光区中最平整的地方,且处于疲劳条纹的放射中心。根据这个现象,可以在条纹稠密处及曲率半径最小的地方寻找疲劳裂纹起源点。

疲劳裂纹的起源点可能在装备构件表面上,也可能在亚表面或心部。如果在构件表面,应当从表面质量、表面应力状态及工作介质等方面去查明疲劳断裂的原因;如果起源点在亚表面,应考虑亚表面是否有拉应力峰值或表面热处理过渡层的质量问题,或其他的材质缺陷;如果起源点在内部,则疲劳断裂多半是材料内部质量(夹杂物、内裂纹等)引起的。

有时断口上会同时出现几个磨光区,有几个不同放射中心的疲劳条纹,这表明同时存在几个疲劳裂纹起源点,这时必须注意哪些疲劳源是初生的,哪些是次生的。判断疲劳源产生的先后,应根据疲劳条纹的密度、疲劳源区的光亮度和台阶情况等。相对于后形成的疲劳源区,最初的疲劳源区所承受的应力较小,裂纹扩展速率较慢,经历交变负荷作用的时间较长(摩擦次数多),因此一般没有台阶,疲劳条纹的密度大,同时比较光泽明亮。图3-29所示的疲劳断口上有3个裂纹源,根据上述原则可知:位置1是最初的裂纹源,其次是位置2的裂纹源,位置3的裂纹源是最后形成的。

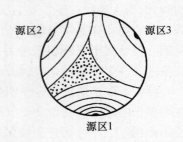

图3-29 裂纹源次序示意图

疲劳裂纹扩展方向:贝纹线花样从疲劳裂纹起源点向最终断裂区放射的方向。

② 判断应力大小。应力大小可以根据最终断裂区所占断口面积的比例进行判断,如果最终断裂区面积所占的比例大,则应力大,反之则应力小。

另外,如果最终断裂区在构件中心位置,说明疲劳断裂应力等级很高,名义应力可能超过疲劳极限的30%~100%,而断裂循环次数不会很多,大约不超过3×10^5周次;如果最终断裂区处在表面或亚表面,引起疲劳断裂的实际应力可能高出疲劳极限不多,构件可能是经历了几百万周次的交变应力循环后才断裂。

③ 判断负荷类型。根据疲劳断口的形态就可以判别所受到的负荷类型。拉压疲劳和单向弯曲疲劳断口形态基本相似,不同之处是单向弯曲疲劳的疲劳前沿线扁平一些。旋转弯曲疲劳断口的最终撕裂面有偏离现象,高应力集中时,最终撕裂面移向中心,呈现棘轮花样。抗压和各种弯曲疲劳断口的形态示意图如图3-30所示。

④ 材料的缺口敏感性。如果材料对缺口不敏感,则疲劳条纹呈现绕着裂源向外凸起的同心圆状,如图3-31(a)所示;如果材料对缺口敏感,则疲劳条纹在裂源附近较为平坦,向前扩展一定距离后以反弧形向前扩展,如图3-31(b)所示。

2)疲劳断口的微观形貌

如果宏观的判断不充分,则微观的判据是必不可少的。微观信息可以为定量反推断裂条件、裂纹扩展速率等提供依据,从而为疲劳断裂提供可靠的判据。

对于疲劳断裂,其断口在微观上的典型形貌是疲劳辉纹和轮胎压痕花样。

(1)疲劳辉纹。疲劳辉纹是疲劳断口的一种独特花样,如图3-32所示。

疲劳辉纹是一系列基本平行的条纹,略带弯曲,呈波浪状,与裂纹微观扩展方向垂直,裂纹的扩展方向朝向波纹凸出的一侧。疲劳辉纹的间距(每两条相

60

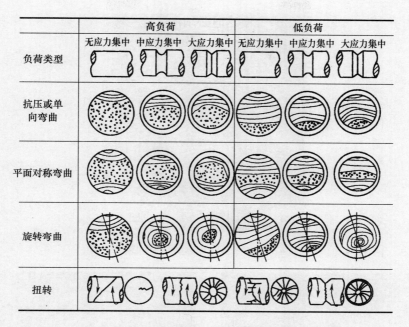

	高负荷			低负荷		
负荷类型	无应力集中	中应力集中	大应力集中	无应力集中	中应力集中	大应力集中
抗压或单向弯曲						
平面对称弯曲						
旋转弯曲						
扭转						

图 3-30　抗压和各种弯曲疲劳断口的形态示意图

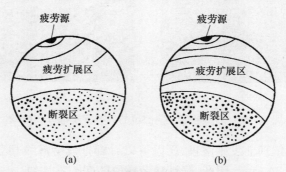

图 3-31　缺口敏感性对疲劳断口形态的影响

（a）缺口敏感性小的材料；（b）缺口敏感性大的材料。

邻条纹之间的距离）在很大程度上与外加交变负荷的大小有关，条纹的清晰度则取决于材料的韧性。

　　每一条疲劳辉纹表示在某应力循环下疲劳裂纹扩展前沿线的瞬时微观位置。裂纹形成的 3 个阶段有不同的微观特征。疲劳源部位由很多细滑移线组成，并逐渐形成致密的条纹，如图 3-33（a）所示；随着裂纹的扩展，应力逐渐增加，疲劳条纹之间的距离也随之增加，如图 3-33（b）所示。

　　疲劳辉纹可分为脆性辉纹和韧性辉纹两类。脆性疲劳辉纹的形成是由于裂

61

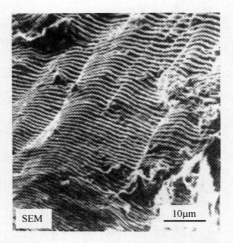

图 3 – 32　Ni – Cr – Ti 合金断口中的疲劳辉纹

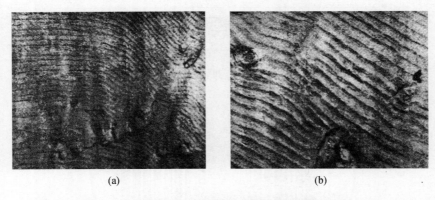

(a)　　　　　　　　　　　　　　　(b)

图 3 – 33　疲劳断面不同部位的疲劳辉纹形态 3000 ×

纹扩展中沿某些解理面发生解理,所以可以看到把疲劳辉纹切割成一段段的解理台阶,如图 3 – 34 所示,因此,脆性疲劳辉纹的间距不均匀、不连续。脆性疲劳辉纹不是很常见,而韧性疲劳辉纹很常见。韧性疲劳辉纹的形成与材料的结晶学之间无明显关系,有较大塑性变形,疲劳辉纹的间距均匀规则,如图 3 – 32 所示。

疲劳断口在微观上通常由许多大小、高低不同的小断片组成。而疲劳辉纹就均匀分布在断片上,每一小断片上的疲劳辉纹是连续的,且相互平行,但相邻断片上的辉纹则是不连续、不平行的,如图 3 – 35 所示。

疲劳辉纹的每一条辉纹一般代表一次载荷循环,因此,疲劳辉纹的数目与载荷循环次数大致相等。图 3 – 36 是一次载荷循环产生一条疲劳辉纹的示意图。

图 3 – 34　球磨铸铁的脆性疲劳辉纹 10000 ×

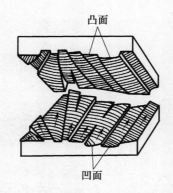

图 3 – 35　疲劳辉纹与小断片示意图

其中图 3 – 36(a)是微裂纹在未加载荷时的形态;而加载后在张应力作用下微裂纹张开,裂纹尖端的两个小切口使滑移集中在与裂纹平面成 45°角的滑移带上,且两个滑移带相互垂直(图 3 – 36(b));当张应力达到最大值时(图 3 – 36(c)),由于裂纹变形而使应力集中效应消失,裂纹前端由于滑移带变宽而钝化,呈半圆状。在此过程中会产生新的表面使裂纹向前扩展。然后,应力进入到卸载的后半周期,滑移沿滑移带的相反方向进行(图 3 – 36(d)),从而使得裂纹前端相互挤压,在加载的半周期中形成的新表面被压向裂纹平面,其中一部分会产生折叠,从而形成新切口(图 3 – 36(e)),最后形成一个间距为 $\Delta\alpha$ 的新疲劳纹(图 3 – 36(f))。

　　由以上可知,一次载荷循环就会产生一条疲劳辉纹。根据这个对应关系可以定量计算裂纹长度与疲劳循环次数之间的关系,并进而计算出疲劳裂纹扩展

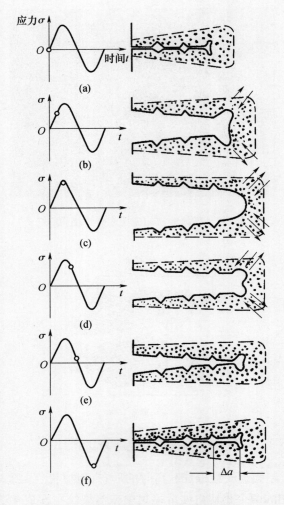

图 3 - 36 一次载荷循环产生一条疲劳辉纹的过程

速率。但工程上一般是用特定的标准方法测量出宏观的裂纹扩展量,然后计算疲劳裂纹扩展速率,微观的测量计算一般只作为机理性的探讨。

（2）轮胎压痕花样。在高倍显微镜下观察,有时可以在疲劳断口上见到类似汽车轮胎走过泥地时留下的痕迹,称为轮胎压痕花样（图 3 - 37）。轮胎压痕花样是由于疲劳断口的两个匹配断面之间重复冲击和相互运动形成的机械损伤,也可能是松动的自由粒子（硬质点）作用在匹配的断裂面上留下的微观变形痕迹。轮胎压痕花样不是疲劳本身的形态,而是疲劳断裂的一个表征。

图 3 – 37　1Cr18Ni9Ti 高应力低周疲劳
断口上的轮胎压痕花样 10000 ×

4. 影响疲劳断裂的因素及改善的途径

影响疲劳断裂的因素有很多,其中最主要的是缺口效应与应力集中、表面状态、材料的成分和组织、残余应力以及工作条件。

1）缺口效应与应力集中

许多装备构件都包有缺口、孔洞、螺纹、台阶等,也可能有刀痕、机械划伤等表面缺陷,这些部位会使表面应力提高,并形成应力集中区,从而成为疲劳断裂的起源部位。

图 3 – 38 为缺口附近的应力分布示意图,很显然,纵向正应力(σ_L)、切向正应力(σ_T)和最大切应力(τ)的最大值都出现在缺口根部,而径向正应力(σ_R)的最大值则在缺口根部以下。在略低于缺口根部的部位,最大切应力(τ)降低到很低的水平。因此,当塑性变形在缺口根部开始时,会有较大程度的三向应力出现。同时,在略低于缺口表面处,由于附加切向和径向约束的原因,正应力与切应力比值(σ/τ)显著增加,会促进脆性断裂的产生。

图 3 – 39 表示缺口对不同拉伸强度水平材料的疲劳强度的影响。可以看出,应力越高,缺口对疲劳强度的削弱越大,因此,对于用高强度钢制造的装备构件,应特别注意缺口对疲劳强度的削弱作用;同时,在设计中要尽量避免应力集中,对于设计本身就有缺口的构件,要避免选用缺口敏感的材料,并在制造过程中确保缺口质量(无毛刺、飞边、微裂纹等)。

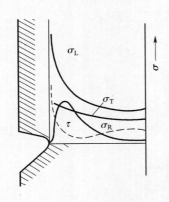

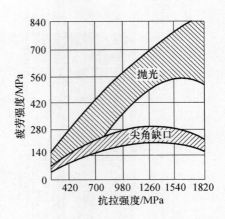

图 3 – 38　缺口附近的应力分布示意图　　图 3 – 39　尖锐缺口对疲劳强度的影响曲线

2）表面状态

疲劳断裂在很多场合下都起源于装备构件的表面或亚表面,这主要是因为承受交变载荷的构件工作时其表面应力往往较高。在制造工艺过程中产生预裂纹(如淬火裂纹)、尖锐缺口(如表面粗糙度不符合要求,有加工刀痕等)以及其他一些削弱表面强度的弊病(如表面氧化、脱碳等)都会严重影响构件的疲劳寿命。而且,材料的强度越高,表面状态对疲劳性能的影响也越大。提高表面质量是提高疲劳抗力的重要途径。

3）材料的成分和组织

装备材料的化学成分对疲劳抗力的影响大致与其对拉伸强度的影响呈正比。在各类工程材料中,结构钢的疲劳强度最高,若没有缺口及缺陷,结构钢的疲劳强度/拉伸强度≈0.5,即疲劳强度随拉伸强度的提高几乎以 50% 的倍数呈直线上升。碳是影响结构钢疲劳强度的重要元素,它既可通过间隙固溶的形式强化基体,又可形成弥散碳化物进行弥散强化,从而提高结构钢的形变抗力,阻止循环滑移带的形成和开裂,进而阻止疲劳裂纹的萌生和扩展,达到提高疲劳强度的目的。其他合金元素,如钼、铬、镍等也可以提高结构钢的疲劳抗力,但主要是通过提高淬透性和改善钢的强韧性来实现的。

在低周疲劳条件下,许多金属的疲劳寿命和晶粒大小无关;但在高周疲劳条件下,减小晶粒尺寸可以增加疲劳寿命,但需注意的是,减小晶粒同时会增加材料对缺口的敏感性。

质量均匀、表面或亚表面无连续缺陷材料的抗疲劳性能好,因为这些缺陷在外载荷作用下会使局部应力急剧升高,从而成为疲劳裂纹源。钢材在冶炼和轧制生产中会有气孔、缩孔、白点、偏析、折叠等冶金缺陷,在铸造、锻造、焊接及热处理中也会产生缩孔、裂纹、过烧及过热等缺陷,这些缺陷往往会成为疲劳裂纹的发源地,严重降低构件的疲劳强度。

钢材在轧制和锻造时,夹杂物会沿压延方向分布而形成流线,流线纵向的疲劳强度高,横向的疲劳强度低。

从疲劳裂纹形成机制来看,非金属夹杂物是萌生疲劳裂纹的发源地之一,也是降低疲劳强度的一个重要因素。减少夹杂物的数量、减小夹杂物的尺寸、改善夹杂物形状(如减少尖角)都能有效提高材料的疲劳强度。采用真空冶炼、真空浇注,能最大限度地减少和控制夹杂物,对提高材料的疲劳强度有利。另外,也可以通过改变夹杂物和基体之间的界面结合性质来改变疲劳强度,如适当增加硫含量,使塑性好的硫化物包围塑性差的氧化物夹杂,以解决原氧化物界面的疲劳开裂问题等。

4)残余应力

几乎每个制造工序都不同程度地产生残余应力,拉拔、挤压、弯曲、校直、切削、表面滚压、喷丸等都因塑性变形而产生残余应力,热处理时因组织转变发生体积变化和热胀冷缩而产生残余应力,渗碳、氮化时因表面体积的增加会产生残余应力。

残余应力可能是有害的,也可能是有益的,这取决于残余应力的方向。因为残余应力起着预加负荷的作用,它与操作负荷叠加,可能增加实际承载应力,也可能减小实际承载应力;当残余应力与施加的应力方向相反时,是有益的,反之则是有害的。

如果表面存在残余拉应力,对疲劳极为不利。但如果使构件表面产生残余压应力,则对抗疲劳大有好处,因为残余压应力起着削减表面拉应力的作用。一些热处理工序(如表面淬火、渗碳和氮化)及机械加工工序(如喷丸、表面滚压、冷拔、挤压和抛光)都可以产生残余压应力,工程上经常采用这些方法来提高疲劳抗力。

但也有很多工序会产生有害的表面残余拉应力,如研磨、不正确的热处理、校直和焊接等。如果残余拉应力平行于表面,由于叠加于操作应力上,往往会降低疲劳强度,促进疲劳断裂。渗碳的零件如果心部硬度太高,或表面硬化层太深,都会在表面形成高的残余拉应力。焊接结束后从焊接温度冷却下来的金属收缩时也会形成残余拉应力,尤其是结构复杂的构件。

5)工作条件

服役的环境条件,如载荷频率、次载锻炼、间歇运行、温度及介质情况等,对疲劳断裂也有很大影响。

当载荷的频率在一定范围时可以提高疲劳强度,如图 3 - 40 所示,在 6000 次/min～60000 次/min（100Hz～1000Hz）频率之间,钢的疲劳极限 σ_{-1} 随频率的提高而增加,而在 3000 次/min～10000 次/min（50Hz～170Hz）频率之间,疲劳极限基本维持不变,而当载荷频率低于 60 次/min（1Hz）时,疲劳极限有所降低。如果同时有腐蚀参与,则上述影响更大。

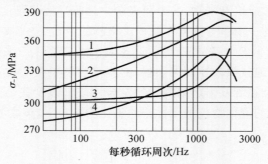

图 3 - 40　疲劳极限与频率的关系

载荷频率对疲劳极限的影响可能和每一循环周次的塑性应变累积损伤量不同有关,而腐蚀的影响和每一循环周次的腐蚀量有关。

低于疲劳极限的应力称为次载。金属材料在低于疲劳极限的应力下先运转一定次数后,可以提高其疲劳极限(可能是由于应力应变循环产生的硬化及局部应力集中松弛的原因),这种强化作用称为次载锻炼。

次载锻炼的效果和以下因素有关:次载的应力水平越接近疲劳极限,锻炼效果越显著;次载锻炼的循环周次越长,锻炼效果越好,但达到一定循环周次之后效果就不再提高。

次载锻炼效应可用于提高装备构件的疲劳强度,如构件在安装好后,可以先空载或低载运行一段时间,达到既磨合机器,又提高疲劳强度的目的。

间歇对疲劳寿命的影响也很显著。装备构件在实际工作时都是非连续(间歇)运行,因此,实际的疲劳强度和实验室中连续加载测量得来的疲劳极限存在明显差别。

具有强烈应变时效的 20Cr、45Cr 及 40Cr 钢等,在循环加载运行中,若间歇空载一定时间,可以提高其疲劳强度,延长疲劳寿命。如图 3 - 41 所示,和连续加载的曲线相比,45 钢在每间歇 5 min 后再加载循环 25000 周次的疲劳曲线向右上方移动了一定距离,这表明间歇加载提高了疲劳强度,延长了过载疲劳寿命。

试验证明,当加载应力低于并接近疲劳极限时,间歇加载对提高疲劳强度的

68

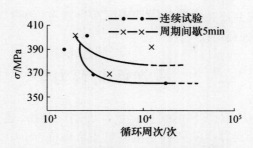

图 3-41　周期间歇对 45 钢疲劳寿命的影响

效果比较明显,但如果加载应力高于疲劳极限,则会降低疲劳强度。因为在次载时有疲劳强化,在间歇过程可进一步产生应变发生时效强化,因此能提高疲劳强度;而过载时由于损伤积累有疲劳弱化,间歇也不起作用。次载锻炼时有一个最佳间歇时间,其长短和加载应力大小有关:加载应力高,最佳间歇时间短;加载应力低,最佳间歇时间长。与此相似,间歇周次也有一个最佳值。用合理的间歇时间和最佳的间歇周次进行间歇次载锻炼时,才会有效提高疲劳强度,延长疲劳寿命。

　　间歇加载影响疲劳强度的规律,可以用来指导制定机器操作和检验规程。

　　通常情况下,温度降低,材料的疲劳强度升高;温度升高,疲劳强度则降低。但对钢来说,在 200℃ ~400℃ 范围内疲劳极限会出现峰值,如图 3-42 所示,这可能和时效硬化有关。当温度超过峰值后,疲劳强度明显降低,如结构钢在400℃ 以上时,疲劳强度急剧下降,耐热钢在 550℃ ~650℃ 以上时,疲劳强度也明显下降。当温度超过再结晶温度后,材料的失效方式转变为蠕变。一般来说,高蠕变强度的材料其疲劳强度也高。

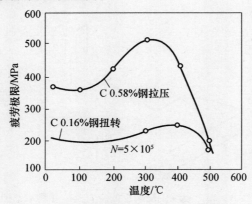

图 3-42　钢的疲劳强度与温度之间的关系

另外,腐蚀环境介质会使装备构件表面产生蚀坑、微裂纹等缺陷,会加速疲劳源萌生而促进腐蚀疲劳。

3.2　线弹性断裂力学

1920 年,Griffith 针对玻璃的脆性裂纹扩展加以分析,建立了一个重要的断裂力学基本观点:如果裂纹扩展造成系统总能量降低,则裂纹扩展可持续进行。Griffith 同时假定:裂纹扩展时,系统内存在一个简单的能量平衡关系,即受应力作用的材料内部由于裂纹扩展所释放的弹性应变能正好提供裂纹扩展时产生新裂纹表面所需要的表面能。根据 Griffith 理论可估计脆性材料的理论强度,同时也提供了材料断裂强度与缺陷尺寸的关系。1944 年,Zener 与 Hollonmon 将 Griffith 断裂理论推展到金属材料的脆性断裂范畴。

1948 年,Irwin 与 Orowan 分别提出了两个相似的理论,认为 Griffith 断裂理论中所释放出的弹性能除了提供新形成裂纹表面所需的表面能外,还提供塑性变形所需做的功,将 Griffith 断裂理论修正为包括脆性及延性的一般断裂行为。Irwin 同时定义了材料的一个特性值,G,即单位面积裂纹扩展单位长度所吸收的总能量,G 值称为弹性能释放率(Elastic Energy Release Rate)。

以上基于能量观点建立的断裂理论在实用上有困难,因此,Irwin 在 20 世纪 50 年代推导出裂纹尖端附近的应力场为(图 3 – 43)

$$\sigma_{ij} = \frac{K}{\sqrt{2\pi r}} f_{ij}(\theta) + \cdots \tag{3 – 1}$$

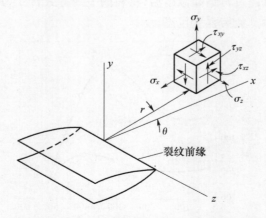

图 3 – 43　裂纹尖端附近的应力及位移场示意图

并由此定义了一个新的概念，即应力强度因子(stress intensity factor)K为

$$K = \sigma \sqrt{\pi a} \cdot f\left(\frac{a}{w}\right) \tag{3-2}$$

式中：$f\left(\dfrac{a}{w}\right)$为几何形状修正项。

Irwin进一步证明，能量观点的断裂理论与应力强度观点的断裂理论是互相关联的，当应力强度因子(K)超过临界应力强度因子(K_C)，或弹性能释放率(G)超过临界弹性能释放率(G_C)时，裂纹都将快速扩展而使材料断裂；而临界应力强度因子(K_C)与临界弹性能释放率(G_C)之间存在关系为

$$K_C = C \sqrt{G_C \cdot E} \quad (E\text{ 为弹性模量}) \tag{3-3}$$

线性弹性断裂力学一般简称为线弹性断裂力学(Linear Elastic Fractwre Mechanics，LEFM)，就是综合了断裂能量观点与应力强度因子观点的断裂理论。该理论基本上适用于脆性裂纹的传播，但在某种程度上也适用于亚临界破裂(Sub-Critical Cracking)情况，即塑性变形仅存在于裂纹尖端极有限的范围内(如疲劳破坏及应力腐蚀破坏)。

LEFM包括了由能量观点及应力强度观点分别发展完成的断裂理论，前者主要基于释放弹性能与裂纹抵抗能之间的平衡，由此推导出弹性能释放率G；后者则以弹性体力学推导出裂纹尖端附近的应力场，进而给出了应力强度因子K的定义。当弹性能释放率G大于其临界值G_C(临界弹性能释放率，也称为断裂能量)，或应力强度因子K大于其临界值K_C(临界应力强度因子，也称为断裂韧性)时，裂纹将失稳扩展使材料迅速断裂，因此G_C与K_C值是材料本身的特性值。

3.2.1　Griffith 断裂理论

Griffith断裂理论根据能量观点讨论裂纹扩展条件，即裂纹扩展所产生新表面的能量是由裂纹延伸时释放的弹性能提供的。

如图3-44所示，如果材料内含一贯穿纵深的扁平裂纹(裂纹长度$2a$远小于材料宽度)，当给材料施加一应力σ时，裂纹向两端扩展$\mathrm{d}a$的距离。在裂纹扩展前，材料单位体积的弹性应变能为

$$U_C = \frac{1}{2}\sigma\varepsilon = \frac{\sigma^2}{2E} \tag{3-4}$$

由于裂纹扩展而增加的裂纹体积(相当于解除应力的材料体积)可大略估计如下：

$$dV = \pi(a + da)^2 - \pi a^2 = 2\pi a da \qquad (3-5)$$

则由裂纹扩展释放的弹性能为

$$dU_c = U_c \cdot dV = \frac{\sigma^2}{2E} \cdot 2\pi a da = \frac{\pi\sigma^2}{E} \cdot a da \qquad (3-6)$$

而由于裂纹扩展产生新表面的能量为

$$dU_s = \gamma_s \cdot (4 da) = 4\gamma_s da \ (\gamma_s \text{ 为单位面积的表面能}) \qquad (3-7)$$

根据 Griffith 理论,材料裂纹扩展的临界条件为:$dU_c \geqslant dU_s$,即

$$\frac{\pi\sigma^2}{E} \cdot a da \geqslant 4\gamma_s da$$

$$\frac{\pi\sigma^2 a}{E} \geqslant 4\gamma_s \qquad (3-8)$$

根据上式得到裂纹发生失稳扩展的临界应力(即断裂应力)为

$$\sigma_f = \sqrt{\frac{4\gamma_s E}{\pi a}} \qquad (3-9)$$

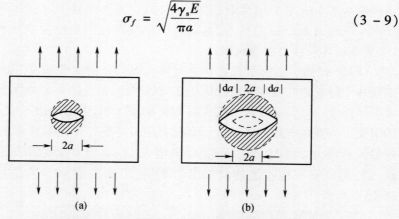

图 3-44　Griffith 断裂理论说明示意图(斜线区域代表弹性能释放范围)
(a) 裂纹扩展前;(b) 裂纹向两端扩展了距离 da。

3.2.2　修正的 Griffith 断裂理论

Griffith 断裂理论仅针对完全脆性材料的裂纹扩展,应用面较窄。为此,Irwin 对该理论进行了修正,使其亦适用于含塑性变形的金属,这就是修正的 Griffith 断裂理论。该理论主要内容为:对塑性金属材料,裂纹延伸时释放的弹性能除了用以提供裂纹扩展产生新表面的能量,还用以克服裂纹前端的塑性变形能,这样,Griffith 裂纹扩展条件可改写为

$$\frac{\pi\sigma^2 a}{E} \geqslant 4(\gamma_s + \gamma_p) \quad (\gamma_p \text{ 为单位面积的塑性变形能}) \qquad (3-10)$$

上式左项代表提供裂纹延伸的单位面积的弹性能,Irwin 将其定义为 G,称为弹性能释放率(Elastic Energy Release Rate)或裂纹驱动力(Crack Driving Force),单位为 $kJ \cdot m^{-2}$;当 G 值大于 $4(\gamma_s + \gamma_p)$ 时,裂纹将发生失稳扩展,此时的应力就是该材料的断裂应力,其值为

$$\sigma_f = \sqrt{\frac{4(\gamma_s + \gamma_p)E}{\pi a}} = \sqrt{\frac{EG_C}{\pi a}} \qquad (3-11)$$

G_C 称为临界弹性能释放率(Critical Elastic Energy Release Rate),或断裂能量(Fracture Rnergy)。通过测量一含有裂纹尺寸为 $2a$ 的平板产生断裂所需的应力,然后将其代入到上式中就可计算出某种材料的 G_C 值。一般工程材料的 G_C 值可通过相关的手册直接查到。

Griffith 裂纹扩展条件公式的右项($4\gamma_s$ 或 $4(\gamma_s + \gamma_p)$)为裂纹延伸所增加的新表面能,或新表面能加上裂缝前端的塑性变形能,即裂纹扩展的阻力(Crack Resistance)R,因此 Griffith 裂纹扩展条件可表示成:$G \geqslant R$。

3.2.3　应力强度理论

虽然 Irwin 推导出的修正 Griffith 断裂理论涵盖了塑性变形因素,但这种根据能量平衡观点出发的理论只能用于描述理想的极尖端裂纹的失稳扩展,且在实际应用中有许多难以克服的问题,如疲劳断裂、应力腐蚀破裂等慢速稳定裂纹扩展的情况就难以应用。

基于能量观点断裂理论在实际应用上的困难,Irwin 提出了另一断裂理论,即线弹性断裂力学最重要的应力强度理论。该理论的基本内容为:根据弹性体力学推导出裂纹尖端附近的局部应力场,同时得到此应力场与材料现存缺陷的尺寸及材料的弹性性质之间的关系。

1. 断裂模式

对于任一裂纹尖端附近的应力系统,可将其归纳为如图 3-45 所示的 3 种外加负荷方式,这 3 种负荷方式将形成 3 种断裂模式:模式 I 表示正向张开(Normal Opening),模式 II 表示边缘滑动(Edge Sliding),模式 III 表示撕裂(Tearing)。实际工程上的应力状态以模式 I 为主。

2. 平面应力与平面应变

应力应变的形式可分为平面应力(Plane Stress)和平面应变(Plane Strain)两种。平面应变是指在某一主方向的应变为零($E_{zz} = 0$);平面应力是指应力在某一主方向为零($\sigma_{zz} = 0$)。

当较厚的材料断裂时,由于其裂纹前缘极宽,从而使平行于裂纹前缘方向材

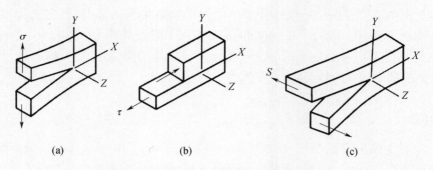

（a）   （b）   （c）

图 3 - 45 裂纹扩展的 3 种基本类型
（a）模式 I : 张开型；（b）模式 II : 滑开型；（3）模式 III : 撕开型。

料的塑性变形受到限制，则在平行裂纹前缘方向将产生第三应力 σ_{zz}，从而使裂纹前缘的材料局限于以图 3 - 46(a) 的方式滑动，亦即为平面应变状态。当较薄的材料发生断裂时，如图 3 - 46(b) 所示，裂纹扩展将牵引其前端的材料，以倾斜于薄板平面 45°滑动，即可使材料在平行于裂纹前缘方向产生变形，从而造成此方向的应力（σ_{zz}）松弛，形成平面应力状态。

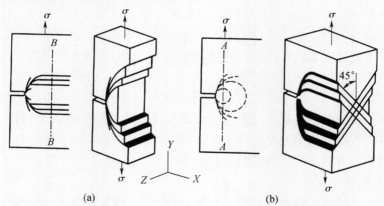

（a）   （b）

图 3 - 46 材料的两种变形方式
（a）平面应变（$E_{zz} = 0$）；（b）平面应力（$\sigma_{zz} = 0$）。

3. 应力强度理论

1）应力场表达式

假设一含有裂纹宽度为 $2a$ 的无限平板，受到如图 3 - 45(a) 所示模式 I 的拉伸应力 σ，则其裂纹尖端附近的应力场（图 3 - 47）可由弹性力学推导出，如下：

74

$$\begin{cases} \sigma_{xx} = \dfrac{\sigma \sqrt{\pi a}}{\sqrt{2\pi r}}\cos\dfrac{\theta}{2}\Big(1 - \sin\dfrac{\theta}{2}\sin\dfrac{3\theta}{2}\Big) \\[3mm] \sigma_{yy} = \dfrac{\sigma \sqrt{\pi a}}{\sqrt{2\pi r}}\cos\dfrac{\theta}{2}\Big(1 + \sin\dfrac{\theta}{2}\sin\dfrac{3\theta}{2}\Big) \\[3mm] \tau_{xy} = \dfrac{\sigma \sqrt{\pi a}}{\sqrt{2\pi r}}\sin\dfrac{\theta}{2}\cos\dfrac{\theta}{2}\cos\dfrac{3\theta}{2} \\[3mm] \sigma_{zz} = \begin{cases} U(\sigma_{xx} + \sigma_{yy}) & (\text{平面应变}) \\ 0 & (\text{平面应力}) \end{cases} \end{cases} \qquad (3-12)$$

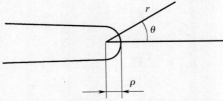

图 3 – 47 半径为 ρ 的裂纹前端参数示意图

式(3 – 12)显示了裂纹尖端附近的应力场是几何位置项 $\dfrac{f(\theta)}{\sqrt{2\pi r}}$ 与 $\sigma \sqrt{\pi a}$ 的

乘积,$\sigma \sqrt{\pi a}$ 被定义为模式 I 的应力强度因子(stress intensity factory)K_I,其单位为 MN·m$^{-3/2}$。则式(3 – 13)可改写为

$$\begin{cases} K_I = \sigma \sqrt{\pi a} \\[3mm] \sigma_{xx} = \dfrac{K_I}{\sqrt{2\pi r}}\cos\dfrac{\theta}{2}\Big(1 - \sin\dfrac{\theta}{2}\sin\dfrac{3\theta}{2}\Big) \\[3mm] \sigma_{yy} = \dfrac{K_I}{\sqrt{2\pi r}}\cos\dfrac{\theta}{2}\Big(1 + \sin\dfrac{\theta}{2}\sin\dfrac{3\theta}{2}\Big) \\[3mm] \tau_{xy} = \dfrac{K_I}{\sqrt{2\pi r}}\sin\dfrac{\theta}{2}\cos\dfrac{\theta}{2}\cos\dfrac{3\theta}{2} \end{cases} \qquad (3-13)$$

同理,可推导出断裂模式 II 的裂纹尖端附近应力场表达式如下:

$$\begin{cases} \sigma_{xx} = \dfrac{K_{II}}{\sqrt{2\pi r}}\Big(-\sin\dfrac{\theta}{2}\Big)\Big(2 + \cos\dfrac{\theta}{2}\cos\dfrac{3\theta}{2}\Big) \\[3mm] \sigma_{yy} = \dfrac{K_{II}}{\sqrt{2\pi r}}\Big(\sin\dfrac{\theta}{2}\cos\dfrac{\theta}{2}\cos\dfrac{3\theta}{2}\Big) \end{cases}$$

$$\begin{cases} \tau_{xy} = \dfrac{K_{\mathrm{II}}}{\sqrt{2\pi r}}\cos\dfrac{\theta}{2}\Big(1 - \sin\dfrac{\theta}{2}\sin\dfrac{3\theta}{2}\Big) \\ \tau_{xz} = \tau_{yz} = 0 \\ \sigma_{zz} = \begin{cases} U(\sigma_{xx} + \sigma_{yy}) & (\text{平面应变}) \\ 0 & (\text{平面应力}) \end{cases} \end{cases} \qquad (3-14)$$

式 $(3-14)$ 中,$K_{\mathrm{II}} = \tau\sqrt{2\pi a}$,$\tau$(图 $3-45$(b))为模式 II 在无限远处的均匀剪切力。

用同样的方法,可推导出断裂模式 III 的裂纹尖端附近应力场表达式如下:

$$\begin{cases} \tau_{xz} = \dfrac{K_{\mathrm{III}}}{\sqrt{2\pi r}}\Big(-\sin\dfrac{\theta}{2}\Big) \\ \tau = \dfrac{K_{\mathrm{III}}}{\sqrt{2\pi r}}\Big(\cos\dfrac{\theta}{2}\Big) \\ \sigma_{xx} = \sigma_{yy} = \sigma_{zz} = \tau_{xy} = 0 \end{cases} \qquad (3-15)$$

式中:$K_{\mathrm{III}} = S\sqrt{\pi a}$;$S$(图 $3-45$(c))为模式 III 在无限远处的均匀剪应力。

在 3 种模式混合的情况下,其裂纹尖端附近的应力场可表示如下:

$$\sigma_{ij}(r,\theta) = \frac{1}{\sqrt{2\pi r}}\big[K_{\mathrm{I}}f_{ij}^{\mathrm{I}}(\theta) + K_{\mathrm{II}}f_{ij}^{\mathrm{II}}(\theta) + K_{\mathrm{III}}f_{ij}^{\mathrm{III}}(\theta)\big]$$

$$(3-16)$$

以上 3 种模式下所得到的公式仅适用于狭窄尖锐的裂纹,也就是裂纹尖端半径为 0 的理想情况,但实际上裂纹前端都具有一定半径,因此,Creager 和 Paris 将坐标原点向左移动 $\rho/2$,如图 $3-47$ 所示,得到修正的应力场表达式为

$$\begin{cases} \sigma_{xx} = \dfrac{K_{\mathrm{I}}}{\sqrt{2\pi r}}\cos\dfrac{\theta}{2}\Big(1 - \sin\dfrac{\theta}{2}\sin\dfrac{3\theta}{2}\Big) - \dfrac{K_{\mathrm{I}}}{\sqrt{2\pi r}}\Big(\dfrac{\rho}{r}\Big)\cos\dfrac{3\theta}{2} \\ \sigma_{yy} = \dfrac{K_{\mathrm{I}}}{\sqrt{2\pi r}}\cos\dfrac{\theta}{2}\Big(1 + \sin\dfrac{\theta}{2}\sin\dfrac{3\theta}{2}\Big) - \dfrac{K_{\mathrm{I}}}{\sqrt{2\pi r}}\Big(\dfrac{\rho}{r}\Big)\cos\dfrac{3\theta}{2} \\ \tau_{xy} = \dfrac{K_{\mathrm{I}}}{\sqrt{2\pi r}}\sin\dfrac{\theta}{2}\cos\dfrac{\theta}{2}\cos\dfrac{3\theta}{2} - \dfrac{K_{\mathrm{I}}}{\sqrt{2\pi r}}\Big(\dfrac{\rho}{r}\Big)\sin\dfrac{3\theta}{2} \end{cases}$$

$$(3-17)$$

2)位移场表达式

根据弹性力学可推导出模式 I 断裂方式下的裂纹尖端附近的位移场表达式如下:

76

$$\begin{cases} \varepsilon_{xx} = 2(1+v)\dfrac{K_{\mathrm{I}}}{E}\sqrt{\dfrac{r}{2\pi}}\cos\dfrac{\theta}{2}\left(\dfrac{x-1}{2}+\sin^2\dfrac{\theta}{2}\right) \\[4pt] \qquad = \dfrac{K_{\mathrm{I}}}{\mu}\sqrt{\dfrac{r}{2\pi}}\cos\dfrac{\theta}{2}\left(\dfrac{x-1}{2}+\sin^2\dfrac{\theta}{2}\right) \\[4pt] \varepsilon_{yy} = 2(1+v)\dfrac{K_{\mathrm{I}}}{E}\sqrt{\dfrac{r}{2\pi}}\sin\dfrac{\theta}{2}\left(\dfrac{x-1}{2}-\cos^2\dfrac{\theta}{2}\right) \\[4pt] \qquad = \dfrac{K_{\mathrm{I}}}{\mu}\sqrt{\dfrac{r}{2\pi}}\sin\dfrac{\theta}{2}\left(\dfrac{x-1}{2}-\cos^2\dfrac{\theta}{2}\right) \\[4pt] \varepsilon_{zz} = 0 \end{cases} \qquad (3-18)$$

式(3-18)中的 E 为弹性模量,μ 为剪切模量,$E=2(1+v)\mu$。v 是 Poisson 值,平面应变情况下 x 的值为 $3\sim4$,平面应力情况下为 $(3-v)/(1+v)$。

同理,可推导出断裂模式Ⅱ的裂纹尖端附近位移场表达式如下:

$$\begin{cases} \varepsilon_{xx} = 2(1+v)\dfrac{K_{\mathrm{II}}}{E}\sqrt{\dfrac{r}{2\pi}}\sin\dfrac{\theta}{2}\left(\dfrac{x+1}{2}+\cos^2\dfrac{\theta}{2}\right) \\[4pt] \qquad = \dfrac{K_{\mathrm{II}}}{\mu}\sqrt{\dfrac{r}{2\pi}}\sin\dfrac{\theta}{2}\left(\dfrac{x+1}{2}+\cos^2\dfrac{\theta}{2}\right) \\[4pt] \varepsilon_{yy} = 2(1+v)\dfrac{K_{\mathrm{II}}}{E}\sqrt{\dfrac{r}{2\pi}}\left(-\cos\dfrac{\theta}{2}\right)\left(\dfrac{x-1}{2}-\sin^2\dfrac{\theta}{2}\right) \\[4pt] \qquad = \dfrac{K_{\mathrm{II}}}{\mu}\sqrt{\dfrac{r}{2\pi}}\left(-\cos\dfrac{\theta}{2}\right)\left(\dfrac{x-1}{2}-\sin^2\dfrac{\theta}{2}\right) \\[4pt] \varepsilon_{zz} = 0 \end{cases} \qquad (3-19)$$

用同样的方法,可推导出断裂模式Ⅲ的裂纹尖端附近位移场表达式为

$$\begin{cases} \varepsilon_{xx} = \varepsilon_{yy} = 0 \\[4pt] \varepsilon_{zz} = 8(1+v)\dfrac{K_{\mathrm{III}}}{E}\sqrt{\dfrac{r}{2\pi}}\sin\dfrac{\theta}{2} = \dfrac{4K_{\mathrm{III}}}{\mu}\sqrt{\dfrac{r}{2\pi}}\sin\dfrac{\theta}{2} \end{cases} \qquad (3-20)$$

一般情况下,裂纹是 2 种或 3 种模式的混合裂纹,对于 3 种模式混合的裂纹,其尖端附近位移场可表示如下:

$$\varepsilon(r,\theta) = 2(1+v)\sqrt{\dfrac{r}{2\pi}}\left[K_{\mathrm{I}}f_{ij}^{\mathrm{I}}(\theta)+K_{\mathrm{II}}f_{ij}^{\mathrm{II}}(\theta)+K_{\mathrm{III}}f_{ij}^{\mathrm{III}}(\theta)\right]$$

$$(3-21)$$

3) 对应力强度因子的修正

以上对应力强度因子(K)的定义仅针对几何尺寸为无限延伸的平板,而对实际的有限尺寸的材料,其几何形状对裂缝尖端附近的应力场有直接影响,因此

上面定义的应力强度因子需再加以修正为

$$K = \sigma \sqrt{\pi a} \cdot f\left(\frac{a}{w}\right) \qquad (3-22)$$

式中:σ 为外加应力;a 为裂纹尺寸;$f\left(\dfrac{a}{w}\right)$为几何形状修正项。

4)临界应力强度因子

当应力强度因子 K 超过某一临界值时,微裂纹将发生失稳扩展而使材料迅速断裂,此临界值称为临界应力强度因子(K_C),K_C 代表了材料抵抗裂纹扩展的能力,因此也称为断裂韧性(Fracture Toughness),是材料的特性值之一。临界应力强度因子 K_C 与应力强度因子 K 之间的关系如图 3-48 所示。

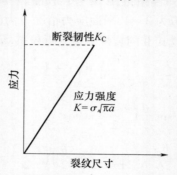

图 3-48   断裂韧性 K_C 与应力强度因子 K

临界应力强度因子 K_C 与样品厚度有关,当样品厚度超过某一程度时,材料主要呈平面应变状态,临界应力强度因子 K_C 趋于某一固定值,此时的 K_C 值即为平面应变断裂韧性 K;样品厚度较小时,即材料趋近于平面应力状态,临界应力强度因子值 K_C 较高;而当样品极薄(小于 1mm)时,断裂韧性与样品厚度之间的关系则还未完全明了。

3.3   弹塑性断裂力学

线弹性断裂力学(LEFM)基本上主要用于描述弹性状态的裂纹扩展与材料断裂,仅适合于高强度金属的平面应变断裂及本质脆性的材料(玻璃、陶瓷、岩石及冰块等)断裂,即使是修正的线弹性断裂力学也仅适用于裂纹尖端存在极有限塑性变形区的情况,对于具有相当程度塑性变形的裂纹扩展行为,线弹性断裂力学就无能为力了。因此,Wells 于 1961 年发表了裂纹张开位移理论(Crack Opening Displacement,COD),从而开启了弹性塑性断裂力学,一般简称为弹塑性断裂力学（Elastic – Plastic Fracture Mechanics, EPFM）的新领域。1968 年, Rice 进一步提出 J 积分（J – integral）理论, 使弹塑性断裂力学得到了更大的发展。由于 COD 理论主要在英国发展, 而 J 积分理论主要在美国发展, 因此 COD 检测标准系根据英国标准（British Standard Institution BS5762 制定）, 而 J 积分检测则根据美国标准（ASTM Standard E813 – 81）制定。

COD 理论根据裂纹尖端塑性变形与裂纹张开位移的关系提出断裂评估准则。J 积分理论实际上是能量观点断裂理论的延伸, 当裂纹张开位移（δ 或 COD）大于其临界值（δ_C 或 COD_C）, 或者 J 积分大于其临界值 J_C 时, 裂纹发生失稳扩展, 使材料迅速断裂, 因此, δ_C 或 J_C 也是材料的特性值。

需要注意的是, 弹塑性断裂力学仍仅限于处理以断裂为主的材料破坏问题, 对于以屈服（塑性变形）为主, 甚至完全塑性变形的材料断裂问题则无法适用, 图 3 – 49 以拉伸曲线的形式说明了线弹性断裂力学（K、G）与弹塑性断裂力学（COD、J）的适用范围。

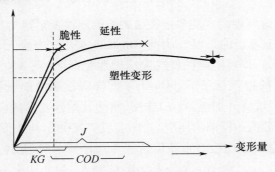

图 3 – 49　线弹性断裂力学（K、G）与
弹塑性断裂力学（COD、J）的适用范围

3.3.1　裂纹尖端塑性变形

Irwin 对于具有相当程度塑性变形材料的断裂进行了深入研究。由于裂纹尖端可视为环绕塑性变形区, Irwin 假设此塑性变形区为圆形（图 3 – 50(a)）, 并推导出了塑性变形区范围（半径）如下:

$$r_p = r_y = \frac{1}{2\pi}\left(\frac{K_I}{\sigma_y}\right)^2 \tag{3 – 23}$$

Irwin 进一步考虑: 塑性变形的存在使裂纹的伸张比其实际扩展尺寸长, 即裂纹前缘看似超前 Δa_n（图 3 – 50(b)）, 并由此推导出塑性变形区范围为式（3 – 23）所估计的两倍, 即

$$r_p = \Delta a_n + r_y = 2r_y = \frac{1}{\pi}\left(\frac{K_I}{\sigma_y}\right)^2 \qquad (3-24)$$

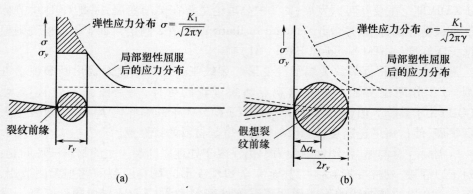

图 3-50　Irwin 假设的裂纹尖端塑性变形区模式示意图
（a）早期模式；（b）修正模式。

　　Irwin 提出的这两种模式均假定裂纹尖端的塑性变形区为圆形,而实际的塑性变形区是一个不规则的形状。为此,Dugdale 提出了长条形塑性变形区模式（Strip Yield Model）,即将实际的裂纹尖端塑性变形区（图 3-51（a））描绘成如图 3-51（b）所示的近似长条形。Dugdale 同样假设裂纹前缘较实际超前 Δa_n,但 Dugdale 认为裂纹受外加应力（σ）作用,将使其塑性变形区（Δa_n）如同接受一与屈服强度（σ_y）等值的反向内压应力,即裂纹尖端的塑性变形区可假想成原来的弹性裂纹尖端被此屈服应力重新压挤密合,如图 3-51 所示,因此裂纹前端的应力强度因子（K）为 0,即:$K = K_\sigma + K_y = 0$,此处 K_σ 为外加应力（σ）所致的应力强度因子,而 K_y 为反向内压应力（$-\sigma_y$）所致的应力强度因子。根据此关系可推导出裂纹尖端塑性变形区的范围（Δa_n）为

$$\Delta a_n = a\left[\sec\left(\frac{\pi\sigma}{2\sigma_y}\right) - 1\right] \approx a\,\frac{\pi^2\sigma^2}{8\sigma_y^2} \qquad (3-25)$$

即

$$\Delta a_n = \frac{\pi}{8}\left(\frac{K_I}{\sigma_y}\right)^2 \qquad (3-26)$$

　　根据 Dugdale 模式,裂纹尖端塑性变形范围为:$r_p = \Delta a_n = 0.393\left(\frac{K_I}{\sigma_y}\right)^2$,而根据 Irwin 模式椎导出的裂纹尖端塑性变形区范围:$r_p = \frac{1}{\pi}\left(\frac{K_I}{\sigma_y}\right)^2 = 0.318\left(\frac{K_I}{\sigma_y}\right)^2$。显然,前者比后者要大。

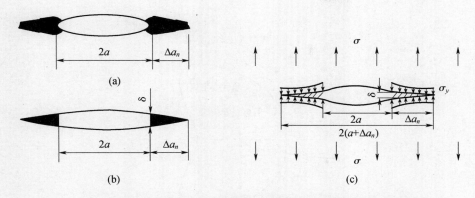

图 3 – 51　Dugdale 的长条形裂纹尖端塑性变形区模式示意图

进一步可推导出实际裂纹尖端位置的位移为

$$\varepsilon_y = \frac{4\sigma_y \cdot a}{\pi E}\mathrm{lnsec}\left(\frac{\pi\sigma}{2\sigma_y}\right) \qquad (3-27)$$

3.3.2　裂纹张开位移理论

裂纹张开位移(Crack – Opening Displacement, COD)理论是由 Wells 于 1961 年提出的,其理论主要基于以下观点(图 3 – 52、图 3 – 53):对于韧性材料,其裂纹尖端的应力集中首先通过大量塑性变形而化解,因此微裂纹不会扩展,随着外加负荷的增大,使得微裂纹侧臂的相对距离扩大,直到微裂纹尖端附近的塑性变形区域内材料变形量达到某一临界值时才会发生裂纹扩展,这个裂纹尖端附近塑性变形区的材料变形量由微裂纹侧臂的相对位移来表示,并定义为裂纹张开位移(COD 或 δ),其临界值即临界裂纹张开位移(COD_C 或 δ_C)。

根据裂纹张开位移理论,当 $COD > COD_C$(或 $\delta > \delta_C$)时,裂纹发生失稳扩展。

根据 Dugdale 裂纹尖端塑性变形模式推导出的裂纹尖端实际位置的位移见式(3 – 25),而比较图 3 – 51 与图 3 – 52 可知,根据 Wells 理论的裂纹张开位移为此位移的两倍,即

$$\delta = COD = 2\varepsilon_y = \frac{8\sigma_y \cdot a}{\pi E}\mathrm{lnsec}\left(\frac{\pi\sigma}{2\sigma_y}\right) \qquad (3-28)$$

将此结果展开可得

$$\delta = COD = 2\varepsilon_y = \frac{8\sigma_y \cdot a}{\pi E}\left[\frac{1}{2}\left(\frac{\pi\sigma}{2\sigma_y}\right)^2 + \frac{1}{12}\left(\frac{\pi\sigma}{2\sigma_y}\right)^4 + \cdots\right]$$

$$(3-29)$$

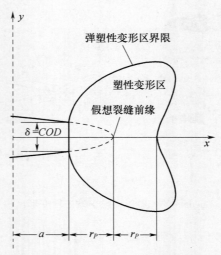

图 3 - 52 Wells 的裂纹张开位移理论

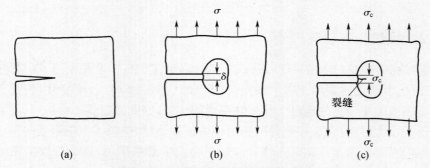

图 3 - 53 裂纹张开位移理论示意图

（a）未施力；（b）施力后,裂缝尖端形成塑性变形区；（c）塑性变形达到一临界值裂缝进展。

取第一项近似值,得到

$$\delta = COD = \frac{\pi\sigma^2 a}{E\sigma_y} = \frac{K_{\mathrm{I}}^2}{E\sigma_y} \qquad (3-30)$$

同理,如果根据 Irwin 的裂纹尖端塑性变形模式,Wells 理论的裂纹张开位移为

$$\begin{cases} \delta = COD = (1+v)(x+1)\dfrac{K_{\mathrm{I}}^2}{\pi E\sigma_y} \\[2mm] \text{或}: \delta = COD = \dfrac{4K_{\mathrm{I}}^2}{\pi E\sigma_y} \qquad (\text{平面应力}) \\[2mm] \qquad\qquad = \dfrac{4K_{\mathrm{I}}^2}{\pi E\sigma_y}(1-v^2)^2 \qquad (\text{平面应变}) \end{cases} \qquad (3-31)$$

而弹性能释放率(G)与裂纹张开位移(COD)的关系为

$$G = \frac{\pi}{4(1-v^2)}\sigma_y \cdot COD \approx \sigma_y \cdot COD \qquad (3-32)$$

材料的COD_C值,可根据 GB 2358 在实验室中用小试样测量得到。在测得COD_C值后,根据式(3-28)即可计算出临界应力强度因子K_C。

3.3.3 J 积分理论

J 积分理论首先由 Rice 于 1971 年提出,也是基于能量平衡观点建立的一种理论。从能量守恒分析裂纹尖端的二向应力应变行为,只取裂纹尖端沿其所在平面方向的广义力,裂纹扩展时外力所做功的一部分用于裂纹扩展所消耗的能量,另一部分则增加体系的弹性能。这些能量可用围绕裂纹尖端的任意封闭回路 Γ 的线积分求得,这个积分称为 J 积分(图3-54)。J 积分的最大特点是具有守恒性,可以避开裂纹尖端处的高应力区。在弹塑性情况下,J 积分的表达式如下:

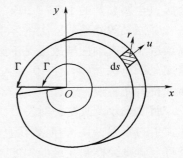

$$J = \iint_{\Gamma}\left[w(x,y)\mathrm{d}y - T\left(\frac{\partial u}{\partial x}\right)\mathrm{d}s\right]$$

$$(3-33)$$

式中:Γ 为由裂纹下表面任一点开始,逆时针绕微裂纹尖部旋转至裂纹上表面任一点的积分回

图3-54 J 积分原理示意图

路;n 多 Γ 上任意一点的法线方向;$\mathrm{d}s$ 为沿 Γ 边界上的单位弧长;$w(x,y)$ 是含有微裂纹的试样在单调加载过程中任意一点(x,y)上的应变能密度(包括弹性应变能和塑性应变能);T 为积分线路外边界上的作用力;u 为边界上的位移。

式(3-32)中右边的第一项是带裂纹体的总应变能,第二项是由张力产生的位能。总应变能与位能的差值越大,裂纹扩展力就越大。当围绕微裂纹尖端的 J 积分达到临界值 J_C 时,开始失稳扩展,即有如下的失效判据:

$$J \geq J_C \qquad (3-34)$$

J_C 是材料本身的性能参数,是弹塑性材料启裂的临界值。根据 GB 2038,用厚度 6mm ~ 7mm 的小试样可测出 J_C 值。

J_C 积分的应用不及 COD 广泛,主要是因为积分线上的应力和应变值要用内插法或图解法求解,比较烦琐。

第 4 章　腐蚀失效

金属材料是现代社会最重要的工程材料,但金属材料制品在使用过程中,会受到不同程度的直接和间接损坏,通常将常见的失效形式归纳为腐蚀、断裂、磨损和变形。

腐蚀失效使生产停顿、物质流失、耗损资源和能源,降低产品质量,污染环境,延误新技术的发展,给国民经济带来巨大的经济损失。据统计,每年腐蚀的金属占金属总量的 10% ~20% 。

腐蚀失效除造成巨大的经济损失之外,还常常危及人身安全。近几十年来,腐蚀造成的灾难性事故屡见不鲜。1965 年美国一输气管线因应力腐蚀而破损,造成瓦斯泄漏、爆炸,使 10 多人伤亡。1985 年日本的一架波音 747 客机,由于腐蚀疲劳而坠毁,造成 500 多人死亡。

腐蚀失效及其防护对发展国民经济有着极为重要的意义。一方面要研究腐蚀发生的原因;另一方面要认真研究防止腐蚀的措施,提高设备的使用寿命,尽量将金属腐蚀控制在最低程度,为持续生产提供保证。

4.1　腐蚀学基本知识

4.1.1　基本概念

金属和非金属腐蚀环境和条件以及腐蚀原理有很大的差异,本章只介绍金属腐蚀,不涉及非金属材料的腐蚀问题。

通常把金属腐蚀定义为:金属与周围环境介质之间发生化学和电化学作用而引起的变质和破坏。碳钢在大气中生锈,钢质船壳在海水中的锈蚀,钢质地下输油管线在土壤中的穿孔,热力发电站中锅炉的损坏以及轧钢过程中氧化铁皮的生成,金属装置与强腐蚀性介质(酸、碱和盐)接触而导致损坏,等等都是常见的腐蚀现象。很显然,金属要发生腐蚀,需外部环境在金属表面或界面上发生化学或电化学多相反应,使金属转化为氧化(离子)状态。

金属腐蚀与防护的主要研究目的如下。

(1) 通过研究金属材料在腐蚀性环境中,在其界面或表面上发生的化学和电化学反应,探索腐蚀破坏的作用机理及普遍规律。不仅考察腐蚀过程热力学,而且从腐蚀过程动力学方面研究腐蚀进行的速度及机理。

(2)发展腐蚀控制技术及使用技术,研究腐蚀失效过程,寻找有效的腐蚀控制方法。

(3)研究和开发腐蚀测试和监控技术,制定腐蚀鉴定标准和实验方法。普及腐蚀科学知识,加强技术咨询,提供必要的教材和工具书是减少腐蚀损失的一项基本、长远的措施。

4.1.2 金属腐蚀的分类

1. 按腐蚀过程的历程分类

根据腐蚀过程的特点,可以将金属腐蚀分为化学、电化学和物理腐蚀3类。

1)化学腐蚀(Chemical Corrosion)

化学腐蚀是指金属表面与非电解质发生纯化学反应而引起的损坏。通常在一些干燥气体及非电解质溶液中进行。其反应历程的特点是金属表面的原子与非电解质中的氧化剂直接发生氧化还原反应而形成腐蚀产物。在腐蚀过程中,电子的传递在金属与氧化剂之间直接进行,腐蚀时不产生电流。

2)电化学腐蚀(Electrochemical Corrosion)

金属表面与电解质溶液发生电化学反应而产生的破坏,反应过程中有电流产生,腐蚀反应至少有一个阳极反应和阴极反应,流过金属内部的电子流和介质中的离子流构成回路。阳极反应是氧化过程,金属失去电子成为离子状态进入溶液;阴极反应是还原过程,金属内的剩余电子在金属表面/溶液界面上被氧化剂吸收。

电化学腐蚀是最普遍、最常见的腐蚀。金属在大气、海水、土壤及酸、碱、盐等介质中所发生的腐蚀皆属于此类。

电化学反应也可以和机械、力学、生物作用共同导致金属的破坏。当金属同时受到电化学和拉应力作用时,将发生应力腐蚀破裂。当电化学和交变应力共同作用时,会发生腐蚀疲劳。若金属同时受到电化学和机械磨损的作用,则可发生磨损腐蚀。微生物的新陈代谢产物能为电化学腐蚀创造必要的条件,促进金属的腐蚀,称为微生物腐蚀。

3)物理腐蚀(Physical Corrosion)

金属由于单纯的物理溶解作用所引起的损坏。这种腐蚀不是由化学或电化学反应引起的,而是由物理溶解所致。在液态金属中可发生物理腐蚀,如用来盛放熔融锌的钢容器,由于铁被液态锌所溶解而损坏。

2. 按腐蚀的形式分类

根据腐蚀形式,腐蚀可分为全面腐蚀和局部腐蚀两大类。

1) 全面腐蚀(General Corrosion)

腐蚀分布在整个金属表面上,可以是均匀的,也可以是不均匀的。碳钢在强酸、强碱中发生的腐蚀属于均匀腐蚀。

2) 局部腐蚀(Localized Corrosion)

局部腐蚀主要发生在金属表面的某一区域,其他部分则几乎未被破坏。

局部腐蚀有很多类型,主要包括小孔腐蚀(Pitting)、缝隙腐蚀(Crevice Corrosion)、电偶腐蚀(Galvanic Corrosion)、晶间腐蚀(Intergranular Corrosion)、应力腐蚀破裂(Stress Corrosion Cracking)、氢脆(Hydrogen Embrittlement)、腐蚀疲劳(Corrosion Fatigue)、选择性腐蚀(Selective Corrosion)等,此外,磨损腐蚀、浓差腐蚀等也属于局部腐蚀。

3. 按照腐蚀的环境分类

按照腐蚀的环境,可将腐蚀分为干腐蚀(Dry Corrosion)和湿腐蚀(Wet Corrosion)两类。干腐蚀是指金属在干的环境中的腐蚀。例如金属在干燥气体中的腐蚀。

湿腐蚀是指金属在湿的环境中的腐蚀,湿腐蚀又可分为以下两大类

(1) 自然环境下的腐蚀:① 大气腐蚀(Atmospheric Corrosion);② 土壤腐蚀(Soil Corrosion);③ 海水腐蚀(Corrosion in Sea Water);④ 微生物腐蚀(Microbial Corrosion)。

(2) 工业环境中的腐蚀:① 酸、碱、盐介质的腐蚀;② 工业水中的腐蚀。

4.1.3 金属腐蚀程度的表示方法

金属腐蚀损坏或失效后,其质量、尺寸、力学性能、加工性能、组织结构及电极过程等都会发生变化。根据腐蚀破坏形式的不同,金属腐蚀程度的大小有不同的评定方法。在全面腐蚀情况下通常采用质量指标、深度指标和电流指标,并以平均腐蚀速度表示。

1. 失重法与增重法

该方法是把金属腐蚀后的质量变化换算成单位表面积与单位时间内的质量变化来表示。可根据试样腐蚀前后质量大小的情况来选取失重或增重法表示腐蚀程度的大小。

失重法适用于全面腐蚀,并能较好清除表面腐蚀产物时,表达式如下:

$$\bar{v} = (g_0 - g_1)/(S \cdot t) \qquad\qquad (4-1)$$

式中:v^- 为失重时的腐蚀速度($g/(m^2 \cdot h)$);g_0 为试样的初始质量(g);g_1 为试样腐蚀后的质量(g);S 为试样的表面积(m^2);t 为腐蚀时间(h)。

若腐蚀产物牢固地附在表面或质量增加时,可根据增重来计算,其表达式为

$$v^+ = g_2 - g_0/(S \cdot t) \tag{4-2}$$

式中:v^+ 为增重时的腐蚀速度($g/(m^2 \cdot h)$);g_0 为试样的初始质量(g);g_2 为试样腐蚀后的质量(g)。

2. 腐蚀深度法

将金属材料因腐蚀而减小的量以腐蚀深度来表示。工程实际中,构件腐蚀减薄或腐蚀深度的程度将直接影响其使用寿命,因此更具有工程意义。

将失重损失换算为腐蚀深度的公式,即

$$v_L = v^- \times 24 \times 365/(1000 \times \rho) = v^- \times 8.76/\rho \tag{4-3}$$

式中:v_L 为以腐蚀深度表示的腐蚀速度(mm/a);ρ 为金属密度(g/cm^3)。

重量法和深度法对于均匀的电化学腐蚀和化学腐蚀都可采用。除上述单位外,国外文献上还常用一些其他单位来表示腐蚀深度,这些单位之间可以相互换算,实际应用时可查阅相关的手册。

根据金属抗全面腐蚀时的耐蚀性,可将材料分类为十级标准或三级标准(表4-1和表4-2)来进行腐蚀性评价。

表4-1 均匀腐蚀的十级标准

耐蚀性评定	耐蚀等级	腐蚀深度/(mm/a)	耐蚀性评定	耐蚀等级	腐蚀深度/(mm/a)
1 完全耐蚀	1	<0.001	4 尚耐蚀	6	0.1~0.5
2 很耐蚀	2	0.001~0.005		7	0.5~1.0
	3	0.005~0.01	5 欠耐蚀	8	1.0~5.0
3 耐蚀	4	0.01~0.05		9	5.0~10.0
	5	0.05~0.1	6 不耐蚀	10	>10.0

表4-2 均匀腐蚀的三级标准

耐蚀性评定	耐蚀性等级	腐蚀深度/(mm/a)
耐 蚀	1	<0.1
可 用	2	0.1~1.0
不可用	3	>1.0

3. 电流密度法

以电化学腐蚀过程的阳极电流密度(A/cm^2)的大小来衡量金属腐蚀速度。1mol 物质发生电化学反应时所需的电量为 1 个法拉第(Faraday),即 $96484 \approx 96500$(C/mol)。如电流强度为 I,通电时间为 t,则通过的电量为 It。从而可得出金属阳极溶解的质量 ΔW 为

$$\Delta W = AIt/Fn \qquad (4-4)$$

式中:A 为金属的相对原子质量;n 为价数;F 为法拉第常数($1F = 96500$C/mol = $26.8A \cdot h$)。

对全面腐蚀而言,金属表面积可看作是阳极面积 S,从而得出腐蚀电流密度 $i_{corr} = I/S$(A/cm^2)。所以腐蚀速度 v^- 与电流密度 i_{corr} 之间存在如下关系:

$$v^- = \Delta W/St = A \cdot i_{corr}/nF \qquad (4-5)$$

如果 i_{corr} 的单位取 $\mu A/cm^2$,金属密度 ρ 的单位取 g/cm^3,则

$$v^- = 3.73 \times 10^{-4} \times A \cdot i_{corr}/n \quad (g/(m^2 \cdot h)) \qquad (4-6)$$

或

$$i_{corr} = v^- n \times 26.8 \times 10^{-4}/A \quad (A/cm^2) \qquad (4-7)$$

因此,可用腐蚀电流密度 i_{corr} 表示金属的电化学腐蚀速度。可见,腐蚀速度与腐蚀电流密度成正比关系。

同理可得出,腐蚀深度与腐蚀电流密度的关系为

$$v_L = \Delta W/\rho St = A \cdot i_{corr}/nF\rho \qquad (4-8)$$

若 i_{corr} 单位取 $\mu A/cm^2$,ρ 的单位取 g/cm^3 时,则

$$v_L = 3.27 \times 10^{-3} \times A \times i_{corr}/n\rho \qquad (4-9)$$

需要说明的是,腐蚀速度一般随时间的变化而变化。因此,实验时应首先确定腐蚀速度与时间的关系,尽可能选择腐蚀速率比较稳定的时间段进行测试。

局部腐蚀速度的计算比较复杂,通常不能用上述方法表示,具体表示方法可参阅有关的专著。

4.2 电化学腐蚀热力学

4.2.1 腐蚀电池

1. 金属腐蚀的电化学现象

金属在电解质溶液中的腐蚀是电化学腐蚀的过程,是一个有电子得失的氧

化还原反应,可以用热力学的方法研究其平衡状态,也可用热力学的方法判断它的变化倾向。工业用金属一般都含有杂质,当其浸在电解质溶液中时,发生电化学腐蚀的实质就是在金属表面上形成了许多以金属为阳极,以杂质为阴极的腐蚀电池。绝大多数情况下,这种电池是短路的原电池。

如图4-1所示,将锌片和铜片浸入稀硫酸溶液中,稳定一段时间后,再用导线把它们连接起来,构成一个工作状态下的电池。由于锌电极的电位较低,铜电极的电位较高,它们各自在电极/溶液界面上建立起的电极过程的平衡状态受到破坏,并在两个电极上分别进行如下电极反应:

锌极上发生氧化反应:$Zn \rightarrow Zn^{2+} + 2e$

铜电极上发生还原反应:$2H^+ + 2e \rightarrow H_2$

电池反应:$Zn + 2H^{2+} \rightarrow Zn^{2+} + H_2 \uparrow$

可见,铜—锌电池接通以后,由于锌片的溶解,电子沿导线流向铜片,而电流的方向则是由铜片指向锌片。

如果把铜板和锌板直接接触,并浸入稀硫酸溶液中,锌块表面也会逐渐溶解,同时在铜块表面有大量的氢气析出。类似这样的电池称为腐蚀原电池或腐蚀电池,它只能导致金属材料的破坏而不能对外做有用电功,是短路的原电池,如图4-2所示。

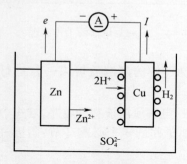

图4-1 锌与铜在稀硫酸溶液中构成的腐蚀电池

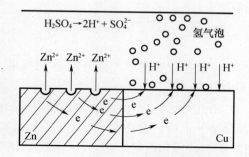

图4-2 与铜接触的锌在稀硫酸中溶解示意图

由于工业用金属中杂质的电位一般都比其基体金属的电位高,因此当将其浸在电解质溶液中时,表面会形成许多微小的短路原电池(或腐蚀微电池),图4-3所示为工业用锌在硫酸中的溶解情况。除杂质外,金属表面加工程度的不均匀、金相组织或受力情况的差异及晶界、位错等缺陷的存在,甚至金属原子的不同能量状态都有可能产生电化学不均匀性,从而产生微阳极区和微阴极区而构成腐蚀微电池。

2. 腐蚀电池的工作原理

下面以铁—铜腐蚀电池为例来说明腐蚀电池的工作原理,如图4-4所示。25℃时,铁与铜在中性的 W_{NaCl} 为3%的溶液中组成电池,它们的电极电位分别为 $-0.5V$ 和 $+0.05V$,因为此时氧的平衡电极电位为 $+0.815V$,所以就形成了如下的电池反应:

铁为阳极,发生氧化反应:$Fe \rightarrow Fe^{2+} + 2e$

铜为阴极,发生还原反应:$\frac{1}{2}O_2 + H_2O + 2e \rightarrow 2OH^-$

电池反应:$Fe + \frac{1}{2}O_2 + H_2O \rightarrow Fe^{2+} + 2OH^-$

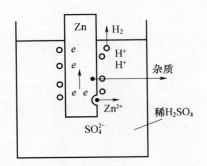

图4-3　工业锌在硫酸中腐蚀

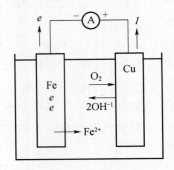

图4-4　Fe—Cu电池的工作原理

只要溶液中的氧不断地到达阴极并进行还原,铁的溶解就可以一直进行下去。

由此可见,一个腐蚀电池必须包括阳极、阴极、电解质溶液和外电路,这4个部分缺一不可。由这4个组成部分构成腐蚀电池工作的3个必需环节:阳极过程、阴极过程和电流流动。

1)阳极过程

金属进行阳极溶解,以金属离子或水化离子的形式转入溶液,同时将等量电子留在金属上。

2)阴极过程

通过外电路流过来的电子被来自电解质溶液且吸附于阴极表面能够接受电子的氧化性物质所吸收。在金属腐蚀中将溶液中的电子接受体称为阴极去极化剂。

3)电流流动

电流流动在金属中是依靠电子从阳极经导线流向阴极,在电解质溶液中则

90

是依靠离子的迁移。

腐蚀电池的 3 个环节既相互独立又彼此紧密联系、相互依存,只要其中一个环节受阻停止工作,整个腐蚀过程也就停止。

此外,阳极过程和阴极过程中的产物还会因扩散作用使其在相遇处有可能导致腐蚀次生反应的发生,形成难溶性产物。图 4 - 4 中的腐蚀电池就会产生氢氧化铁的沉淀物:$Fe^{2+} + 2OH^- \rightarrow Fe(OH)_2$(当 pH > 5 时)。

一般情况下,腐蚀产物在从阳极区扩散来的金属离子和从阴极区迁移来的氢氧根离子相遇的地方形成。这种腐蚀二次产物的沉积膜在一定程度上可阻止腐蚀过程的进行,但由于一般情况下它比较疏松,因此其保护性要比金属与氧直接发生化学作用所生成的氧化膜差得多。

3. 腐蚀电池的类型

根据组成腐蚀电池的电极大小、促使形成腐蚀电池的主要影响因素及金属腐蚀的表现形式,可以将腐蚀电池分为两大类:宏观腐蚀电池和微观腐蚀电池。

1) 宏观腐蚀电池

通常由肉眼可见的电极构成,一般会引起金属整体或局部的宏观浸蚀破坏。宏观腐蚀电池有以下几种构成方式。

(1) 异种金属接触电池。当两种不同的金属或合金相互接触(或用导线连接起来)并处于电解质溶液中时,电极电位较负的金属将不断遭受腐蚀而溶解,而电极电位较正的金属却得到了保护。这种腐蚀称为接触腐蚀或电偶腐蚀。两种金属的电极电位相差愈大,电偶腐蚀也越严重。另外,电池中阴、阳极的面积比和电解质的电导率等因素也对电偶腐蚀有一定影响。

(2) 浓差电池。浓差电池的形成是由于同一种金属的不同部位所接触的介质的浓度不同。最常见的浓差电池有两种,具体如下。

① 溶液浓差电池。例如,长铜棒的一端与稀的硫酸铜溶液(a_1)接触,另一端与浓的硫酸铜溶液(a_2)接触,即构成溶液浓差电池

$Cu \mid CuSO_4(a_1) \parallel CuSO_4(a_2) \mid Cu$

阳极反应:$Cu \rightarrow Cu^{2+}(a_1) + 2e$

阴极反应:$Cu^{2+}(a_2) + 2e \rightarrow Cu$

电池反应:$Cu^{2+}(a_2) \rightarrow Cu^{2+}(a_1)$

所以,电池反应是 Cu^{2+} 的浓差迁移过程。由能斯特公式可知电池的电动势为

$$E = E_+ - E_- = \frac{RT}{F}\ln\frac{a_2}{a_1} \tag{4-10}$$

这说明,这种浓差电池,其标准电池电动势 E^θ 总是等于零;还说明处在稀溶液中的金属是阳极,被腐蚀溶解。

② 氧浓差电池。由于金属与含氧量不同的溶液接触而形成,又称为充气不匀电池。

例如,铁桩插入土壤中,下部容易腐蚀。这是因为土壤上部含氧量高,下部含氧量低,形成了一个氧浓差电池。从反应 $O_2 + 2H_2O + 4e = 4OH^-$ 可知,电极电势 $E = E^\theta + \dfrac{RT}{4F}\ln\dfrac{p(O_2)/P^\theta}{[a(OH^-)]^4}$。故含氧量高的上部电极电位高,是阴极;含氧量低的下部电极电位低,是阳极,此处金属遭受腐蚀。另外,铁生锈形成的缝隙以及由于结构设计而造成的金属缝隙也往往会形成氧浓差电池,使金属遭受腐蚀破坏。

③ 温差电池。温差电池是由于金属处于电解质溶液中的温度不同而形成的。高温区是阳极,低温区是阴极。温差电池腐蚀常发生在换热器、浸式加热器及其他类似设备中。

对于温差形成的腐蚀电池,两个电极的电位属于非平衡电位,不能简单地套用能斯特公式说明其极性。

上述的宏观腐蚀电池在实际中并不如此单一,往往是几种(包括下面将介绍的微观电池)类型的腐蚀电池共同作用的结果。

2) 微观腐蚀电池

处在电解质溶液中的金属表面上由于存在着许多极微小的电极而形成的电池称为微观电池,简称微电池。微电池是由于金属表面的电化学不均匀性而引起的。不均匀性的原因主要有如下几种。

(1) 金属化学成分的不均匀性。工业用金属一般都含有许多杂质,当金属与电解质溶液接触时,这些杂质以微电极的形式与基体金属构成众多的短路的微电池体系。如果杂质是微阴极,就将加速基体金属的腐蚀;反之,基体金属会受到某种程度的保护而减缓腐蚀。碳钢和铸铁是制造设备最常用的材料,由于它们都含有 Fe_3C 和石墨、硫等杂质,在与电解质溶液接触时,这些杂质的电极电位比铁高,成为无数个微阴极,从而加速了基体金属(铁)的腐蚀。

(2) 组织结构的不均匀性。同一金属或合金内部一般都存在着不同的结构区域,因而有不同的电极电位值。例如,晶界是金属中原子排列较为疏松而紊乱的区域,容易富集杂质原子,产生晶界吸附和晶界沉淀。这种化学不均匀性一般会导致晶界比晶粒内更为活泼,具有更负的电极电位值。实验表明,工业纯铝其晶粒内的电位为 +0.585V,晶界处则为 +0.494V。因此晶界成为微电池的阳极,腐蚀首先从晶界开始。

（3）物理状态的不均匀性。机械加工过程中常会使金属某些部位的变形量和应力状态不均匀。一般情况下，变形较大和应力集中的部位成为阳极，腐蚀首先从这些部位开始。如机械弯曲的弯管处易发生腐蚀破坏就是这种原因。

（4）金属表面膜的不完整性。表面膜是指初生膜。如果这种膜不完整（即不致密），有孔隙或破损，则孔隙下或破损处的金属相对于完整表面来说，具有较负的电极电位，成为微电池的阳极而遭受腐蚀。

生产实践中，要想使整个金属的表面及金属组织各个部位的物理、化学性质等完全相同，使金属表面上各点的电位完全相等是不可能的。这种由各种因素使金属表面的物理和化学性质存在的差异统称为电化学不均匀性，是形成腐蚀电池的基本原因。

综上所述，腐蚀电池的工作原理与一般原电池并无本质区别。但腐蚀电池又有自己的特征，即一般情况下它是短路了的电池；它也产生电流，但其电能不能被利用，而是以热的形式散失掉。

4.2.2　金属电化学腐蚀倾向的判断

1. 电极和电极电位

在不同的场合下，电极有两种不同的含义。第一种是指由电子导体（金属）和离子导体（电解质溶液或熔融盐）组成的体系，以金属/溶液（a）来表示。例如，$Cu/CuSO_4(a)$ 称为铜电极。第二种是仅指电子导体而言，因此，铜电极是仅指金属铜。这里所涉及的内容一般是指第一种含义，其可能又有下列3种情况。

（1）金属与电解质溶液接触后，在金属表面上的正离子由于极性水分子的作用将发生水化。如果水化的力量能克服金属正离子与电子之间的引力，则金属表面的一些金属正离子就会脱离金属，进入溶液而成为水化离子。由于金属正离子进入溶液，金属表面积累了过剩的电子，从而使金属表面带负电。同时，已被水化了的金属离子由于静电吸附或热运动等作用，也有解脱水化而重新沉积到金属晶格中的趋势。当金属离子溶解与溶液中的离子沉积两种过程达到动态平衡时，就形成金属表面带负电，紧靠金属表面的液层带正电的双电层，如图4-5(a)所示。很多负电性的金属，如锌、镁、铁等在酸、碱及盐类溶液中都形成这种类型的双电层。

（2）当金属与电解质溶液接触后，如果水化力量不能克服金属正离子和电子之间的引力，相反，溶液中的一部分已水化的金属离子将解脱水化作用向金属表面沉积，使金属表面带正电。与此同时，由于水化等作用，已沉积到金属表面上的金属离子亦可重新脱离金属表面返回到溶液中去。当这两种过程达到动态平衡时，就形成金属表面带正电，紧靠金属表面的液层带负电的双电层，如

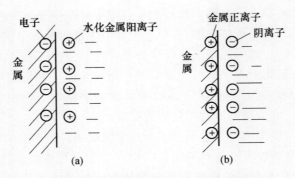

图 4 – 5　金属在溶液中形成的双电层示意图

图 4 – 5(b)所示。很多正电性的金属在含有正电性金属离子的溶液中常会形成这种类型的双电层,如铜在铜盐溶液中,汞在汞盐溶液中,铂在金、银或铂盐溶液中。

(3)某些正电性金属(如铂)或导电的非金属(如石墨)在电解质溶液中,不能被水化而进入溶液,若溶液中也没有金属离子沉积上去,这时将出现又一种类型的双电层,双电层符号与图 4 – 5(b)中的一样。这时,正电性的金属铂上能吸附一层氧分子,氧化性的氧分子在铂上夺取电子并和水作用生成氢氧离子。其电化学反应为 $O_2 + 2H_2O + 4e \Leftrightarrow 4OH^-$,这种电极称为氧电极,类似的还有氢电极,二者也常统称为气体电极。气体电极的特点是作为电极的固体金属或非金属材料本身并不参与电极反应,只起导电的作用。

金属浸在电解质溶液中会建立起双电层,使金属与溶液之间产生电位差。这种电位差称为该金属/溶液体系的绝对电极电位。绝对电极电位目前尚无法测量。为了实际需要,一般采用相对电极电位,所用的参考电极为某温度下的标准氢电极,并视其电位为零,由此而测得的各种电极电位称为氢标电位(SHE)。在生产和科学研究中,为了方便,还常选用甘汞电极、银 – 氯化银电极、铜 – 硫酸铜电极等作为参考电极。参考电极本身必须是可逆的。

2. 平衡电极电位

当电极反应处于热力学平衡状态时,电极所具有的电位称为平衡电极电位。如金属失去电子进入溶液的阳极过程和溶液中的水化金属离子自金属获得电子的阴极过程速度相等,且这两个过程都是可逆的,则产生一个平衡电极电位,以 E_e 表示。很多金属在自身离子的溶液中,能产生平衡电极电位,如 Zn、Cu、Hg、Ag 等,但 Fe、Al、Mg 等则不能。

金属的平衡电极电位与溶液中金属离子的活度、温度之间的关系可用能斯特公式表示为

$$E = E^{\theta} + \frac{RT}{nF}\ln a_{M}^{n+} \qquad (4-11)$$

式中:E 为金属的平衡电极电位(V);E^{θ} 为金属的标准电极电位(V);R 为气体常数,为 8.314J·K^{-1};T 为绝对温度(K);n 为电子转移数;F 为法拉第常数,近似值为 96500C·mol^{-1};a_{M}^{n+} 为金属离子 M^{n+} 的活度 mol·L^{-1}。

根据能斯特公式,溶液的温度高或金属离子的活度大,则金属的平衡电极电位就高。表 4-3 列出了某些金属在 25℃时相对氢标度的标准电极电位,这是按照金属标准电极电位的高低顺序排列的,又称为电位序。标准氢电极的电位为零,电位比氢的标准电极电位负的金属称为负电性金属,反之则称为正电性金属。金属的负电性愈强,其转入溶液成为离子状态的趋势愈大。

表 4-3   金属在 25℃时的标准电极电位(电位序)

电 极 反 应	E^{θ}/V	电 极 反 应	E^{θ}/V	电 极 反 应	E^{θ}/V
Li⇌Li$^+$ + e	-3.045	Co⇌Co^{2+} + 2e	-0.277	V⇌V^{3+} + 3e	-0.876
Rb⇌Rb$^+$ + e	-2.925	Ni⇌Ni^{2+} + 2e	-0.250	Zn⇌Zn^{2+} + 2e	-0.762
K⇌K$^+$ + e	-2.925	Mo⇌Mo^{2+} + 2e	-0.2	Cr⇌Cr^{3+} + 3e	-0.74
Cs⇌Cs$^+$ + e	-2.923	Ge⇌Ge^{4+} + 4e	-0.15	Ga⇌Ga^{3+} + 3e	-0.53
Ra⇌Ra^{2+} + 2e	-2.92	Sn⇌Sn^{2+} + 2e	-0.130	Fe⇌Fe^{2+} + 2e	-0.440
Ba⇌Ba^{2+} + 2e	-2.90	Pb⇌Pb^{2+} + 2e	-0.126	Cd⇌Cd^{2+} + 2e	-0.402
Sr⇌Sr^{2+} + 2e	-2.89	Fe⇌Fe^{3+} + 3e	-0.036	In⇌In^{3+} + 3e	-0.342
Ca⇌Ca^{2+} + 2e	-2.87	D$_2$⇌D$^+$ + e	-0.0034	Cu⇌Cu^{2+} + 2e	+0.332
Na⇌Na$^+$ + e	-2.714	H$_2$⇌2H$^+$ + 2e	0.000	4OH$^-$⇌O$_2$ + 2H$_2$O + 4e	+0.40
La⇌La^{3+} + 3e	-2.52	Al⇌Al^{3+} + 3e	-1.66	Cu⇌Cu$^+$ + e	+0.521
Mg⇌Mg^{2+} + 2e	-2.37	Ti⇌Ti^{2+} + 2e	-1.63	Hg⇌Hg^{2+} + 2e	+0.789
Am⇌Am^{3+} + 3e	-2.32	Zr⇌Zr^{4+} + 4e	-1.53	Ag⇌Ag$^+$ + e	+0.799
Pu⇌Pu^{3+} + 3e	-2.07	U⇌U^{4+} + 4e	-1.50	Rb⇌Rb^{2+} + 2e	+0.80
Th⇌Th^{4+} + 4e	-1.90	Np⇌Np^{4+} + 4e	-1.354	Hg⇌Hg$^+$ + e	+0.854
Np⇌Np^{3+} + 3e	-1.86	Pu⇌Pu^{4+} + 4e	-1.28	Pd⇌Pd^{2+} + 2e	+0.987
Be⇌Be^{2+} + 2e	-1.85	Ti⇌Ti^{3+} + 3e	-1.21	Ir⇌Ir^{3+} + 3e	+1.000
U⇌U^{3+} + 3e	-1.80	V⇌V^{2+} + 2e	-1.18	Pt⇌Pt^{2+} + 2e	+1.19
Hf⇌Hf^{4+} + 4e	-1.70	Mn⇌Mn^{2+} + 2e	-1.18	2H$_2$O⇌O$_2$ + 4H$^+$ + 4e	+1.229
Tl⇌Tl$^+$ + e	-0.335	Nb⇌Nb^{3+} + 3e	-1.1	Au⇌Au^{3+} + 3e	+1.50
Mn⇌Mn^{3+} + 3e	-0.283	Cr⇌Cr^{3+} + 3e	-0.913	Au⇌Au$^+$ + e	+1.68

3. 非平衡电极电位

如果改变处于平衡状态下的阳极过程或阴极过程的速度,使二者不相等,此时电极所具有的电位为非平衡电极电位。另外,如果电极上失去电子的阳极过程是某一电极过程,而得到电子的阴极过程是另一电极过程,二者是化学反应不可逆的,则达到动力学稳态后建立起的电极电位也是非平衡电极电位,例如,将铁浸在酸溶液中会有如下反应

阳极过程:$Fe \rightarrow Fe^{2+} + 2e$

阴极过程:$2H^+ + 2e \rightarrow H_2$

在这种情况下,既使阴、阳极过程反应速度相等,达到电荷平衡,但由于两个化学反应过程不可逆,建立起的电极电位就是非平衡电极电位。非平衡电极电位可以是稳定的,也可以是不稳定的。稳定的非平衡电极电位以 E_s 表示。

生产实践中,与金属接触的溶液大部分不是金属本身离子的溶液,因此其电位大都是非平衡电极电位。非平衡电极电位不服从能斯特公式,只能由实验测得。表 4-4 列出了一些金属在几种介质中的非平衡电极电位。

表 4-4 一些金属在 3 种介质中的非平衡电极电位 E_e(V)

金属	$w_{NACL}3\%$	0.05mol/L Na$_2$SO$_4$	0.05mol/L Na$_2$SO$_4$ + H$_2$S	金属	$w_{NACL}3\%$	0.05mol/L Na$_2$SO$_4$	0.05mol/L Na$_2$SO$_4$ + H$_2$S
Mg	-1.60	-1.36	-1.65	Ni	-0.02	+0.035	-0.21
Al	-0.60	-0.47	-0.23	Pb	-0.26	-0.26	-0.29
Mn	-0.91	—	—	Sn	-0.25	-0.17	-0.14
Zn	-0.83	-0.81	-0.84	Sb	-0.09		
Cr	+0.23			Bi	-0.18	—	—
Fe	-0.50	-0.50	-0.50	Cu	+0.05	+0.24	-0.51
Cd	-0.52	—	—	Ag	+0.20	+0.31	-0.27
Co	-0.45						

4. 电化学腐蚀倾向的判断

已知在等温、等压下体系吉布斯自由能的减少等于它在可逆过程中所做的最大非体积功:$-\Delta G_{T,P} = -W'_{最大}$。

原电池一般都在等温、等压下工作,所做的最大非体积功就是电功,而电功等于电位差与电量的乘积。在可逆条件下,电池两极间的电位差就是电池的电动势 E,而电池反应中通过的电量应等于电池反应的电荷数 n 与法拉第常数 F 的乘积。故有关系式:

$$\Delta G_{T,P} = -nEF \qquad (4-12)$$

若忽略液界电位和金属接触电位,电池的电动势 E 应等于阴极(正极)的电位 E_c 减去阳极(负极)的电位 E_a,即

$$E = E_C - E_a \qquad (4-13)$$

在化学热力学中,利用反应的吉布斯函数 $-\Delta G_{T,P}$ 值的大小来判断反应的方向和限度。由式(4-12)和(4-13),可得到腐蚀电池中的金属发生电化学腐蚀倾向的判据如下:

$E_c > E_a$:电位为 E_a 的金属腐蚀自发进行

$E_c < E_a$:电位为 E_a 的金属不发生自发腐蚀

$E_c = E_a$:平衡态

获得电极电位的值有两种方法。一是实验测定,二是对可逆电极用能斯特公式计算。另外,在实际中,为了方便可直接利用金属的标准电极电位表进行判断。但需要注意的是,直接利用标准电极电位表进行判断在某些场合可能是粗糙的,得到的结论甚至可能是错误的,要谨慎使用。例如,由表 4-3 可知在 25℃,标准状态下,金属 A1 和 Zn 组成腐蚀电池时,由于 $E^\theta_{Al^{3+}/Al} = -1.66V$,小于 $E^\theta_{Zn^{2+}/Zn} = -0.76V$,故 A1 作为阳极被腐蚀。但由表 4-4 知,在中性的 $W_{NaCl}3\%$ 溶液中,Al 的电位为 $-0.60V$,大于 Zn 的电位 $-0.83V$,因此实际上是 Zn 作为阳极被腐蚀。

4.2.3 电位-pH图

电位-pH 图是在研究金属的热力学稳定性时提出来的。在图中可以直观地得出不同 pH 值时某氧化还原反应进行的方向。这种图首先用于研究金属腐蚀和防腐,现已推广于地质方面探明成矿规律和湿法冶金领域。

1. 电位-pH 图中曲线的 3 种类型

1)氢电极(或氧电极)及有电子参与反应的电极

如氢电极的反应:$2H^+ + 2e \rightarrow H_2$

电极电位为:$E = E^\theta - \dfrac{RT}{2F}\ln\dfrac{p_{H_2}}{a_H p^\theta}$

若温度为 25℃,$P_{H_2} = 101325Pa$ 时($p^\theta = 101325Pa$)

$$E = (E^\theta - 0.059pH)V = -0.059pHV \qquad (4-14)$$

该式在氢电极电位-pH 图(图 4-6)中为一直线,a 表示可逆电极电位和溶液酸度的对应关系。如电极的电位高于直线 a 时,这时电极反应使 pH 减小,a_{H^+} 增加,以达到新的平衡态。所以高于直线 a 是属于氧化态物质 H^+ 的稳定

区。当电极电势低于直线 a 时,发生的电极反应使反应 $2H^+ + 2e \rightarrow H_2$ 向右进行。所以直线 a 以下是还原态物质 H_2 的稳定区。

若氢电极是处于 25℃,$P_{H_2} > 101325Pa$ 的条件下,式(4 – 14)所表示的直线在直线 a 的下方;$P_{H_2} < 101325Pa$ 时,则位于 a 线的上方,如图 4 – 7 中的虚线所示。

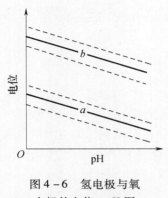

图 4 – 6　氢电极与氧
电极的电位 – pH 图

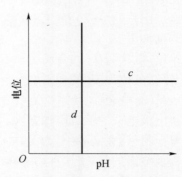

图 4 – 7　有电子或 H^+、OH^- 参与
电极反应的电位 – pH 图

氧电极的电极反应:$4e + 4H^+ + O_2 \rightarrow 2H_2O$

电极电位为:$E = E^\theta - \dfrac{RT}{4F} \ln \dfrac{a_{H_2O}^2 \cdot P^\theta}{a_{H^+}^4 \cdot P_{O_2}}$

在 25℃ 下,已知 $a_{H_2O} = 1$,$P_{O_2} = 101325Pa$ 时的 $E^\theta = 1.229V$

$$E = (1.23 - 0.059pH)V \qquad\qquad (4 - 15)$$

图 4 – 7 中的 b 线表明了可逆氧电极电位与溶液 pH 的平衡关系。高于 b 线是氧化态物质 O_2 的稳定区,b 线以下是还原态物质 H_2O 的稳定区。当 P_{O_2} 大于 101325Pa 时,则电位 – pH 的直线将落在 b 线的上方;P_{O_2} 小于 101325Pa 时,则位在 b 线的下方,在图 4 – 6 中以虚线表示。

氢电极和氧电极的电位 – pH 直线,总称为水的电位 – pH 图,它们有共同的斜率($-0.059V$),是两条相互平行的直线。当体系处于两条直线之间时,会分别在两个电极进行反应。

低电位的氢电极作为氧化极而放出电子:$2H_2 \rightarrow 4e + 4H^+$

高电位的还原电极反应为:$4e + 4H^+ + O_2 \rightarrow 2H_2O$

总反应为:$2H_2 + O_2 \rightarrow 2H_2O$

表示 H_2 及 O_2 将自动进行反应产生 H_2O,所以这是 H_2O 的稳定区。

在不同的温度及气体压力条件下,如果两条直线的间距增加,则表示高电位与低电位相差悬殊,此时自发进行反应的趋势也就越大。

2）没有 H^+,OH^- 参与,而有电子参与的反应

如:$e + Fe^{3+} \rightarrow Fe^{2+}$

$\quad 2e + Fe^+ \rightarrow Fe$

电极电位:$E = E^\theta - 0.059V\lg\dfrac{a(\text{还原态物质})}{a(\text{氧化态物质})}$

在这类金属的离子溶液中,电极电位仅与金属离子浓度有关,而和溶液的 pH 无关。确定还原态物质和氧化态物质的活度以后,对应于电位 – pH 图中将是平行于横坐标的直线,如图 4 – 7 中的 c 线。在 c 线以上是氧化态物质的稳定区,下方是还原态物质的稳定区。

当溶液中还原态物质活度和氧化态物质活度比值改变时,水平线的高度将随之变化。

3）有 H^+ 或 OH^- 参与而无电子得失的反应

如水解反应:$Fe^{3+} + 3H_2O \rightarrow Fe(OH)_2 + 3H^+$

反应中,如果没有电子参与,则写不出电极电位关系式,但反应中有 H^+ 或 OH^- 参与,所以反应的条件和方向与 pH 值有关。在此反应中平衡常数的表达式为:$K = a_{H^+}^3 / a_{Fe^{3+}}$

当 $a_{Fe^{3+}} = 1$ 时,由 25℃时的 K 值计算出平衡时 pH = 1.54,是一条与纵轴平行的线,设为 d 线。当 Fe^{3+} 的浓度改变时,平衡的 pH 值也将改变,d 线的位置将向右移动。在直线 d 的左方是 Fe^{3+} 稳定区,右方是 $Fe(OH)_3$ 的稳定区。如同时考虑几个反应,如以下两个反应:

$e + Fe^{3+} \rightarrow Fe^{2+}$

$Fe^{3+} + 3H_2O \rightarrow Fe(OH)_3 + 3H^+$

则 Fe^{3+} 的稳定区在图 4 – 7 的左上角。在这个区域以外的任何条件下 Fe^{3+} 都是不稳定的,将会自动发生反应生成 Fe^{2+} 或 $Fe(OH)_3$。

在更复杂的体系中,可能存在更多的电极反应,这时可按上述方法先写出电极反应和电极电位方程式,按其方程式作电位 – pH 曲线图,进而分析各种物质稳定存在的区域。

从已绘出的电位 – pH 图中,可以直观地判断反应进行的方向和物质稳定存在的条件。

改变溶液的 pH 值及参加反应物质的浓度,可改变各曲线的位置,进而达到控制反应及改变反应产物等目的。

2. $Fe - H_2O$ 系电位 – pH 图

下面以 25℃时为例。

1）无 H^+ 参与的氧化还原反应

（1）$2e + Fe^+ \rightarrow Fe$

$$E_{(1)} = E_{(1)}^{\theta} + 0.0295 V \lg a_{Fe^{2+}} = -0.44V + 0.0295 V \lg a_{Fe^{2+}}$$

$$(4-16)$$

反应（1）的 $E_{(1)}$ 与 pH 值无关，当 $a_{Fe^{2+}} = 1$ 时，在电位 – pH 图上可得一条 $E_{(1)} = -0.44V$ 的水平线（1）。

（2）$e + Fe^{3+} \rightarrow Fe^{2+}$

$$E_{(2)} = 0.77V + 0.059 V \lg \frac{a_{Fe^{3+}}}{a_{Fe^{2+}}} \qquad (4-17)$$

反应（2）的 $E_{(2)}$ 也与 pH 值无关。当 $\frac{a_{Fe^{3+}}}{a_{Fe^{2+}}} = 1$，在电位 – pH 图上可得到一条 $E_{(2)} = 0.771V$ 的水平线（2）。

2）有 H^+ 参与的氧化还原反应

（3）$Fe(OH)_3 + 3H^+ + e \rightarrow Fe^{2+} + 3H_2O$

$$E_{(3)} = E_{(3)}^{\theta} + 0.059 V \lg \frac{a_{Fe(OH)_3} \cdot a_{H^+}^3}{a_{Fe^{2+}} \cdot a_{H_2O}^3} = E_{(3)}^{\theta} - 0.177V pH - 0.059 V \lg a_{Fe^{2+}}$$

由于：$E_{(3)}^{\theta} = -\frac{\Delta G^{\theta}}{ZF} = \frac{-[\Delta G_{Fe^{2+}}^{\theta} + 3\Delta G_{H_2O}^{\theta} - \Delta G_{Fe(OH)_3}^{\theta} - 3\Delta G_{H^+}^{\theta}]}{96500C}$

$$= -\frac{[-84900 + 3(-237190) + 695600 + 3(0)]CV}{96500C} = 1.045V$$

则

$$E_{(3)} = (1.045 - 0.177 pH - 0.059 \lg a_{Fe^{2+}})V \qquad (4-18)$$

反应（3）的 $E_{(3)}$ 与 pH 值有关。当 $a_{Fe^{2+}} = 1$ 时，在图上可得一条斜率为 0.1777V 的直线，并与直线（2）相交。

（4）$Fe(OH)_2 + 2H^+ + 2e \rightarrow Fe + 2H_2O$

由：$E_{(4)} = E_{(4)}^{\theta} + 0.0295 V \lg \frac{a_{Fe(OH)_2} \cdot a_{H^+}^2}{a_{Fe} \cdot a_{H_2O}^2} = E_{(4)}^{\theta} - 0.059 pH$

求得

$$E_{(4)}^{\theta} = -0.047V; \quad E_{(4)} = (-0.047 - 0.059 pH)V \qquad (4-19)$$

反应（4）的 $E_{(4)}$ 呈线性关系，在图上可得一条斜率为 0.059V 的直线，并与直线（1）相交。

（5）$Fe(OH)_3 + H^+ + e \rightarrow Fe(OH)_2 + H_2O$

与（4）同理，可得

$$E_{(5)} = (0.260 - 0.059 pH)V \qquad (4-20)$$

反应(5)的 $E_{(5)}$ 与 pH 值呈线性关系,在图上可得一条斜率为 0.059V 的直线,并与直线(3)相交。

3) 有 H^+ 参与的非氧化还原反应

(6) $Fe(OH)_2 + 2H^+ \rightarrow Fe^{2+} + 2H_2O$

$$\lg K = \lg \frac{a_{Fe^{2+}}}{a_{H^+}^2} \quad 查热力学数据,得 \Delta G^\theta = -75600J$$

$$\therefore \quad \lg K = -\frac{\Delta G^\theta}{2.033RT} = 13.29 = \frac{a_{Fe^{2+}}}{a_{H^+}^2}$$

$$\therefore \quad 13.29 = \lg a_{Fe^{2+}} + 2pH$$

设 $a_{Fe^{2+}} = 1$,则 pH = 6.65。

反应(6)是通过 pH = 6.65 的一条与纵轴平行的直线,上面与直线(3)和直线(5)相交,下面与直线(1)和直线(4)相交。

(7) $Fe(OH)_3 + 3H^+ \rightarrow Fe^{3+} + 3H_2O$

当 $a_{Fe^{3+}} = 1$ 时,与(6)同理可得:pH = 1.54。

反应(7)是过 pH = 1.54 的一条与纵轴平行的直线,并与直线(2)和直线(3)相交。

7 条曲线组成了铁的电位－pH 图,将坐标系分成 5 个区域,分别为 Fe、Fe^{2+}、Fe^{3+}、$Fe(OH)_2$ 及 $Fe(OH)_3$ 的热力学稳定区,如图 4－8 所示。在直线(1)下方和直线(4)的左下方的区域内为 Fe 的稳定区;直线(2)、(3)、(6)、(1)所包含的区域内为 Fe^{2+} 的稳定区,直线(2)、(7)的左上角为 Fe^{3+} 的稳定区,这两个区域统属 Fe 的腐蚀区;(4)、(6)、(5)线所包围的区域为 $Fe(OH)_2$ 的稳定区,而(5)、(3)、(7)线的右上方为 $Fe(OH)_3$ 的稳定区。最后两个区域为钝化区,关于钝化区的相关知识可参阅《金属腐蚀》等相关专著。

若将 H_2O 的电位－pH 图以虚线标出,则可得到铁在水溶液中的电位－pH 图(图 4－9)。

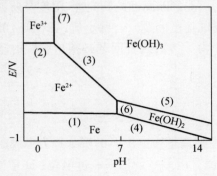 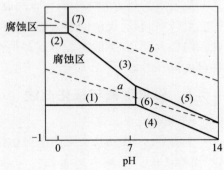

图 4－8　铁的电位－pH 图($a_{Fe^{2+}} = 1, a_{Fe^{3+}} = 1$)　　图 4－9　铁—水溶液的电位－pH 图

3. Fe－H₂O 系电位－pH 图应用举例

电位－pH 图在化学电源、金属腐蚀及电解、电镀等领域中的应用很广泛,现以 Fe－H₂O 系的电位－pH 图为例进行简单的介绍。

1)利用电位－pH 图估计铁受腐蚀时腐蚀电池的共轭反应

铁处于腐蚀区有两种情况,具体如下。

(1)在 a 线以下、(1)线以上,腐蚀电池的反应为

正极:$2H^+ + 2e \rightarrow H_2$

负极:$Fe - 2e \rightarrow H^{2+}$

(2)在 a 线以上,b 线以下,即(1)线以上,腐蚀电池的反应为

正极:$4e + 4H^+ + O_2 \rightarrow 2H_2O$

负极:$Fe - 2e \rightarrow H^{2+}$

2)根据电位－pH 图提出防腐措施

(1)根据 Fe－H₂O 系的电位－pH 图,若把溶液的 pH 值调到 9～13 之间,可以使铁免遭腐蚀。在这样的溶液中,电势较负时,铁处于热力学稳定区,当电位较正时,铁处在钝化区,均不遭受腐蚀。

(2)当介质的 pH 值较低时,可将铁的电极电位维持在热力学稳定区,使铁免遭腐蚀(阴极保护法)。

(3)当介质的 pH 值较高时,可以提高铁的电极电位,使铁进入钝化区,也可以使铁免遭腐蚀或减缓腐蚀速度(阳极保护法)。

当从电位－pH 图上判断出某一反应可以自发进行时,并不表示必定以某种速度进行,因为热力学并不能解决反应速度问题。所以,电位－pH 图是一种只具有热力学含义的图。

4.3　电化学腐蚀反应动力学

用宏观的热力学方法研究金属腐蚀,只能判断腐蚀的倾向性、限度及所涉及的能量转换问题,无法回答人们关心的腐蚀速度问题。有些金属(如铝等)的腐蚀倾向很大,但实际的腐蚀速度却很慢。为了弄清这些问题必须从腐蚀的动力学角度进行考虑。

4.3.1　极化现象与极化曲线

1. 电极的极化现象

电流通过电极时,实际的电极电位 E_i 偏离平衡电位 E 的现象称为电极的极化,简称极化。E_i 与 E 的差值称为极化值。用另一术语——过电位(符号为 η 且取正值)来表示电极极化的程度,即

阳极极化： $\eta_A = \Delta E = E_i - E_e$ (4-20a)

阴极极化： $\eta_C = -\Delta E = E_e - E_i$ (4-20b)

对不可逆电极存在一个稳态的电位 E_s，也使用电极极化一词。这时，极化值的大小用类似于式(4-20)的方程式表示

$$\eta = |\Delta E| = |E_i - E_s| \qquad (4-21)$$

阴极极化使电极电位负移，阳极极化使电极电位正移。

对于可逆电极和不可逆电极，除极化现象的定义稍有不同外，电化学上所遵循的有关极化现象的动力学规律基本相同，所以一般不加区分。

当电流通过电极时，电极上不仅发生极化作用，使电极电位发生偏离，同时，电极上也存在力图消除极化作用的过程。以阴极为例，如氢离子或金属离子在阴极上还原，就是从阴极上夺取电子，使电极电位不负移。这种与电极极化作用相对立的作用称为去极化作用。电极过程是极化与去极化对应统一的过程。在实际中，如果没有去极化作用，那么从外电源流入阴极的电子就只能在阴极上积累，使电极电位不断负移，这样的电极称为理想电极。一般情况下，由于电子的运动速度大于电极的反应速度，因此极化作用往往大于去极化作用，致使电极电位偏离，出现极化现象。与理想极化电极对应的是理想不极化电极，这种电极的极化作用和去极化作用相等，这种电极的电位很稳定，当有小电流通过时，其电位一般不发生变化。这种电极常用来作为电极电位测量时的参考电极。

2. 极化曲线

电流通过电极时，使电极电位发生偏离，通过的电流越大，电极电位偏离的程度越大。为了准确描述电极电位随通过的电流强度或电流密度的变化而变化的情况，经常用电位—电流图或电位—电流密度图。这种表示电极电位与极化电流或极化电流密度之间关系的曲线称为极化曲线。图4-10所示为实际测得的铜电极在硫酸铜和硫酸溶液中的极化曲线。

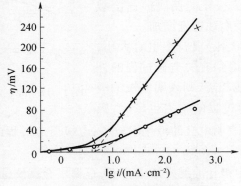

图4-10　电沉积铜电极的极化曲线

4.3.2 腐蚀速度与极化的关系

金属的电化学腐蚀一般是按腐蚀原电池原理进行的（有时也以电解池原理进行），遭受腐蚀的金属是阳极，发生氧化（溶解）反应。实际工作状态下电池的电极都要发生极化，因此，腐蚀速度必定与电极进而与电池的极化程度有关。

例 4 – 1　对埋地碳钢管进行牺牲阳极、保护阴极时，所用的镁阳极和碳钢管及土壤组成一个原电池。今测得埋设点镁阳极的开路电位为 $E_a = -1.58V$，碳钢管的电位为 $E_c = -0.61V$（相对饱和硫酸铜电极），导线和土壤构成的回路电阻为 8Ω，试估算阳极和管线刚一耦合瞬间时的阳极电流（即阳极的溶解速度），并讨论此值与稳定电流值 20mA 差异的原因。

解：阳极和管线耦合时的瞬间电流可按欧姆定律计算，即

$$I_{始} = \frac{E_c - E_a}{R} = \frac{[-0.61 - (-1.58)]V}{8\Omega} = 121mA$$

稳定电流值比瞬间电流值小很多，造成这种差异的原因是什么呢？根据欧姆定律，影响电流强度的因素是电池两极间的电位差和电池内外电路的总回路电阻。由于电池刚接通后，其回路电阻不会有显著变化，因此，稳定电流强度的减小，只能是由于两极间的电位差发生了变化。对于此例是电位差减小了。这种变化可由如图 4 – 11 所示的原电池的极化曲线示意图表示。

综上所述，可以得到如下结论：稳定电流强度的减小是由于两极间的电位差减小了，而电位差的减小是由于阴、阳极极化造成的。因此可以认为极化能使腐蚀速度减小；反之，去极化能使腐蚀速度增加。

极化曲线的形状各异，斜率也有大小，从这些差异上可以得到有关电极过程的许多信息。如极化曲线较陡，则表明电极的极化率较大，电极反应过程的阻力也较大；极化曲线若较平坦，则表明电极的极化率较小，电极反应过程的阻力较小，反应比较容易进行。

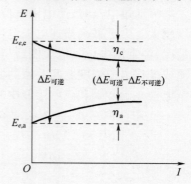

图 4 – 11　原电池的极化曲线示意图

用实验方法测定极化曲线并加以分析，是揭示金属腐蚀机理和获得控制腐蚀措施的基本方法之一。如通过测量腐蚀体系的阴、阳极极化曲线，可以揭示腐

蚀的控制因素及缓蚀剂的作用机理;分别测量两种金属处在同一种电解质溶液中的极化曲线,可以判断这两种金属接触时的腐蚀情况;测量阴极区和阳极区的极化,可以研究局部腐蚀;在腐蚀电位附近及弱极化区进行极化测量,可以快速求得腐蚀速度,由此来鉴定和筛选耐蚀材料和缓蚀剂;通过测量极化曲线还可以获得阳极保护和阳极保护的重要参数。

4.3.3 极化现象的分类

电极过程由一系列不同的单元步骤组成,通常包括以下几不可缺少的步骤。

(1) 反应粒子自溶液主体向电极表面的传质。

(2) 反应粒子在电极—溶液界面处得到电子或失去电子的电子转移。

(3) 反应产物粒子从电极表面向溶液主体的传质。

一个电极过程可能还包括其他步骤,如纯粹的化学反应步骤和相转变步骤等,到底包括哪几个步骤,应进行具体分析,不能一概而论。

在组成电极过程的各步骤中,速度有快有慢,因此,对电极过程的影响程度(使电极产生极化的大小)也不同,而电极过程的速度是由一连串步骤中最慢的一步决定的,即所谓的控制步骤。根据控制步骤的不同,极化现象可分为浓差极化、电化学极化(或活化极化)及电阻极化3种。

1. 浓差极化

由于反应质点扩散特别缓慢,导致电极表面浓度发生改变而产生极化的现象,相应的过电位以 η_c 或 η_d 表示。

2. 电化学极化(或活化极化)

由于电子得失步骤特别缓慢而引起的电极极化现象,相应的过电位以 η_e 表示。

3. 电阻极化

由于电池本身有内电阻,而且电极表面会形成氧化膜或其他膜层,电阻较大而引起的电极极化现象,相应的过电位以 η_R 表示。

3种极化现象中,以前两种最为重要,研究和应用比较多。下面结合电极的阳极过程和阴极过程,进一步讨论产生阳极极化和阴极极化的原因。

1) 阳极极化

产生阳极极化的原因主要有3种:活化极化、浓差极化和电阻极化。

(1) 活化极化。阳极过程是金属失去电子,溶解于水中成为水化离子的过程。如果金属离子进入溶液的反应速度跟不上电子由阳极通过导线流向阴极的速度,致使电极表面双电层的内层电子密度减小,积累过多的正电荷,使阳极电位向正向移动,改变了原有双电层的电位差,产生极化。由于反应需要一定的活化能,使得阳极溶解反应速度迟缓于电子转移的速度而产生极化,故称活化极化。

（2）浓差极化。由阳极溶解产生的金属离子如果不能很快扩散到溶液主体中去,会使阳极表面的金属离子浓度升高产生浓差,阻碍阳极金属进一步溶解。由能斯特公式可知,处于高浓度正离子溶液中的电极,其电位是高的,因此,由于扩散速度缓慢造成电极的极化也使电位正移。

（3）电阻极化。当氧化使阳极表面形成一层氧化膜或有其他形式的膜存在时,金属离子通过这层膜进入溶液时,会受到很大的阻力,所产生的电压降为IR,使电极电位变正。

2）阴极极化

产生阴极极化的原因主要是活化极化和浓差极化。

（1）活化极化。电极的阴极过程是处于氧化态的物质获得电子变为还原态物质的过程,该过程需要一定的活化能,故使阴极还原反应的速度小于电子从阳极进入阴极的速度,从而造成电子在阴极表面的积累,使阴极电位负移,产生阴极极化。

（2）浓差极化。如果阴极附近的反应物或生成物不能及时扩散,会造成阴极附近正离子浓度的减小和负离子浓度的增加,产生浓差。由能斯特公式知其结果是使阴极电位负移,引起阴极极化。

综上所述,可以得出结论:如果组成腐蚀电池的阳极和阴极一起(或其中之一)发生极化,都将使腐蚀速度减小;反之,去极化则使腐蚀速度增加。

加速阳极去极化过程的方法有搅拌溶液、加速阳离子的扩散、使阳极产物形成沉淀或形成络离子、加入活性阳离子(如 Cl^-)、消除阳极钝化等。同样,搅拌溶液、使阴极产物形成沉淀、加入活性阳离子等都可加速阴极去极化。最重要也是最常见的阴极去极化剂(使阴极发生去极化反应的物质)是溶液中的 H^+ 和 O_2。若活性阴离子和活性阳离子的加入影响电极的极化,但不参加电极反应,则称为局外活性物质。

4.3.4　腐蚀电池的混合电位

1. 腐蚀电池的极化曲线图(腐蚀极化图)

借助电极的极化曲线可做出腐蚀电池的极化曲线,典型宏观腐蚀电池的极化曲线如图 4-12 中的实线所示。

图中线段 DF 对应的电位差值代表电池的总欧姆降,I_1 为腐蚀电流。

用一可变电阻(R)代替电池的总欧姆电阻,进行如下实验:将可变电阻由大逐渐减小,每减小一次测量两电极的电位和电池的电流,结果如虚线所示。电流随电阻的减小而增大,同时电流的增大引起电极的极化,使阳极电位变正,阴极电位变负,从而使两极间的电位差变小。当可变电阻值趋近于零时,电流达到最大值 I_{max},此时两电极极化曲线交于一点(S)。说明 $\Delta E = IR = 0$,即阴、阳两极电位相等。实际测量时得不到 S 点,因为即使通过短路的办法来消除外电路电阻,也不可能完全消除整个回路中的电阻,所以只能得到接近于 I_{max} 值的 I_i。

简化的腐蚀电池的极化曲线如图 4 – 13 所示,是由英国科学家 U. R. Evans 及其学生们于 1929 年提出来的,称为 Evans 图。图中 $E_{e,c}$ 和 $E_{e,a}$ 分别代表开路状态时阴、阳极的平衡电极电位。若完全忽略电池的回路电阻,两电极的极化曲线便交于 S 点。S 点所对应的电位因处在 $E_{e,c}$ 和 $E_{e,a}$ 之间,故称为混合电位 E_{max}。由于处于 E_{max} 电位下腐蚀过程是不断发生的,所以混合电位就是金属的自腐蚀电位,简称为腐蚀电位 E_{corr},相对应的电流称为腐蚀电流 I_{corr}。

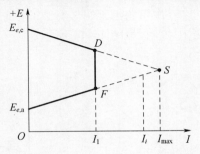 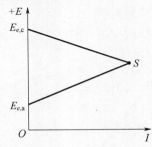

图 4 – 12　腐蚀电池的极化曲线图　　　　图 4 – 13　腐蚀电池的 Evans 图

腐蚀电位 E_{corr} 随时间的变化不大,可以是稳定的,但这种稳定不是一种平衡态,因为处在此电位下发生的阴、阳极反应是不可逆的。如处在 $w_{NaCL}3\%$ 溶液中 Fe 的电位是 $-0.5V$,在此电位下的阳极反应是:$Fe \rightarrow Fe^{2+} + 2e$,阴极反应是:$O_2 + 2H_2O + 4e \rightarrow 4OH^-$。由于同时进行着两个不同的电极反应,所以腐蚀将一直进行下去。

上面讨论的是在孤立的腐蚀电池中同时进行着两个不同的电极反应建立起的混合电位。对多于两种金属组成的腐蚀电池系统,称为多电极腐蚀电池。多电极腐蚀电池的总电位,即混合电位必定是处于最高的电极电位与最低的电极电位之间。这样低于总电位的金属相是阳极相,而高于总电位的金属相则是阴极相。

2. 腐蚀极化图的应用

利用腐蚀极化图可以确定腐蚀过程的主控制因素,判断添加剂的作用机理,还可以用图解法计算多电极体系的腐蚀速度等。

1）腐蚀的控制因素

电化学腐蚀过程的速度既取决于腐蚀电池的电动势,即阴、阳极平衡电位之差 $E_{e,c} - E_{e,a}$,也取决于腐蚀过程所受到的阻力的大小。这些阻力使腐蚀过程产生阳极极化、阴极极化和溶液欧姆降。

$$E_{e,c} - E_{e,a} = \Delta E_a + | \Delta E_c | + IR \qquad (4-22)$$

其中:$\Delta E_a = I p_a \quad | \Delta E_c | = I p_c \qquad (4-23)$

$$I = \frac{E_{e,c} - E_{e,a}}{p_a + p_c + R} \qquad (4-24)$$

式中:p_a、p_c 分别为阳极和阴极的极化率,其量纲与电阻 R 相同。

由式(4-24)可知腐蚀电流受腐蚀电池的电动势、阴阳极极化率和欧姆电阻4个因素的影响,其中对腐蚀速度起决定性作用的因素叫做腐蚀的控制因素,一般有阳极控制、阴极控制、混合控制和电阻控制,如图4-14所示。

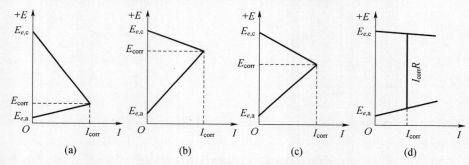

图4-14 不同控制因素的腐蚀极化图
(a) 阴极控制;(b) 阳极控制;(c) 混合控制;(d) 欧姆控制。

2）控制因素的控制程度

从腐蚀极化图不仅可以判断各种控制因素,还可判断各种因素对腐蚀速度控制的程度。某种阻力 i 对过程总阻力 $\sum i$ 之比的百分数称为该种阻力的控制程度 S。其表达式为

$$S = \frac{i}{\sum i} \times 100\% \qquad (4-25)$$

阳极控制程度 S_a 为

$$S_a = \frac{\Delta E_a}{\Delta E_a + | \Delta E_c | + IR} \times 100\% = \frac{p_a}{p_a + p_c + R} \times 100\%$$

108

阴极控制程度 S_c

$$S_c = \frac{|\Delta E_c|}{\Delta E_a + |\Delta E_c| + IR} \times 100\% = \frac{p_c}{p_a + p_c + R} \times 100\%$$

电阻控制程度 S_R

$$S_R = \frac{IR}{\Delta E_a + |\Delta E_c| + IR} \times 100\% = \frac{R}{p_a + p_c + R} \times 100\%$$

三者中最大的即是腐蚀速度的控制因素。

3）极化值的一般计算方法

金属电化学腐蚀的多数情况是短路的微电池腐蚀，此时，$R \approx 0$，$IR \approx 0$，故有

$$E_{e,c} - E_{R,a} = \Delta E_a + |\Delta E_c| \qquad (4-26)$$

这样，若测得腐蚀电位 E_{corr}，再查表获得 $E_{e,c}$ 和 $E_{e,a}$ 值，既可求得极化值 ΔE_a 和 ΔE_c。

$$|\Delta E_c| = E_{e,c} - E_{corr} \qquad (4-27)$$

$$\Delta E_a = E_{corr} - E_{e,a} \qquad (4-28)$$

3. 腐蚀极化图的实验测定

以上所介绍的腐蚀极化图是理想的腐蚀极化图，即阳极极化曲线和阴极极化曲线都是从其平衡电位出发，最后交于混合电位而得到的。理想极化曲线图不能由实验直接测定，一般有两种方法得到：一是根据在高电流密度下测得的极化曲线的塔菲尔直线段"反推"得到；二是把腐蚀体系的阳极和阴极反应"分离"成单电极反应，单独测定它们各自的极化曲线，然后构成腐蚀极化图。

反推法是首先测定试样在某腐蚀介质中的稳定电位，即自腐蚀电位 E_{corr}，然后利用恒电位仪用恒电位法，分别测定阳极极化曲线和阴极极化曲线。具体的测试方法可参阅有关电化学测试技术专著。反推法的优点是可以避免复杂的实验操作，只要测出极化曲线的某些数据，通过作图即可得到极化图。缺点是在小电流范围内用反推法作图时会产生较大误差，并且这种方法的先决条件是腐蚀过程必须是活化控制，否则测不到塔菲尔直线段。

分离法是将腐蚀体系的共轭反应，即阴、阳极反应"分离"成单电极反应，分别测定它们各自的极化曲线，然后绘制出极化图。这种方法可以直接测定出低电流密度下阴、阳极反应的近似极化曲线，但准确性要差一些。

4.3.5 活化极化控制下的腐蚀动力学方程式

当腐蚀速度由电化学步骤控制时，称此腐蚀体系为活化极化控制下的腐蚀体系。如无钝化膜生成的金属在不含氧及其他去极化剂的非氧化性酸溶液中腐

蚀时就是这种情况,这时,唯一的阴极去极化剂是溶液中的氢离子,且其还原反应亦为活性极化控制。

1. 单电极反应动力学方程式

假设电极上只发生简单的电化学反应(电子的转移一步完成),则

$$R' \overset{\vec{k}}{\underset{\overleftarrow{k}}{\Longleftrightarrow}} O + ne \tag{4-29}$$

若反应速度用电流密度表示,则

$$\vec{i} = nF\vec{k}c_{R'}\exp\left(-\frac{\vec{E}}{RT}\right) \tag{4-30}$$

$$\overleftarrow{i} = nF\overleftarrow{k}c_{o}\exp\left(-\frac{\overleftarrow{E}}{RT}\right) \tag{4-31}$$

式中:$\vec{i}$ 和 $\overleftarrow{i}$ 分别为氧化和还原反应的电流密度;n 为反应的电子数;$c_{R'}$ 和 c_{o} 分别为还原态物质和氧化态物质的浓度;$\vec{E}$ 和 $\overleftarrow{E}$ 分别为氧化和还原反应的活化能。

当电极处于平衡态时,其电极电位为平衡电位 E_e。在此电位下,氧化反应的速度和还原反应的速度相等,方向相反,净电流等于零,这时的反应电流称为交换电流密度,以 i^0 表示。

$$i^0 = \vec{i} = \overleftarrow{i} \tag{4-32}$$

$$i^0 = nF\vec{k}c_{R'}\exp\left(-\frac{\vec{E}_e}{RT}\right) = nF\overleftarrow{k}c_{o}\exp\left(-\frac{\overleftarrow{E}_e}{RT}\right) \tag{4-33}$$

式中:$\vec{E}_e$ 和 $\overleftarrow{E}_e$ 分别为平衡电位下氧化和还原反应的活化能。

电化学反应发生在电极—溶液界面的双电层内,由于有电场存在,它将通过影响反应的活化能来改变反应的速度,所以可通过调节电流或电位来控制电极反应速度,这是电化学反应与一般化学反应动力学的不同之处。

当 1mol 带 n 个电荷的粒子通过电极的双电层发生化学反应时,若电极的极化值为 ΔE,则由于电极电位的变化造成的电场能量阶差为 $nF\Delta E$。发生在双电层中的二个反应(式(4-30))的活化能都受极化值 ΔE 的影响,即与能量阶差 $nF\Delta E$ 有一定的关系,而且二个反应的活化能与能量阶差的关系一般也不相同。当极化值 $\Delta E > 0$,即电极电位正移时,金属晶格中的原子将具有更高的能量,容易离开金属表面进入溶液。也就是说,电极上金属氧化反应的活化能减小了,其值为 $\beta nF\Delta E$。对于还原反应则相反,将使反应的活化能增加,其值为 $\alpha nF\Delta E$,使阴极反应的速度变慢。α、β 称为电子传递系数,也叫能量分配系数,表示电场对

电化学步骤活化能影响的程度,决定阴、阳极过程的对称性,它受电极材料的影响较小,其值可在 0 到 1 的范围内变化,可由实验获得,一般 α 值接近于 0.5,且 $\alpha + \beta = 1$。因此得到

$$\vec{E} = \vec{E}_0 - \beta n F \Delta E \qquad (4-34)$$

$$\overleftarrow{E} = \overleftarrow{E}_0 + \alpha n F \Delta E \qquad (4-35)$$

式中:$\vec{E}_0$ 和 $\overleftarrow{E}_0$ 为 ΔE 等于零时,正、逆反应的活化能,亦称为化学活化能。

将式(4-34)代入式(4-30)中,再结合式(4-33),可以得到由于电极电位变化使氧化反应的活化能减小所导致的氧化反应的电流表达式,即

$$\vec{i} = n F \vec{k} c_R' \exp\left(-\frac{\vec{E} - \beta n F \Delta E}{RT}\right) = n F \vec{k}_R' \exp\left(-\frac{\vec{E}}{RT}\right) \exp\left(\frac{\beta n F \Delta E}{RT}\right)$$

$$= i^0 \exp\left(\frac{\beta n F \Delta E}{RT}\right) \qquad (4-36)$$

同理,将式(4-35)代入式(4-31)中,再结合式(4-33),得到

$$\overleftarrow{i} = i^0 \exp\left(\frac{\alpha n F \Delta E}{RT}\right) \qquad (4-37)$$

由式(4-36)和式(4-37),再根据过电位 η 的表示式,可以推导出电极反应净电流密度的表达式。

若电极反应的正向速度快于逆向速度,则电极反应表现为净阳极反应,即

$$i_a = \vec{i} - \overleftarrow{i} \qquad (4-38)$$

此时

$$\eta_a = \Delta E_a = E_a - E_{e,a} \qquad (4-39)$$

将式(4-36)和式(4-37)中的 ΔE 以 η_a 代替并将这两个式子代入式(4-38)中,得

$$i_a = i^0 \left[\exp(\beta n F \eta_a / RT) - \exp(-\alpha n F \eta_a / RT)\right] \qquad (4-40)$$

若电极反应的逆向速度快于正向速度,则电极反应表现为净阴极反应,即

$$i_c = \overleftarrow{i} - \vec{i} \qquad (4-41)$$

此时 $\qquad\qquad\qquad \eta_c = -\Delta E_c = E_{e,c} - E_c \qquad (4-42)$

将式(4-36)和(4-37)中的 $-\Delta E_c$ 以 η_c 代替,并将这两个式子代入式(4-41)中,得

$$i_c = i^0 \left[\exp(\alpha n F \eta_c / RT) - \exp(-\beta n F \eta_c / RT)\right] \qquad (4-43)$$

111

从数学关系上看,当 $\eta > 2.3RT/F$ 时,式(4－40)和式(4－43)中的第二项可忽略。从物理意义上讲,即净阳极反应中的还原反应速度和净阴极反应中的氧化反应速度均可忽略。此时的电极反应分别称为强阳极反应和强阴极反应。于是得到

$$i_a = i^0 \exp(\beta nF\eta_a/RT) \tag{4－44}$$

$$i_c = i^0 \exp(\alpha nF\eta_c/RT) \tag{4－45}$$

将式(4－44)和式(4－45)取对数,整理得到

$$\eta_a = -\frac{2.3RT}{\beta nF}\lg i^0 + \frac{2.3RT}{\beta nF}\lg i_a \tag{4－46}$$

$$\eta_c = -\frac{2.3RT}{\alpha nF}\lg i^0 + \frac{2.3RT}{\alpha nF}\lg i_c \tag{4－47}$$

设

$$-\frac{2.3RT}{\beta nF}\lg i^0 = a_a \tag{4－48}$$

$$\frac{2.3RT}{\beta nF} = b_a \tag{4－49}$$

$$-\frac{2.3RT}{\alpha nF}\lg i^0 = a_c \tag{4－50}$$

$$\frac{2.3RT}{\alpha nF} = b_c \tag{4－51}$$

a 和 b 之间的关系为 $a = -b\lg i^0$,则可以得到表达式:

$$\eta_a = a_a + b_a\lg i_a \text{或} \eta_a = b_a\lg\frac{i_a}{i^0} \tag{4－52}$$

$$\eta_c = a_c + b_c\lg i_c \text{或} \eta_c = b_c\lg\frac{i_c}{i^0} \tag{4－53}$$

式(4－52)和式(4－53)称为塔菲尔方程式,是由塔菲尔在1905年根据氢离子放电的大量实验结果归纳出来的,至今得到了广泛应用。式(4－48)至式(4－51)为塔菲尔常数的理论表达式。

2. 活化极化控制下金属腐蚀速度表达式

发生电化学腐蚀时,金属表面必定同时进行着两对或两对以上的电化学反应。例如在酸性介质中:

$$Zn \underset{\overleftarrow{i_1}}{\overset{\overrightarrow{i_1}}{\rightleftharpoons}} Zn^{2+} + 2e \tag{4－54}$$

112

$$\text{H}_2 \underset{\overleftarrow{i_2}}{\overset{\overrightarrow{i_2}}{\Longleftrightarrow}} 2\text{H}^+ + 2e \tag{4-55}$$

由于以上两对电极反应的平衡电位不相等,所以当锌发生腐蚀时必存在一混合电位,即腐蚀电位 E_{corr},其值 $E_{e,1} < E_{corr} < E_{e,2}$,这一腐蚀体系的极化图如图 4-15 所示。

由图 4-15 可知,对反应式 (4-54),因为过电位为 $\eta_{a,1} = E_{corr} - E_{e,1}$,所以主要发生的是锌的氧化反应,速度为 $i_{a,1} = \overrightarrow{i_1} - \overleftarrow{i_1}$。而对于反式 (4-55),其过电位为 $\eta_{c,2} = E_{e,2} - E_{corr}$,所以主要发生的是氢离子的还原反应,速度为 $i_{c,2} = \overleftarrow{i_2} - \overrightarrow{i_2}$。

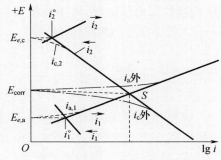

图 4-15 半对数腐蚀极化图

在金属的自腐蚀电位 E_{corr} 下,锌的净氧化反应速度等于氢离子的净还原反应速度。因此,处在自腐蚀电位下的金属的自腐蚀速度可用 i_{corr} 表示为

$$i_{corr} = \overrightarrow{i_1} - \overleftarrow{i_1} = \overleftarrow{i_2} - \overrightarrow{i_2} \tag{4-56}$$

当 E_{corr} 既远离 $E_{e,1}$ 又远离 $E_{e,2}$ 时,可忽略掉 $\overleftarrow{i_1}$ 和 $\overrightarrow{i_2}$,于是式(4-56)简化为

$$i_{corr} = \overrightarrow{i_1} = \overleftarrow{i_2} \quad 即 \quad i_{corr} = i_{a,1} = i_{c,2} \tag{4-57}$$

由式(4-52)和式(4-53)很容易得到如下的关系式

$$i_{corr} = i_1^0 \exp\left[\frac{2.3\eta_{a,1}}{b_{a,1}}\right] = i_1^0 \exp\left[\frac{2.3(E_{corr} - E_{e,1})}{b_{a,1}}\right] \tag{4-58}$$

或 $$i_{corr} = i_2^0 \exp\left[\frac{2.3\eta_{c,2}}{b_{c,2}}\right] = i_2^0 \exp\left[\frac{2.3(E_{e,2} - E_{corr})}{b_{c,2}}\right] \tag{4-59}$$

腐蚀速度 i_{corr} 与过电位 η、交换电流 i^0 和塔菲尔常数 b 值有关。因此,如果知道腐蚀体系的相应参数,既可求得腐蚀速度。在腐蚀极化图上也可利用这些参数对腐蚀的特征及腐蚀速度的影响进行分析。例如,当 $E_{e,1}$ 和 $E_{e,2}$ 以及 $b_{a,1}$ 和 $b_{c,2}$ 不变时,i_1^0 或 i_2^0 越大,则腐蚀速度越大。当平衡电位和交换电流密度不变时,塔菲尔常数越小,即极化曲线越平,则腐蚀速度越大,腐蚀电位也会发生相应的变化。另外,若测定出 E_{corr},$E_{e,1}$ 和 $E_{e,2}$,可计算出 $\eta_{a,1}$ 和 $\eta_{c,2}$,比较这两个过电位的大小,即可确定腐蚀速度的控制因素。显然,η 值大者为腐蚀速度的控制因素。

3. 活化极化控制下金属腐蚀的总极化曲线

如前面所述,当金属发生电化学腐蚀时,腐蚀体系中存在着两对独立的电化学反应,因此其腐蚀动力学方程式不同,进而其总极化曲线也与各单电极反应的不同。

当以外加电流的形式对处于自腐蚀状态下的金属电极进行阳极极化(若电位为 E_a)时,因电位变正,将使电极上的净氧化反应速度增加,而净还原反应速度减小。所加阳极的外电流为

$$i_{a,\text{外}} = i_{a,1} - i_{c,2} = (\overrightarrow{i_1} - \overleftarrow{i_1}) - (\overleftarrow{i_2} - \overrightarrow{i_2})$$

$$= (\overrightarrow{i_1} + \overrightarrow{i_2}) - (\overleftarrow{i_1} + \overleftarrow{i_2}) = \sum \overrightarrow{i} - \sum \overleftarrow{i} \qquad (4-60)$$

上式表明,在阳极极化电位 E_a 下,电极上通过的阳极极化电流 $i_{a,\text{外}}$ 等于电极上所有氧化反应速度的总和减去所有还原反应速度的总和。

同理,对腐蚀金属进行阴极极化(若电位为 E_c)时,电位变负,将使金属的净还原反应速度增加,净氧化反应速度减小。所加阴极外电流为

$$i_{c,\text{外}} = (\overleftarrow{i_2} - \overrightarrow{i_2}) - (\overrightarrow{i_1} - \overleftarrow{i_1}) = (\overleftarrow{i_1} + \overleftarrow{i_2}) - (\overrightarrow{i_1} + \overrightarrow{i_2}) = \sum \overleftarrow{i} - \sum \overrightarrow{i}$$

$$(4-61)$$

当自腐蚀电位当 E_{corr} 远离 $E_{e,1}$ 和 $E_{e,2}$ 时,忽略掉 $\overleftarrow{i_1}$ 和 $\overrightarrow{i_2}$,则式(4-60)和式(4-61)简化为

$$i_{a,\text{外}} = \overrightarrow{i_1} - \overleftarrow{i_2} \qquad (4-62)$$

$$i_{c,\text{外}} = \overleftarrow{i_2} - \overrightarrow{i_1} \qquad (4-63)$$

由式(4-48)塔菲尔方程,可得氧化反应速度 $\overrightarrow{i_1}$ 与过电位 η_a 的关系为

$$\overrightarrow{i_1} = i_{\text{corr}} \exp(2.3\eta_a/b_a) \qquad (4-64)$$

同理,由式(4-53),还原反应速度 $\overleftarrow{i_2}$ 表达式为

$$\overleftarrow{i_2} = i_{\text{corr}} \exp(2.3\eta_c/b_c) \qquad (4-65)$$

若同一极化电位下对氧化反应的 η_a 与对还原反应的 η_c 数值相等、符号相反,即 $\eta_c = -\eta_a$,将式(4-64)和式(4-65)代式(4-62)和式(4-63),则得

$$i_{a,\text{外}} = i_{\text{corr}} \left[\exp\left(\frac{2.3\eta_a}{b_a}\right) - \exp\left(-\frac{2.3\eta_a}{b_c}\right) \right] \qquad (4-66)$$

$$i_{c,\text{外}} = i_{\text{corr}} \left[\exp\left(\frac{2.3\eta_c}{b_c}\right) - \exp\left(-\frac{2.3\eta_c}{b_a}\right) \right] \qquad (4-67)$$

式(4-66)和式(4-67)即为活化极化控制下金属腐蚀速度的基本动力学方程式。相应的极化曲线如图4-15中$i_{a,\text{外}}$和$i_{c,\text{外}}$指明的点画线所示。

比较式(4-66)、式(4-67)与式(4-40)、式(4-43)可看出,它们的基本形式是一样的,只是中括号前的i_{corr}是腐蚀体系处于自腐蚀电位E_{corr}下的腐蚀电流。一般情况下,测定i^0的方法原则上都适用于测定金属的自腐蚀速度i_{corr}。但若E_{corr}离$E_{e,1}$或$E_{e,2}$较近($<2.3RT/nF$),则式(4-60)和式(4-61)中的$\overleftarrow{i_1}$或$\overleftarrow{i_2}$不能忽略,此时的腐蚀速度表达式将很复杂。

上述推导过程中,腐蚀速度都是以电流密度的形式给出的,这是因为假定腐蚀是均匀的,阴、阳极面积相等;同时腐蚀体系的电阻可忽略不计。对于局部腐蚀来说,一般阴、阳极面积不相等,但在自腐蚀电位下,阴、阳极电流强度相等。因此,只要将上述公式中的电流密度改为电流强度就可以了。

4.3.6 浓差极化控制下的腐蚀动力学方程式

金属的腐蚀速度由浓差极化控制时称为浓差极化控制的腐蚀过程。如金属在含氧酸或在碱性介质中发生的氧去极化腐蚀即属于这种情况。此时,一般是阳极发生金属的活性溶解,而阴极受氧的扩散控制。

1. 稳态扩散下电流和浓度的关系

在腐蚀电池的阴极区,随着还原反应的进行,阴极表面的去极化剂浓度将下降,从而与主体溶液间产生一浓度梯度。在这种浓度梯度下,去极化剂将从主体溶液向电极表面扩散,当从溶液主体扩散来的粒子完全补偿了电极反应所消耗的反应粒子时,达到稳态扩散。由于氧化态粒子浓度降低会使阴极电位变负,由此而产生的极化称为阴极浓差极化。

液相传质有3种方式:对流、扩散和电迁移。在电化学反应过程中,离电极表面越近,对流速度越小。参与阴极反应的粒子若是类似氧分子的不带电粒子(或虽是带电粒子但有大量局外电解质存在),放电粒子的电迁移可以忽略。此时,主要的传质方式为扩散。

对于平面电极,可只考虑一维扩散的情况,如图4-16所示。根据菲克(Fick)第一定律,在稳态扩散过程中,单位时间内通过单位面积(S)的扩散物质的流量为

$$\pi = -D\left(\frac{dc}{dx}\right)_{x\to 0} \tag{4-68}$$

式中:π为扩散流量($\text{mol} \cdot \text{cm}^{-2} \cdot \text{S}^{-1}$);$\left(\frac{dc}{dx}\right)_{x\to 0}$为电极表面附近溶液中放电粒

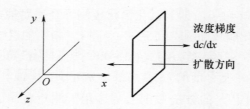

图 4-16　浓度梯度与扩散方向示意图

子的浓度梯度($mol \cdot cm^{-4}$);D 为扩散系数,是单位浓度梯度下单位截面积物质的扩散传质速度,负号表示扩散传质方向与浓度梯度方向相反。

扩散系数与温度、粒子大小及溶液粘度等有关。室温下的稀溶液,无机离子在水溶液中的扩散系数一般约为 $1 \times 10^{-5} cm^{-2} \cdot S^{-1}$ 左右。氢离子和氢氧根离子在室温下水溶液中的扩散系数很大,分别约为 $9.3 \times 10^{-5} cm^{-2} \cdot S^{-1}$ 和 $5.2 \times 10^{-5} cm^{-2} \cdot S^{-1}$。氧分子在室温下水溶液中的扩散系数约为 $1.9 \times 10^{-5} cm^{-2} \cdot S^{-1}$。

在稳态扩散下,由电极反应所引起的溶液本体的浓度变化若可忽略,则扩散层内的浓度梯度就等于扩散层外溶液本体的浓度 c^0 与电极表面的浓度 c^s 之差除以扩散层的厚度 δ,即

$$\left(\frac{dc}{dx}\right)_{x \to 0} = \frac{c^0 - c^s}{\delta} \qquad (4-69)$$

扩散粒子的流量可用电流密度表示,因为每消耗 1mol 的反应粒子必须通过 nF 的电量。因此可用扩散电流密度 i_d 表示扩散流量,即

$$i_d = -nF\pi \qquad (4-70)$$

负号表示反应粒子沿 x 轴的反方向,自溶液内部向电极表面扩散,如图 4-16所示。

将式(4-68)和式(4-69)代入式(4-70)可得

$$i_d = nFD\frac{c^0 - c^s}{\delta} \qquad (4-71)$$

前面的讨论已经忽略了对流和电迁移的作用,因此在稳态条件下,整个电极的反应速度就等于扩散速度。例如,对阴极过程,阴极反应的电流密度 i_c 就等于阴极去极化剂的扩散速度 i_d,即

$$i_c = i_d = nFD\frac{c^0 - c^s}{\delta} \qquad (4-72)$$

当电流密度很大,电化学步骤进行很快时,扩散而来的粒子一达到电极表面立该被消耗掉,于是 $c^s = 0$,i 达到最大值 i_l:

$$i_1 = nFD\frac{c^0}{\delta} \qquad\qquad (4-73)$$

可见,极限扩散电流速度与溶液本体浓度 c^0 成正比,与扩散层厚度成反比。利用搅拌可使 δ 值变小,使 i_1 值增大。

2. 浓差极化动力学方程式

将式(4-72)除以式(4-73)可得

$$\frac{i_c}{i_1} = 1 - \frac{c^s}{c^0}$$

所以

$$c^s = c^0\left(1 - \frac{i_c}{i_1}\right) \qquad\qquad (4-74)$$

因扩散过程是整个电极过程的控制步骤,所以可认为其他步骤处于平衡状态(准平衡状态)。所以,通电前后的电极电位仍可用能斯特方程来计算,即

通电前 $\quad E_e = E^0 + \frac{RT}{nF}\ln c^0 \qquad\qquad (4-75)$

通电后 $\quad E_i = E^0 + \frac{RT}{nF}\ln c^s \qquad\qquad (4-76)$

由两式相减可得 $\Delta E_c = E_i - E_e$,即

$$\Delta E_c = \frac{RT}{nF}\ln\frac{c^s}{c^0} \qquad\qquad (4-77)$$

将式(4-74)代入式(4-77),得

$$\Delta E_c = \frac{RT}{nF}\ln\left(1 - \frac{i_c}{i_1}\right) \qquad (4-78)$$

或 $\quad \eta_c = -\Delta E_c = \frac{2.3RT}{nF}\lg\left(\frac{i_c}{i_1 - i_c}\right)$

$$(4-79)$$

式(4-78)和式(4-79)称为浓差极化动力学方程式,相应的极化曲线如图4-17中的 $E_{e,c}$,BS 所示。

3. 浓差极化控制下腐蚀速度的表达式

对于阴极过程为氧的扩散控制的金属腐蚀,其极化曲线如图4-17所示。因为金属的腐蚀速度由氧的扩散速度控制,其值相当于式(4-57)中的 $i_{c,2}$,等于氧的极限扩散电流,与电

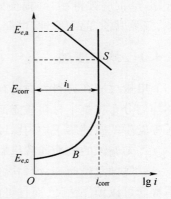

图4-17 阴极扩散控制下的腐蚀极化示意图

117

位无关。故由式(4-73)得金属的腐蚀速度为

$$i_{\text{corr}} = i_{\text{c,2}} = i_1 = nFD\frac{c^0}{\delta} \qquad (4-80)$$

由式(4-80)可知,影响i_1的因素也影响腐蚀速度,故

(1)i_{corr}与c^0成正比,即腐蚀速度随去极化剂的浓差增加而增加。

(2)i_{corr}与δ成反比,搅拌溶液或增加溶液流速,会减小扩散层厚度,同时增大极限电流i_1,使腐蚀速度增加。

(3)温度升高,扩散系数D将增加,使腐蚀速度变快。

4. 浓差极化控制下金属腐蚀的极化曲线方程式

若金属腐蚀的阴极过程受扩散控制,式(4-62)中的$\overset{\leftarrow}{i_2}$等于极限扩散电流$i_1$,即式(4-66)中的$b_{\text{c}}\rightarrow\infty$,则式(4-66)可简化为

$$i_{\text{a,外}} = i_{\text{corr}}\left[\exp\left(\frac{2.3\eta_{\text{a}}}{b_{\text{a}}}\right) - 1\right] \qquad (4-81)$$

上式即为阴极过程为浓差控制时金属腐蚀的阳极极化曲线方程式。

4.4 腐蚀失效形式

腐蚀破坏形式有很多种,并且有不同的分类方法,在4.1.2节中已对腐蚀形式进行了概括。需要说明的是,即使对同一种形式的腐蚀,在不同的文献中的名称可能也有差异,读者需注意。

由于应力腐蚀、疲劳腐蚀、氢脆等和"断裂失效"的内容有交叉,在此将不再介绍;磨损腐蚀将在"磨损失效"中进行介绍。本节主要介绍均匀腐蚀、小孔腐蚀、缝隙腐蚀、晶间腐蚀、电偶腐蚀及选择性腐蚀。

4.4.1 均匀腐蚀

电极反应在材料表面进行,腐蚀分布在整个金属表面上,从宏观上,腐蚀破坏均匀分布在整个材料暴露面;从微观上,腐蚀则是不均匀的。碳钢在强酸、强碱中发生的腐蚀属于均匀腐蚀(Uniform Corrosion)。

均匀腐蚀的表面通常呈略显缓和的高低起伏形态,如图4-18所示。

就腐蚀总量而言,均匀腐蚀的质量损失极大。但由于腐蚀速率固定,材料使用寿命可以预先估计,而且可以加大设计尺寸的方式来延长使用寿命。同时,由于材料表面均匀耗损,不易形成应力集中,因此均匀腐蚀造成的后果反而不太严重。

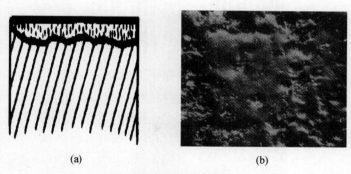

(a)   (b)

图 4 – 18　均匀腐蚀

（a）示意图；（b）高压水反应器蒸汽管路表面的均匀腐蚀。

4.4.2　小孔腐蚀

小孔腐蚀（Pitting Corrosion）的破坏主要集中在某些活性点上，并向金属内部深处发展。通常腐蚀深度大于孔径，严重时可使设备穿孔。不锈钢和铝合金在含有氯离子的溶液中常出现这种破坏形式。

造成小孔腐蚀的原因是由于孔蚀因子（Pitter）破坏了材料表面的钝态膜（Passive Film），使阳极金属溶解反应集中在许多点状的微小区域而形成的。发生小孔腐蚀时，虽然质量损失极小，但由于穿孔极深，同时极易造成应力集中，因此对装备的危害很大。

小孔腐蚀的破坏过程可分为孔蚀的初生（Pitting Initiation）及成长（Pitting Growth）两个阶段。如图 4 – 19 所示，小孔腐蚀未发生之前，材料表面受图 4 – 19（a）所示的钝态膜保护，钝态膜主要是吸附在金属表面的氧原子或氧分子；当腐蚀液中含有一些氯离子或其他卤素离子时，其与金属的亲和力比氧与金属的吸附力强，会取代部分氧原子或氧分子的位置，使这些位置的钝态膜破坏，金属原子暴露在腐蚀液中，而使这些局部位置发生溶解，如图 4 – 19（b）所示。

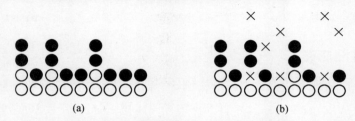

(a)   (b)

图 4 – 19　小孔腐蚀形成机制示意图（O 为金属；● 为氧；× 为氯离子）

（a）完整钝态膜；（b）氯离子取代部分钝态膜中的氧的位置。

小孔腐蚀一旦开始,由于在该处溶解的金属离子 M^{n+} 不易向外扩散,从而会累积正电荷,为了维持局部的电中性,将会有更多氯离子被吸引过来,金属离子与氯离子形成 MCl,并发生水解反应:$MCl + H_2O \rightarrow MOH\downarrow + H^+ + Cl^-$;这样,氢离子浓度也提高了。氢离子与氯离子会促进大部分金属腐蚀,因此小孔腐蚀位置的金属溶解加速;同时,由于形成小孔腐蚀位置的氢离子与氯离子浓度提高,使该处的氧气含量降低,这样,还原反应 $O_2 + 2H_2O + 4e \rightarrow 4OH^-$ 就不易进行,从而将阳极反应固定在小孔腐蚀的位置,而小孔腐蚀以外的区域主要进行阴极还原反应,这样,腐蚀破坏就集中于小孔腐蚀位置,而小孔腐蚀以外的区域反而受到阴极保护。

小孔腐蚀的主要特征是表面形成了许多针状的小孔,小孔直径约介于 $0.02 \sim 2mm$ 之间,一般为垂直的穿透小孔,但也可能在进入相当深度后开始横向扩展,图 4 - 20 所示为美国 ASTM - G46 - 76 归纳的小孔腐蚀的各种截面类型。

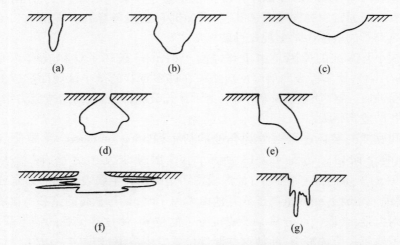

图 4 - 20　各种形式的小孔腐蚀的截面类型(ASTM - G46 - 76)
(a)深窄型;(b)椭圆型;(c)浅实型;(d)次表面型;(e)内伸型;(f)水平型;(g)垂直型。

4.4.3　缝隙腐蚀

金属在腐蚀性介质中其表面由于铆接、焊接、螺纹连接等与非金属连接,或因表面落有灰尘、砂粒、垢层、浮着沉积物等固体物质时,由于接触面间的缝隙内存在电解质溶液而产生的腐蚀,称为缝隙腐蚀(Crevice Corrosion)。缝隙腐蚀在各类电解液中都会发生。钝化金属如不锈钢、铝合金、钛等对缝隙腐蚀的敏感性最大。

120

装备构件本身设计上的间隙(如螺栓间隙)相当于一个现成的小孔腐蚀初生位置,因此缝隙腐蚀机制与小孔腐蚀成长机制大致相同,阳极金属溶解反应主要集中在间隙位置。

4.4.4　晶间腐蚀

一般工程材料都为多晶结构,其晶粒之间的边界称为晶界。晶界上存在有应变能,同时,由于一些杂质合金元素较易在晶界偏析,或者在晶界上易形成一些二次相析出物,因此晶界也是缺陷集中的区域,这些因素造成晶界较晶粒更容易被腐蚀,造成晶间腐蚀(Intergranular Corrosion)。

晶间腐蚀首先在晶界上发生,但会沿着晶界向纵深发展,如图4-21所示。因此,对发生晶间腐蚀腐蚀的装备构件,虽然从外观看不出有明显变化,但其力学性能却已大大降低了。

(a)　　　　　　　　　　　　　(b)

图4-21　晶间腐蚀

(a)示意图;(b)铝铜合金的晶间腐蚀形貌100×。

通常晶间腐蚀出现于奥氏体、铁素体不锈钢和铝合金的构件中。铝合金由于常存在有晶界析出,是典型的晶间腐蚀发生材料。304不锈钢在敏化温度(500℃~750℃)范围内,晶界上常形成析出物$Cr_{23}C_6$,从而使晶界邻近区域的含铬量降低(称为贫铬),因此也容易发生晶间腐蚀。不锈钢的焊道附近也经常形成析出物$Cr_{23}C_6$,从而导致沿焊道边缘发生晶间腐蚀破坏。

4.4.5　电偶腐蚀

具有不同电极电位的金属在腐蚀环境中相互接触,活性强的金属将加速破坏,这就是电偶腐蚀(Galvanic Corrosion)。由于工业上及日常生活中无法避免同时使用数种金属,因此电偶腐蚀是一种很常见而严重的腐蚀破坏形式。如热交换器中的不锈钢管和碳钢花板连接处,碳钢在水中作为阳极而被加速腐蚀等。

4.4.6 选择性腐蚀

合金中的某一组分由于优先地溶解到电解质溶液中去,从而造成另一组分富集于金属表面上,如图4-22(a)所示。选择性腐蚀(Selective Corrosion)发生后,合金中的某一元素明显减少,而留下以其余合金元素为主的腐蚀表面组织,因此也称为去合金腐蚀(Dealloying)。

(a)   (b)

图4-22 选择性腐蚀
(a)示意图;(b)灰铸铁的选择性腐蚀。

选择性腐蚀的机制有两种。第一种是合金中某一元素被选择性地腐蚀出来,而留下其余元素为主的剩余组织。灰铸铁的选择性腐蚀属于此种机制,即灰铸铁中的铁被腐蚀掉,残留下石墨组织,如图4-22(b)所示。另一种机制是全部合金元素都被溶解出来成为金属离子,但部分元素的离子会再从溶液中还原出来,并沉积于材料表面,从而使材料表面的腐蚀成分以这些沉积的金属元素为主,因此常被误认为某一元素被优先选择性溶解。黄铜脱锌就是这种机制作用的结果,即在腐蚀介质中,黄铜中的铜与锌均被溶出,但铜离子会再还原沉积到黄铜表面,形成铜生成物。

4.5 腐蚀失效实验

为了彻底对腐蚀失效进行分析,并对腐蚀破坏进行正确的评估,可以进行实验。实验的方法很多,但大致上可归纳为现场实验与模拟实验两种。

现场实验是依据特定的规范、标准等,将材料直接暴露在实际的腐蚀环境下,于特定的时段分别取出,观察其破坏形态,并根据其损失量测定其腐蚀速率。常见的腐蚀现场实验有大气布放实验、水底布放实验和土壤布放实验等,具体实施时可参考相关的标准直接进行。

模拟实验是在实验室内将待测材料浸泡在特定的化学药品或实际的腐蚀溶

液中,利用严密控制的条件及相关仪器进行腐蚀实验,以模拟或加速材料在真实环境的腐蚀行为。实验室模拟实验主要包括浸泡实验、盐雾实验及电化学实验,其中电化学实验具有精确、灵敏、连续、省时等优点,已成为腐蚀评估的最常用技术。

电化学腐蚀实验是利用电化学理论进行腐蚀反应的热力学与动力学分析,如利用热力学原理测量腐蚀电位,进而可以了解腐蚀趋势,判定腐蚀形式。利用极化曲线(腐蚀动力学)不仅可以为腐蚀速率测量提供重要依据,更可以为材料的钝态稳定性及小孔腐蚀再愈合能力提供鉴别方法(小孔腐蚀再愈合能力也相当于材料抵抗缝隙腐蚀的能力)。此外,电化学技术也可以用于电偶腐蚀的分析。

电化学技术对腐蚀破坏提供了很好的评估方法,也得到了广泛应用,但在实际应用中有一些问题必须注意,具体如下。

(1)某些具有高氢气交换电流的材料(如304钢、NiCrFe Alloy 600)在饱和氢气中以电化学方法测定的腐蚀速率会远远高出其实际值,有时甚至为质量损失法的10倍以上,这是由于腐蚀电流(在钝态区)被氢的交换电流所掩盖而造成的,此时电化学方法不能适用。但若将氢气排除,则电化学方法可适用。

(2)对于一般土壤(泥浆等)或蒸气中的腐蚀,由于其表面覆盖一薄层水溶液,因此仍可以电化学反应的观点来处理,但要将电阻极化及扩散控制效应考虑进去。

(3)一般处理电极动力学时都是简化成单电极反应,但实际情况是大部分腐蚀失效的情况是多电极参与反应,因此由极化曲线推断腐蚀机制经常会导致误判。

(4)电化学的各种测定方法已被广为采用,但很多操作技术却始终没有定论,如线性极化法的使用仍为讨论焦点,而极化图的做法及扫描方式更是方法不一。

第5章　磨　损　失　效

据估计,世界工业界大约有 30% 的能量是消耗在摩擦上,装备零部件的损坏和失效是必然要发生的,其中约 80% 是由磨损引起的。根据美国国会材料政策委员会 1975 年的调查,由于摩擦和磨损,每年要消耗 1000 亿美元,约相当于当年国民经济产值的 5%。

5.1　摩擦学基础知识

摩擦是能量转换的一种形式;磨损是摩擦伴随发生的必然结果,其表现形式为材料的破坏和损耗;润滑则会降低摩擦、减少磨损。三者相互关联,是存在于自然界中的普遍现象,与人类的物质生产和生活密切相关。人们很早就已经应用摩擦学的原理,如利用摩擦热取火;采用滑撬搬运物体(即利用滚动代替滑动);使用动物油作润滑剂以减少机械运动的阻力等。

5.1.1　摩擦的概念和分类

1. 摩擦的概念

如图 5-1 所示,物体 A 与物体 B 接触时,要使 A 沿 B 滑动,必须逐渐增大外力 P。这说明阻止 A 滑动的力也随外力 P 的增加而增加,在相反方向与 P 保持平衡。当外力 P 增大到一定数值后,物体 A 就开始滑动。两相互接触的物体在外力作用下发生相对运动,或具有相对运动的趋势,接触面上具有阻止相对运动或相对运动趋势的作用,两物体间发生的这种现象就称为摩擦,所产生的切向阻力称为摩擦力。摩擦力的方向

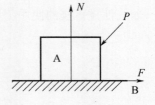

图 5-1　摩擦模型

永远与物体运动的方向相反,其作用是阻止物体的相对运动。

当物体 A 处于相对静止状态时,摩擦力 F 随外力 P 的增大而增大,此时的摩擦力称为静摩擦力,外力 P 增大到使物体 A 开始运动时的摩擦力称为最大静摩擦力。摩擦力 (F) 和正压力 (N) 的比值 f 叫做摩擦因数。

机器运转时,具有相对运动的表面间必然有摩擦力产生。要克服摩擦力,就

会消耗一部分动力,从而降低了机器的效率。由于摩擦的存在,使配合表面产生磨损,配合间隙过大,影响机器的精度和可靠性,摩擦热会引起配合零件膨胀,发生咬死而使机器不能正常运转,这是摩擦有害的一面;另一方面,机器在运转条件下要实现各种不同的功能,如变速、传递动力及停车等,就需要有各种各样的传动和制动装置,目前广泛使用的摩擦传动、制动和锁紧机构就是利用了摩擦有益的一面。

2. 摩擦的分类

在日常生活和生产活动中,存在着各种各样的摩擦现象,按其功用和作用方式、材质不同,可以有几种不同的分类方法。

按照摩擦表面的润滑状况可将摩擦分为干摩擦、边界摩擦(边界润滑)、流体摩擦(流体润滑)和混合摩擦。

按照摩擦副的运动状态可将摩擦分为静摩擦、动摩擦和冲击摩擦(或滚动)。

按照摩擦副的运动形式,摩擦可以分为滑动摩擦(如轴颈与轴瓦)、滚动摩擦(如滚动轴承)和转动摩擦(如涡轮钻具的橡胶止推轴承)。

按照摩擦副的材料可将摩擦分为金属摩擦和非金属摩擦。

按照摩擦副的工作特性,可将摩擦分为减摩摩擦和增摩摩擦,前者的目的是减少功率损耗,提高机器的效率,而后者则是为了吸收动能以实现特定的工作要求(如刹车、摩擦焊等)。

以上各种分类,只限于发生在相对运动的两物体接触界面上的各种摩擦,这些摩擦统称为外摩擦。由于冲击、拉压、振动和扭曲等,使物体(包括固体、液体和气体)内部各部分物质之间产生相对运动,而引起内能消散的现象称为内摩擦。对于固体,内摩擦表现为一种迟滞或能量损失(如发热);对于流体来说,内摩擦则表现为液体或气体的粘性。

5.1.2　摩擦理论

1. 古典摩擦理论

最早提出摩擦力概念的是达·芬奇,1508 年他首先建立了摩擦力的计算公式 $F = fN$;作为科学定律一直使用至今,并指出摩擦因数 $f = 0.25$。1699 年,阿蒙顿发表了他的实验结果,发现摩擦力约等于法向载荷的 1/3,而与摩擦表面面积无关。阿蒙顿的研究结果被公认为是固体摩擦的两条基本定律。

第一定律:摩擦力与两接触物体之间的名义接触面积无关。

第二定律:摩擦力与两接触物体之间的法向载荷成正比,即

$$F \propto N \quad 或 \quad F = fN$$

比例系数 f 叫做摩擦因数。

库仑(1785 年)肯定了阿蒙顿的结论,并进一步指出,摩擦力与滑动速度无关。后来人们把它称为摩擦第三定律。库仑把摩擦的起因解释为一物体沿另一物体表面微凸体斜面的上升和下滑运动,摩擦力就是克服微凸体相互镶嵌作用所需要的力,并提出了摩擦的简单机械理论。认为静摩擦因数大于动摩擦因数,是因为在静止状态下克服这种互相啮合作用所需要的力更大些。使物体沿斜角为 θ 的微凸体斜面上升的推力即摩擦力 $F = N_f \tan\theta$,N_f 为垂直于斜面的法向力,θ 是微凸体的平均斜角。此时摩擦因数 $f = \tan\theta$,它只是由两表面结构所决定的常数。

通常认为只要降低表面粗糙度,就可以降低摩擦因数,但事实并非如此,超精加工表面的摩擦因数反而随表面粗糙度值的降低而增大。另外,当表面吸附一层厚度不足表面凸峰高度十分之一的极性分子后,却能极大地减小摩擦力,这是简单机械啮合理论所不能解释的。

托姆林森(Tomlison,1929 年)和哈迪(Hardy,1936 年)先后提出了摩擦的分子理论,认为摩擦是由于接触表面的分子彼此进入对方的原子力场范围内,由分子之间运动键的作用而引起的,指出摩擦表面摩擦力的大小等于它们之间的分子引力,并用使一对相互作用分子分离所需能量的大小来表示摩擦因数。

但是,众所周知,表面分子吸引力的大小随分子间距的缩小而增大,通常分子吸引力与距离的 7 次方成正比,表面分子作用力产生的滑动阻力与接触面积有关,而与外载无关,即表面越粗糙,实际接触面积越小,摩擦力也应越小。显然,简单的分子理论也不能从本质上解释摩擦现象的机理。

运用古典摩擦理论,可以解决一些工程实际问题。但是,古典摩擦理论在解释摩擦面上的各种现象时有很大的局限性和不确定性,大量的试验研究已经证明了这一点。

摩擦因数的大小不是物体本身固有的,只有当一物体和其它物体相摩擦时才表现出来,而且随其它物体的不同而不同,也决非常量。摩擦因数的大小取决于相互作用表面的粗糙度、表面润滑特性、表面温度状态和表面相对滑动速度以及实际接触面积等因素。

研究表明,硬质钢在空气中的摩擦因数为 0.6,而在真空中可达 2.0;石墨的摩擦因数在空气中为 0.1,在真空中则为 0.5。摩擦因数和名义接触面积无关,但是在实际接触状态下,摩擦因数却随着实际接触面积的增大而增大;在低速情况下,摩擦因数与相对滑动速度无关,但在高速情况下,摩擦因数随速度的增加而越过一个最大值。由于摩擦热的影响,摩擦表面材质的结构、机械力学性能及表面状态发生变化而使摩擦因数发生很大的变化。在低温条件下,摩擦因数基本上为一常数,但在高温时,润滑状态下的金属摩擦副,由于表面膜的失效,使摩擦因数急剧增大而导致摩擦副失效或咬死;金属与高分子聚合物组成的制动摩擦副,由于高分子材料在高温下的热分解而出现摩擦因数下降。上述现象足以证明,影响摩擦因数的因素是多种多样的。

由于摩擦因数受诸多因素的影响,至今还没有一个适应于所有场合的综合计算公式。但是,出于设计的目的,摩擦因数的大小只能通过实际试验或使用经验公式而获得。

2. 粘着摩擦理论

鲍登(Bowden,1945年)和泰伯(Tabor)等经过系统的实验研究,建立了较完整的粘着摩擦理论,对于摩擦磨损研究具有重要的意义。

1)基本要点

鲍登粘着理论的基本要点如下。

(1)摩擦表面处于塑性接触状态。由于实际接触面积只占名义接触面积的很小部分,在载荷作用下,接触峰点处的应力达到材料的压缩屈服极限而产生塑性变形。此后,接触点的应力不再改变,只能依靠扩大接触面积来承受增加的载荷。摩擦表面的接触情况如图5-2所示。

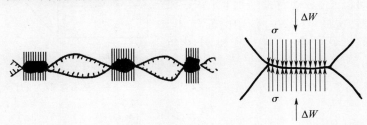

图5-2　表面接触示意图

由于接触点的应力很大,对于弹塑性材料来说,实际接触面积 A_r 和载荷 W 的关系可以用下式表示:

$$A_r = W/\sigma_s \qquad (5-1)$$

(2)滑动摩擦是粘着与滑动交替发生的跃动过程。由于接触点的金属处于塑性流动状态,在摩擦过程中接触点可能产生瞬时高温,使两金属发生粘着,粘着结点具有很强的粘着力。随后在外力作用下,粘着结点被剪切而产生滑动。这样,滑动摩擦就是粘着结点的形成和剪切交替发生的过程。

图5-3所示为软钢在钢上(无润滑)滑动的典型记录(Bowden 和 Leden,1939),图中摩擦因数的变化说明滑动摩擦的跃动过程。AB 线段表明,上滑块以与下表面相同的速度在几秒钟的时间间隔内"粘着"在一起的,最大摩擦因数值

实质上就是静摩擦因数。在 B 点发生了上端面的迅速"滑脱",而当这个力降到 C 点时,又"粘着"在一起。实验还表明:当滑动速度增加时,粘着时间和摩擦因数的变化幅度都将减小,因而摩擦因数值和滑动过程都趋于平稳。

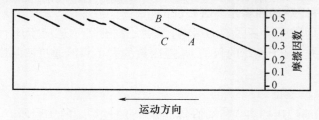

图 5 - 3   摩擦因数变化

（3）摩擦力是粘着效应和犁沟效应产生的阻力之和。图 5 - 4 所示是粘着摩擦力的计算模型。硬表面的粗糙峰在法向载荷作用下嵌入到软表面中,并假设粗糙峰的形状为半圆柱体。这样,接触面积包括两个部分:一部分为端面,它是发生粘着效应的面积 A_r,滑动时发生剪切;另一部分为圆柱面,这是犁沟效应作用的面积 A_l,滑动时硬峰推挤软材料,所以摩擦力 F 的组成为

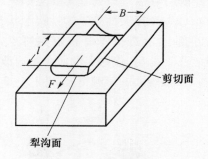

图 5 - 4   粘着摩擦力的计算模型

$$F = T + P_l = A_r \tau_b + A_l p_l$$

$$(5 - 2)$$

式中:T 为剪切力;P_l 为犁沟力;A_r 为粘着面积即实际接触面积;τ_b 为粘着结点的剪切强度;A_l 为犁沟面积;p_l 为单位面积的犁沟力。

实验证明:τ_b 的数值与滑动速度和润滑状态有关,并且十分接近摩擦副中软材料的剪切强度极限,这表明粘着结点的剪切通常发生在软材料内部,并造成磨损中的材料迁移现象。p_l 的数值取决于软材料性质而与润滑状态无关,通常与软材料的屈服极限成正比;而硬峰嵌入深度又随软材料的屈服极限的增大而减小。对于球体嵌入平面,可推得犁沟力 p_l 与软材料屈服极限的平方根成反比,即软材料越硬,犁沟力越小。

对于金属摩擦副,P_l 的数值远小于剪切力 T 的值,粘着理论认为粘着效应是产生摩擦力的主要原因。如果忽略犁沟效应,则式（5 - 2）变为

$$F = A_r \tau_b = (W/\sigma_s) \times \tau_b \qquad (5 - 3)$$

以上是简单的粘着理论,根据式（5 - 3）得出的摩擦因数与实测结果不符

128

合,例如大多数金属材料的剪切强度与屈服极限的关系为 $\tau_b = 0.2\sigma_2$,于是计算的摩擦因数 $f = 0.2$。事实上许多金属摩擦副在空气中的摩擦因数可达 0.5,在真空中则更高。为此,鲍登又提出了修正理论。

2)修正粘着理论

在简单粘着理论中,分析实际接触面积时只考虑受压屈服极限,而计算摩擦力时又只考虑剪切强度极限,这对静摩擦状态是合理的。但在滑动摩擦状态下,由于存在切向力,实际接触面积和接触点的变形条件就是法向载荷产生的压应力 τ 和切向力产生的剪应力 σ 联合作用的结果。

因为接触点处的应力状态复杂,不易求得三维解,于是根据强度理论的一般规律,假设当量应力的形式为

$$\sigma^2 + \alpha\tau^2 = k^2 \qquad\qquad (5-4)$$

式中:α 为待定系数,$\alpha > 1$;k 为当量应力。

α 和 k 的数值可以根据极端情况来确定。

一种极端情况是 $\tau = 0$ 时,接触点只有法向应力 σ_s,即 $\sigma_s^2 = k^2$,由此,式(5-4)可写成

$$\sigma^2 + \alpha\tau^2 = \sigma_s^2 \qquad\qquad (5-5)$$

即

$$(W/A_r)^2 + \alpha (F/A_r)^2 = \sigma_s^2$$

则得到

$$A_r^2 = (W/\sigma_s)^2 + a (F/\sigma_s)^2 \qquad\qquad (5-6)$$

另一种极端情况是使切向力 F 不断增大,由式(5-6)可知实际接触面积 A_r 也相应增加,结点继续增长,直到 W/A_r 小于 F/A_r 为止,相对于 F/A_r 而言,W/A_r 的数值非常小,则由式(5-5)得

$$\alpha\tau_b^2 = \sigma_s^2, \alpha \approx \sigma_s^2/\tau_b^2 \qquad\qquad (5-7)$$

大多数金属材料满足 $\tau_b = 0.2\sigma_s$,可求得 $\alpha = 25$,鲍登取 $\alpha = 9$。

由式(5-6)知,W/σ_s 表示法向载荷 W 在静摩擦状态下的接触面积,而 $\alpha (F/\sigma_s)^2$ 反映切向力即摩擦力 F 引起的接触面积增加。由修正粘着理论讨论可知,结点可能大幅度地增长,从而产生很高的摩擦因数。

如前所述,在空气中金属表面自然生成的氧化膜或其他污染膜使摩擦因数显著降低。有时为了降低摩擦因数,常在硬金属表面上覆盖一层薄的软材料表面膜。其减摩原因可以应用修正粘着理加以解释。

具有软材料表面膜的摩擦副滑动时,表面膜粘着点的剪切发生在膜内,其剪切强度较低。同时,由于表面膜很薄,实际接触面积由硬基体材料的受压屈服极

限来决定,实际接触面积又不大,所以薄而软的表面膜可以降低摩擦因数。

设表面膜的剪切强度极限为 τ_f,且 $\tau_f = c\tau_b$,系数 c 小于 1,τ_b 是基体材料的剪切强度极限。由式(5-4)得摩擦副开始滑动的条件为

$$\sigma^2 + \alpha\tau_f^2 = \sigma_s^2 \qquad\qquad (5-8)$$

再根据式(5-7)求得

$$\sigma_s^2 \approx \alpha\tau_b^2 = \alpha\tau_f^2/c^2$$

代入式(5-8),进而求得

$$f = \tau_f/\sigma_s \approx \frac{c}{[\alpha(1-c^2)]^{1/2}} \qquad\qquad (5-9)$$

图 5-5 给出了式(5-9)的关系曲线。当 c 趋近于 1 时,f 趋近于 ∞,即界面无表面膜时,纯净金属表面在真空中产生极高的摩擦因数。而当 c 从 1 减小时,f 的值迅速下降,这表明软材料表面膜的减摩作用。当 c 值很小,趋近于 0 时,式(5-9)变为 $f = \tau_f/\sigma_s$,具有表面膜的金属表面的摩擦因数等于膜的剪切强度除以软金属材料的压缩极限。

经过修正的粘着理论更切合实际,可以解释简单粘着理论所不能解释的现象。

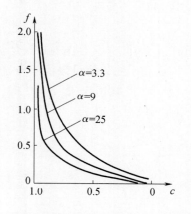

图 5-5 f 与 c 的关系曲线

3)犁沟效应

犁沟效应是硬金属的粗糙峰嵌入软金属后,在滑动中推挤软金属,使之产生塑性流动并犁出一条沟槽。犁沟效应产生的阻力是鲍登粘着摩擦力的组成部分,在磨粒磨损中,它是摩擦力的主要分量。

如图 5-6 所示,假设硬金属表面的粗糙峰由许多半角为 θ 的圆锥体组成,在法向载荷作用下,硬峰嵌入软金属的深度为 h。滑动摩擦时,只有圆锥体的前沿端面与软金属接触,接触表面在水平面上的投影面积 $A = \pi d^2/8$,在垂直面上的投影面积为 $A_0 = d \cdot h/2$。

如果软金属的塑性屈服性能各向同性,屈服极限为 σ_s,于是法向载荷 W、犁沟力 P_l 分别为

$$W = A\sigma_s = \frac{1}{8}\pi d^2\sigma_s$$

$$P_l = A_0\sigma_s = \frac{1}{2}dh\sigma_s$$

由犁沟效应产生的摩擦因数由下式表示

130

$$f = \frac{P_l}{W} = \frac{\frac{1}{2}hd\sigma_s}{\frac{1}{8}\pi d^2 \sigma_s} = \frac{4h}{\pi d} = \frac{2}{\pi}\cot\theta \qquad (5-10)$$

如果同时考虑粘着效应和犁沟效应,单个粗糙峰滑动时的摩擦力包括剪切力和犁沟力,即

$$F = A\tau_b + A_0\sigma_s \qquad (5-11)$$

则摩擦因数由下式表示为

$$f = \frac{F}{W} = \frac{A\tau_b + A_0\sigma_s}{A\sigma_s} = \frac{\tau_b}{\sigma_s} + \frac{2}{\pi}\cot\theta \qquad (5-12)$$

对于大多数切削加工的表面,粗糙峰的 θ 角较大,式(5-12)右端第二项甚小,所以通常忽略犁沟效应,则式(5-12)变成式(5-13);然而当粗糙峰的 θ 角较小时,犁沟项将成为不可忽视的因素。

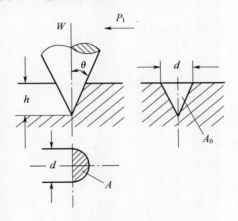

图 5-6　效应示意图

粘着理论是固体摩擦理论的重大发展,它首先指出了实际接触面积只占名义接触面积的极小部分,揭示了接触点的塑性流动和瞬时高温对于形成粘着结点的作用;同时它还相当完善地解释了许多滑动摩擦现象,如表面膜的减摩作用、滑动摩擦中的跃动现象以及胶合磨损机理等。

然而,与其他摩擦理论一样,粘着理论过分简化了摩擦中的复杂现象,例如实际的摩擦接触表面处于弹塑性变形状态,因而摩擦因数随法向载荷而变化。又如接触点的瞬时高温并不是滑动摩擦的必然现象,也不是形成粘着结点的必要条件。虽然接触点达到塑性变形时形成粘着,然而对于极软或极光滑的表面,在不大的法向载荷作用下也发生粘着现象。此外,在上述分析中认为犁沟阻力

P_l 与剪切阻力 T 无关,事实上两者都是反映金属流动能力的指标。而式(5-3)中材料的 τ_b 和 σ_s 都与表面层的应力状态和接触几何特性有关,因此都不是固定的数值。

3. 摩擦的分子——机械理论

1) 基本要点

1) 分子作用分量。摩擦表面上的摩擦过程是一个复杂过程,由于摩擦体相互接近的程度不同,在表面上既存在机械镶嵌作用,又有分子的引力作用,如图 5-7 所示。

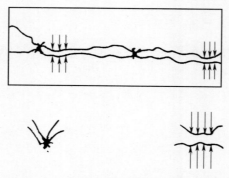

图 5-7　接触面上的分子和机械作用模型

外摩擦时,除表面变形外,在相距很近(10^{-7}cm)的接触区内,还表现出明显的分子间相互作用,由这种相互作用力而引起的相对滑动阻力称为摩擦力的分子分量。它与粘着力不同,粘着表示吸引和附着,而分子之间的相互作用力包括斥力和吸力,接触区内的材料变形一直进行到原子(分子)间的斥力等于原子(分子)间的吸力为止。这时,实际接触面积就等于为实现这一平衡的各个单元面积之和。

(2) 机械作用分量。两表面接触仅仅发生在少数微凸体上,实际接触面积只占名义接触面的很小一部分。由于接触的不连续性,在很大的单位压力作用下,会同时出现表面微凸体相互压入和啮合,以及接触区域表面的分子(原子)力。当两表面相对滑动时,则受到接触点上因机械啮合和分子(原子)力所产生的切向阻力(摩擦力)的联合作用,即

$$F = F_j + F_f \tag{5-13}$$

式中:F 为总摩擦力;F_f 为摩擦力的分子分量;F_j 为摩擦力的机械分量。

因而,在载荷作用下接触表面的相互作用形式有两种:机械作用(取决于变形)和分子作用(取决于原子相互作用)。分子相互作用的过程局限于第三体

132

（中间体），即发生在表面膜和设计的固体表面层$100\mu m$左右的深度内。而机械相互作用的过程发生在固体表层厚度约$10\mu m$处。

机械作用与分子作用的比例与表面粗糙度、材料种类、载荷大小有关。表面粗糙度低时，分子作用比例大；而表面粗糙度高时，机械作用大。对于金属，分子作用比例大；对于橡胶等，分子作用比例小。

（3）分子作用分量与机械作用分量形成的破坏。克拉盖尔斯基特别对接触表面相互作用进行了深入的研究，分析了在切向移动时接触点因机械作用或分子作用而被破坏的5种式，如图5-8所示，前3种形式主要是机械作用所致，后两种式则是分子作用的影响。

$$ \text{I} \qquad \text{II} \qquad \text{III} \qquad \text{IV} \qquad \text{V} $$

图5-8　摩擦连接破坏的5种形式

第一种摩擦连接点破坏型式（图5-8，I）表示有切向移动时，表面微凸体压入深度较大（$h/R > 0.1$，h 为压入深度；R 为压入不平度的圆弧半径），使材料剪切或擦伤。若表面微凸体压入深度较小时（$h/R < 0.1$），则形成材料的塑性挤压与弹性回复（即图5-8，II）；若表面微凸体压入深度更小时（$h/R < 0.01$），则形成材料的接触弹性挤压（图5-8，III）。

同样，在有切向移动时，如果分子相互作用形成比基体金属强度低的连接，则产生一般的粘着膜破坏（图5-8，IV）。如果分子相互作用形成比基体金属强度更高的连接，则形成粘着。当晶格的平衡由于变形遭到破坏时，就很容易与另一固体的晶格相互作用，形成粘着连接。当固体切向移动的力大于粘着连接的强度时，粘着连接被剪切或撕裂（图5-8，V），基体材料被破坏。

2）摩擦力的二项式公式

根据前面的分析，摩擦力是接触面积上的分子和机械作用所产生的阻力之和，即

$$ F = F_f + F_j = \tau_f A_f + \tau_j A_j \qquad (5-14) $$

式中：τ_f 为单位面积分子作用力；A_f 为分子作用的实际接触面积；τ_j 为单位面积的机械作用力；A_j 为机械作用的实际接触面积。

总的实际接触面积为

$$ A_r = A_f + A_j $$

当分子作用面积与机械作用面积之间的比率恒定时，有 $A_f = nA_j$，再考虑到

133

影响作用力的有关因素,则式(5-14)可改写为

$$F = (\alpha + \beta q)A_r \qquad (5-15)$$

式中:α 为与表面分子特性有关的参数;β 为与表面机械特性有关的参数。

因 $q = W/A_r$,故得出

$$F = \alpha A_r + \beta W \qquad (5-16)$$

$$f = \alpha A_r/W + \beta \qquad (5-17)$$

式(5-16)、式(5-17)就是表示摩擦力的二项式公式,即摩擦总定律,它既考虑了机械作用,也考虑了分子作用的影响。

通过实际接触面积表示摩擦力很不方便,可通过其他参数来表示实际接触面积。根据实验研究,实际接触面积的大小与载荷、材料的机械性质、表面粗糙度、物体的大小有关。

对于塑性材料,其实际接触面积为

$$A_r = W/\sigma_s \qquad (5-18)$$

式中:σ_s 为材料的塑性屈服压力。

对于弹性体,A_r 的大小不仅与材料机械性质有关,而且与物体表面的几何形貌有关。例如对于球面与平面接触,按高斯公式为

$$A_r = c_1 r^{2/3} \cdot W^{2/3} \qquad (5-19)$$

对于圆柱体与平面接触,按高斯公式为

$$A_r = c_2 r^{1/2} \cdot W^{1/2} \qquad (5-20)$$

对于两个平面接触可得出下面近似公式

$$A_r = \left(\frac{A_{js} r W^2}{c_3 E^2 R_{ck}}\right)^{1/3} \qquad (5-21)$$

式中:A_{js} 为计算接触面积,一般为名义接触面积;r 为粗糙度凸峰的半径;W 为法向载荷;E 为材料的弹性模量;R_{ck} 为粗糙度均方差;c_1,c_2,c_3 为常数。

代入实际接触面积公式,具体如下。

(1)塑性接触时

$$F = \alpha A_r + \beta W = \alpha W/\sigma + \beta W = (\alpha/\sigma + \beta)W = fW$$

$$(5-22)$$

即 $f = F/W$,此式即为阿蒙顿定律。

(2)弹性接触时

$$F = \beta W + \alpha A_r = \beta W + \alpha \left(\frac{A_{js} \cdot r \cdot W^2}{c_3 E^2 R_{ck}}\right)^{1/3} \qquad (5-23)$$

134

$$f = F/W = \beta + \alpha \left(\frac{A_{js} \cdot r}{c_3 E^2 R_{ck} W} \right)^{1/3} \qquad (5-24)$$

在弹性接触时,摩擦因数与材料粗糙度 R_{ck}、法向载荷 W、不平度的几何特性、表面计算面积 A_{js} 有关。其关系如图 5-9 所示。可以看出,表面计算面积增加,摩擦因数增大,增加法向载荷、提高弹性模量、降低粗糙度,都会使摩擦因数减小。

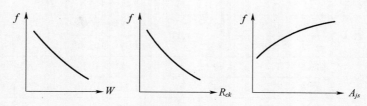

图 5-9　摩擦因数 f 和 W、R_{ck}、A_{js} 的关系

分子—机械摩擦理论考虑的因素较多,与实验结果比较符合。在干摩擦和边界摩擦时,对于金属、聚合物、碳氢化合物等大多数材料都可按二项式摩擦定律进行分析。

5.1.3　影响摩擦因数的因素

摩擦因数是表征材料特性的重要参数,它与材料表面性质、介质或环境等因素有密切关系。所以,在给一种材料的摩擦因数时,必须同时给出得出该数值的条件和所用的测试设备。

1. 表面氧化膜对摩擦因数的影响

具有表面氧化膜的摩擦副,摩擦主要发生在膜层内。由于表面氧化膜的塑性和强度比金属材料差,在摩擦过程中,一般是氧化膜先被破坏,摩擦表面不易发生粘着,从而使摩擦因数降低,磨损减少。表面氧化膜对摩擦因数的影响如表 5-1 所列。

表 5-1　表面氧化膜对摩擦因数的影响

摩擦副材料	摩 擦 因 数 f		
	真空中加热	大气中清洁表面	氧 化 膜
钢—钢	粘　着	0.78	0.27
铜—铜	粘　着	1.21	0.76

在摩擦表面涂覆软金属能有效地降低摩擦因数,其中以镉对摩擦因数的影响最为明显,但镉与基体金属的结合力较弱,容易在摩擦时被擦掉。

纯净金属材料的摩擦副,由于不存在表面氧化膜,摩擦因数较高,如表5-2所列。

表5-2 实验室条件下纯净金属的摩擦因数

平板材料		钢	铜	平板材料		镍	平板材料		锡	铅
载荷 N	凸脚材料	摩擦因数 f		载荷/N	凸脚材料	摩擦系数 f	载荷/N	凸脚材料	摩擦因数 f	
2.20	Pb	1.0	0.50	1.40	Pb	0.68	0.40	Pb	1.00	1.35
21.40		0.78	0.36	11.40		0.39	10.40		1.14	1.34
2.40	Sn	0.66	0.41	1.40	Sn	0.68	0.40	Sn	0.90	0.48
21.40		0.56	0.35	11.40		0.44	10.40		0.83	0.51
2.40	Bi	0.62	0.50	1.40	Bi	0.39	1.40	Bi	0.60	0.60
21.40		0.44	0.34	11.40		0.26	10.40		0.54	1.00
2.40	A1	0.71	0.40	1.40	A1	0.51	1.40	A1	0.91	1.00
21.40		0.45	0.25	11.40		0.26	10.40		0.68	1.00
2.40	Cu	0.37	1.20	1.40	Cu	0.49	1.40	Cu	1.00	1.00
21.40		0.31	1.46	11.40		0.27	10.40		0.84	1.14
2.40	Zn	0.41	0.35	1.40	Zn	—	1.40	Zn	0.91	0.83
21.40		0.30	0.34	11.40		—	10.40		0.69	1.10
2.40	钢	0.53	0.23	1.40	钢	0.50	1.40	钢	0.83	1.38
21.40		0.82	0.17	11.40		0.39	10.40		0.60	0.57

注:表中数值是以三球状凸角沿平板滑动的试验方法得出的

2. 材料性质对摩擦因数的影响

分子或原子结构相同或相近的两种材料互溶性大,反之,分子或原子结构差别大则互溶性小。互溶性较大的材料组成的摩擦副,易发生粘着,摩擦因数高;互溶性较小的材料组成摩擦副,不易发生粘着,摩擦因数比较低。

3. 载荷对摩擦因数的影响

弹性接触时,实际接触面积与载荷有关,摩擦因数将随载荷的增加而越过一极大值。当载荷足够大时,实际接触面积变化很小,从而使摩擦因数趋于稳定。载荷对摩擦因数的影响如图5-10所示。试验是在粘滑试验机上进行的,试验条件为室温、速度为5cm/s。

在弹塑性接触情况下,摩擦因数亦随载荷的增大而增大,越过一极大值后又随载荷的增加而减小,如表5-3所列。

136

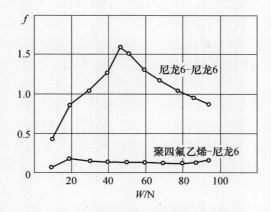

图 5 – 10　尼龙 6 的摩擦因数与载荷的关系

表 5 – 3　酚醛塑料（A – 1）的摩擦因数与载荷的关系

试 验 条 件		不同时间（min）下的摩擦因数 f					
转速/r/min	载荷/N	5	10	15	20	25	30
800	37. 34	0.06	0.06	0.06	0.06	0.04	0.04
800	133. 48	0.11	0.11	0.07	0.07	0.05	0.05
800	222. 46	0.03	0.03	0.02	0.02	0.02	0.02
800	311. 44	0.04	0.04	0.03	0.03	0.02	0.02
注:试验是在室温、水润滑条件下,在环—块式试验机上进行的							

4. 滑动速度对摩擦因数的影响

一般情况下,摩擦因数随滑动速度的增加而升高,但越过一极大值后,又随滑动速度的增加而减少。克拉盖尔斯基对各种材料在 0.004m/s ~ 25m/s 的速度范围、0.810^3Pa ~ 166.6×10^3Pa 压力范围内的摩擦因数进行试验研究后得出结论:①速度增大时摩擦因数通过一个最大值;②压力增大时,该最大值对应于较小的速度值,并得出表示摩擦力与速度的关系式为

$$F = (a + bv)\mathrm{e}^{-cv} + d \qquad (5 - 25)$$

式中:a、b、c、d 为系数,根据这些系数的值得到如图 5 – 11 所示的曲线。

图 5 – 11 中的曲线是在铸铁轧制铅材时,按功率消耗值间接得出来的,轧制时的压缩率为 50%。

滑动速度对摩擦因数的影响主要是引起了温度的变化。滑动速度引起的发热和温度变化改变了摩擦表面层的性质和接触状况,从而使摩擦因数发生变化。对温度不敏感的材料(如石墨),摩擦因数上几乎与滑动速度无关。

5. 温度对摩擦因数的影响

摩擦副相互滑动时，温度的变化使表面材料的性质发生改变，从而影响摩擦因数，摩擦因数随摩擦副工作条件的不同而变化，具体情况需用试验方法测定。

（1）大多数金属摩擦副的摩擦因数均随温度的升高而减小，极少数（如金—金）的摩擦因数随温度的升高而增大。压力加工情况下，摩擦因数随温度的升高越过一极大值，如轧制铜材时，摩擦因数的极大值出现在 600℃～700℃；当温度再升高时，摩擦因数下降，如图 5－12 所示（图 5－12 中的曲线是以钳夹紧法测得的）。

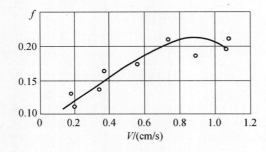

图 5－11　轧制铅材时摩擦因数与滑动速度的关系

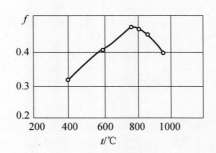

图 5－12　轧制铜材时，摩擦因数随温度变化的规律

（2）使用散热性比较差的材料（如工程塑料）时，当表面温度达到一定值，材料表面（特别是含有机聚合物的热塑性塑料）将被熔化。所以，一般工程塑料都只能在一定的温度范围内使用，否则，摩擦副材料将丧失工作能力。如图 5－13所示，图中曲线的摩擦副材料是尼龙 6 与钢，载荷为 200N，滑动速度为 1cm/s；用电热方法加温，在高温三号试验机上测得。

（3）对于金属与复合材料组成的摩擦副，其摩擦因数在某一温度范围内受温度的影响较小，但是，当温度超过某一极限值时，摩擦因数将随温度的升高而显著下降，通常把这种现象称为材料的热衰退性。对于制动摩擦副，尤其应控制在热衰退的临界温度以下工作，以保证其具有足够的制动能力。

6. 表面粗糙度对摩擦因数的影响

塑性接触时，由于表面粗糙度对实际接触面积的影响不大，可认为摩擦因数不受表面粗糙度影响，保持为一定值。

对于弹性或弹塑性接触的干摩擦，当表面粗糙度达到使表面分子吸引力有效发生作用时（如超精加工表面），机械啮合的摩擦理论就不适用了。表面粗糙度越低,实际接触面积越大,摩擦因数也就愈大,如图 5 - 14 所示,钢和尼龙的粗糙度均用打磨表面所用砂纸的规格来表示。图 5 - 14 中的数据是在高温三号试验机上测得的,滑动速度为 $v = 10 \text{cm/s}$。

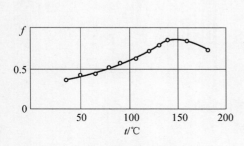

图 5 - 13 尼龙 6 的摩擦因数随温度的变化情况

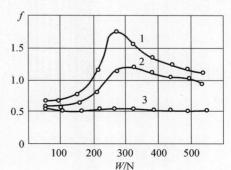

图 5 - 14 钢与尼龙摩擦时,表面粗糙度对摩擦因数的影响
1—尼龙 600/钢 60;2—尼龙 600/钢 40;
3—尼龙 600/钢 60。

5.1.4 固体的摩擦热

当一个物体在另一个物体上滑动时,摩擦力所做的功大部分以热量的形式释放,产生的热量一方面以传导的方式向物体内传递,提高其表面和体内温度;另一方面以辐射的形式向周围介质传递;剩余的摩擦功则消耗在表面层的变形和材料的磨损上。

粗糙固体表面的接触仅发生在微凸体形成的摩擦接点上,当微凸体接触和分离时,就会由摩擦产生热量,形成摩擦热源。两个球形微凸体的接触持续时间只有 $10^{-4}\text{s} \sim 10^{-3}\text{s}$,在此时间间隔内产生的热量要通过微凸体分别向两个物体的表面层和摩擦物体体内传播,然后达到稳定状态。所以,摩擦副中的摩擦元件既是热源又是导热元件。

由于发生摩擦的点随机分布在摩擦表面上,因此摩擦表面上的温度是非均匀分布,在摩擦过程中,热量向摩擦基体内的传播也不取决于表面的辐射,而主要决定于基体的导热性。因此,要精确求解摩擦热传导问题相当困难。本章介绍的计算公式旨在给出摩擦热的一般计算方法。

1. 摩擦温度的基本方程

当两个相互接触的物体相对滑动时,摩擦力 F 在滑动路程 L 上作的功为

$$W_k = FL = fNL \qquad (5 - 26)$$

139

式中 f 为摩擦因数;N 为正压力。

假定摩擦功在摩擦面上全部转变成热,由傅里叶定律建立摩擦物体内的温度方程为

$$\alpha_i \Delta \theta_i = \frac{\partial \theta}{\partial \tau} \qquad (5-27)$$

式中:α_i 为第 i 个物体的导温系数$(i=1,2)$;Δ 为拉普拉斯算子,$\Delta = \frac{\partial^2}{\partial x^2} + \frac{\partial^2}{\partial y^2} + \frac{\partial^2}{\partial z^2}$。

图 5 – 15 所示的为发热模型的边界条件示意图。

(1) 摩擦面上,进入两个物体的热流密度为 $q(x,y,z)$

$$\lambda_1 \frac{\partial \theta_1}{\partial_n} - \lambda_2 \frac{\partial \theta_2}{\partial n} = q(x,y,z)$$

(2) 摩擦面上的接点具有相同的温度,即

$$\theta_1(x,y,o,\tau) = \theta_2(x,y,o,\tau)$$

(3) 和周围介质相接触的自由表面上满足牛顿冷却定律,即

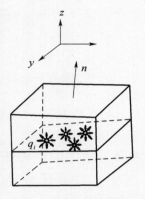

图 5 – 15　发热模型的边界条件示意图

$$- \lambda \frac{\partial \theta_1}{\partial n} = \sigma'_1 (\theta_1 - \theta_0)$$

$$- \lambda \frac{\partial \theta_2}{\partial n} = \sigma'_2 (\theta_2 - \theta_0)$$

初始时刻 $\tau = 0$ 时,有

$$\theta_1 = \theta_2 = \theta_0$$

式中:θ_0 为摩擦开始时介质的温度。

2. 摩擦表面温度的计算公式

谢德罗夫在考虑了名义接触面上各微凸体所形成的分散热源之间的相互影响后,求解微分方程得到摩擦温度的计算公式为

$$\theta_i = \frac{\alpha_i Q}{\rho_i C_i (2\sqrt{\pi a_i \tau})^3} e^{-\frac{r^2}{4\alpha_i \tau}} \qquad (5-28)$$

140

式中:$r^2 = (x - x_0)^2 + (y - y_0)^2 + (z - z_0)^2$ 当 $z = z_0$ 时,即为摩擦面上的平均温度。

3. 闪点温度

接触热点上的摩擦温度高达 1000℃ 以上,从而使微凸体处于熔化状态,形成可见热斑。实际接触微凸体上的这种瞬时高温叫做闪点温度。闪点温度会导致微凸体上吸附膜的破裂而使材料直接接触引起摩擦接触点的焊合,对摩擦磨损性能有十分重要的影响。通常把摩擦表面的最大温度 θ_{max} 用表面平均温度 θ_m 与闪点温度 θ_f 之和来表示,即

$$\theta_{max} = \theta_m + \theta_f$$

阿查德(J. F. Archard)利用如图 5-16 所示的模型,研究了两个物体摩擦发热的问题。物体 B 的突起与平面 C 形成面积为 A 的圆形压痕($A = \pi a^2$)。物体 B 以速度 v 在物体 C 上滑动,物体 B 的突起从静止热源中吸热,而物体 C 从移动热源中吸热。

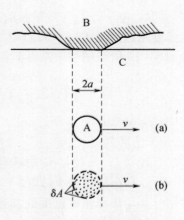

图 5-16 接触模型

(a) 单个结点;

(b) 单个结点上的微小凸起。

在这种情况下,移动热源的概念必然同时适用于两个物体作用。假定每秒钟流入物体 B 的热量为 Q_b,流入物体 C 的热量为 Q_c。λ_b 和 λ_c 为物体 B 和 C 的导热系数,c_b、ρ_b 和 c_c、ρ_c 分别为物体 B 和 C 的热容量、密度,用 $\alpha = \lambda/\rho c$ 表示导温系数。θ_m 为接触面积 A 上的平均温度,而在远离接触面处的温度取为零。

1)静止热源的平均温度

对于物体 B 来说,热量加到一个固定不变的面积上,并且总是处于一个稳定的静止状态。类似于电学问题,可以将这个热流看成是热量流过一个热阻,因此有

$$\theta_m = \frac{Q_b}{4a\alpha_b} \tag{5-29}$$

2)低速移动热源的平均温度

由于移动速度 v 低,有足够的时间使接触物体 C 中的温度达到稳定状态。因此表面 C 的接触面上的平均温度为

$$\theta_m = \frac{Q_c}{4b\alpha_c} \tag{5-30}$$

3）高速移动热源的温度

由于滑动速度 v 很高，其接触时间很短，不可能在接触点处达到温度平衡，这期间热量向物体 C 体内传递的深度要远远小于与其接触面积的尺寸，因此，不计热量向四周的传递可作为一维线性问题处理。在这种情况下，如果热量以常热流加到半无限体的平面上，那么，C 表面上一点的温升为

$$\theta = \frac{2q\tau^{1/2}}{(\pi\lambda_c\rho_c c_c)^{1/2}} \qquad (5-31a)$$

式中：τ 为传热时间（s）；q 为单位面积上通过的热量，$q = \dfrac{Q_c}{\pi a^2}$。

同时，把 τ 作为有效接触时间，式（5-31a）可用来计算快速移动热源的闪点温度问题。由式（5-31a）可知，表面温度和 $\tau^{1/2}$ 成正比；利用式（5-31a），在如图 5-16 所示的整个圆形面积 A 上取平均温度 θ_m，得到

$$\theta_m = \frac{Q_c}{3.25\lambda_c}\left(\frac{1}{2L}\right)^{1/2} = \frac{0.32Q_c}{\lambda_c a}\left(\frac{\alpha}{va}\right)^{1/2} \qquad (5-31b)$$

式中：$L = va/2\alpha$。

4）速度判据

高速状态下，物体 C 中达到静止接触状态的温度分布所需要的时间不充分。所以在高速状态下，式（5-30）不适用。杰科（Jaeker）引进无量纲参数 L 作为划分移动热源速度范围的参数。式（5-30）适用于 $L = vb/2\alpha < 0.1$ 的情况；式（5-31b）适用于 $L > 5$ 的情况。

经过时间 τ 秒后，热流在 C 表面下的冲击深度为 z，有 $\tau = \dfrac{z^2}{2\alpha}$，当 $z = b$ 时，$\tau = \tau_1$，有 $\tau_1 = \dfrac{b^2}{2\alpha}$。接触点以速度 v 做相对运动，移动距离 b 所需的时间为 τ_2、$\tau_2 = b/v$，于是得到

$$L = \frac{\tau_1}{\tau_2} = \frac{bv}{2\alpha} \qquad (5-32)$$

若 L 很大，表明热流传递的深度达到 b（等于接触面的半径）时，所需的时间要比热源作用的时间长得多。

式（5-32）表明，表面平均温度 θ_m 是无量纲参数 L 的函数。

对于静止热源或低速移动热源（$L < 0.1$）来说

$$\theta_m = 0.5CL \qquad (5-33)$$

其中 $C = \dfrac{\pi q}{\rho c v}$ 是单位面积通过的热量，$q = \dfrac{Q_c}{\pi a^2}$。

对于中等偏低的速度$(0.1 < L < 5)$,有

$$\theta_m = 0.5CL\beta \tag{5-34}$$

当 $L = 0.1$ 时,$\beta = 0.85$;$L = 5$ 时,$\beta = 0.35$。

对于更高的速度$(L > 50)$来说

$$\theta_m = 0.43CL^{1/2} \tag{5-35}$$

4. 接触半径及发热量的计算

1) 接触半径

在塑性变形状态下(图 5 - 16(b)),接触半径 a 可由下式求得

$$a = \left(\frac{W}{\pi\sigma_s}\right)^{\frac{1}{2}} \tag{5-36}$$

在弹性变形条件下,a 由下式求得

$$a = 1.1\left(\frac{WR}{E}\right)^{\frac{1}{2}} \tag{5-37}$$

式中:σ_s 为材料的屈服极限或硬度;E 为材料的弹性模量;R 为物体 B 上微凸体顶端的半径。

2) 总发热量

$$Q = fWv \tag{5-38}$$

式中:f 为摩擦因数。

当一个很大的载荷 W 作用于很小的面积上时,即所加总载荷完全由塑性变形的那些微小面积所承担时(图 5 - 16),将会发生闪燃,此时:

$$C = \frac{fg}{J} \cdot \frac{\sigma_s}{\rho c}$$

$$L = \frac{W^{\frac{1}{2}}W_v}{2a\,(\pi\sigma_s)^{1/2}}$$

将上面两式代入式(5 - 31a)及(5 - 31b),即可求得结点上的闪点温度和平均温度 θ_m。

摩擦表面上产生剧烈的局部加热,在许多表面现象上都有重要应用,如金属的打磨和焊接,塑料及其他材料的焊接等。因此,深入详细地研究摩擦发热问题具有非常重要的实际意义。

5.2　磨损失效基本形式

相互接触并做相对运动的物体由于机械、物理和化学作用,造成物体表面材

料的位移及分离,使表面形状、尺寸、组织及性能发生变化的过程称为磨损。

由于磨损是一个复杂过程,每一起磨损都可能存在性质不同、互不相关的机理,涉及到的接触表面、环境介质、相对运动特性、载荷特性等也不同,从而造成分类上的交叉现象,至今没有形成统一的分类方法。目前较通用的是按磨损机理来划分,即将磨损分为磨料磨损、粘着磨损、冲蚀磨损、微动磨损、腐蚀磨损和疲劳磨损。

5.2.1 磨料失效

1. 磨料磨损的定义和分类

磨料磨损是指硬的磨(颗)粒或凸出物在与摩擦表面相互接触运动过程中,使材料表面损耗的现象。硬颗粒或凸出物一般为非金属材料,如石英砂、矿石等,也可能是金属(如落入齿轮间的金属屑等)。磨粒或凸出物可以从微米级尺寸的粒子直至矿石,甚至更大的物体。

按力的作用特点,可将磨料磨损分为划伤式磨损、碾碎式磨损和凿削式磨损

划伤式磨损属于低应力磨损。低应力是指磨料与构件表面之间的作用力小于磨料本身的压溃强度。划伤式磨损只在材料表面产生微小的划痕(擦伤),既不使磨料破碎,又能使材料不断流失,宏观看构件表面仍比较光亮,高倍放大镜下观察可见微细的磨沟或微坑一类的损伤。典型构件如农机具的磨损,洗煤设备的磨损,运输过程的溜槽、料仓、漏斗、料车的磨损,等等。

碾碎式磨损是高应力磨损。当磨料与构件表面之间的接触压应力大于磨料的压溃强度时,磨粒被压碎,一般金属材料表面被拉伤,韧性材料产生塑性变形或疲劳,脆性材料则发生碎裂或剥落。该类磨损的磨粒在压碎之前,几乎没有滚动和切削,对被磨表面的主要作用是由接触处的集中压应力造成的。对塑性材料而言就像打硬度一样,磨料使材料表面发生塑性变形,许许多多"压头"作用于材料表面,使之发生不定向流动,最后由于疲劳而破坏。对于脆硬材料,几乎不发生塑性流动,磨损主要是脆性破裂。典型构件是球磨机的磨球与衬板及滚式破碎机中的辊轮等。碾碎式磨损示意图如图 5-17 所示。

凿削式磨损的产生主要是由于磨料中包含大块磨粒,且具有尖锐棱角,对构件表面进行冲击式的高应力作用,使构件表面撕裂出很大的颗粒或碎块,或表面形成较深的犁沟或深坑。这种磨损常在运输或破碎大块磨料时发生。典型实例如颚式破碎机的齿板、辊辊等。凿削式磨损示意图如图 5-18 所示。

按金属与磨料的相对硬度,可将磨料磨损分为硬磨料磨损和软磨料磨损。如果金属的硬度 H_m 与磨料的硬度 H_a 之比小于 0.8,属硬磨料磨损;如果比值大于 0.8,则属软磨料磨损。

144

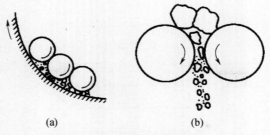

图 5 - 17 碾碎式磨损示意图

(a) 球磨和棒磨；(b) 辊式破碎。

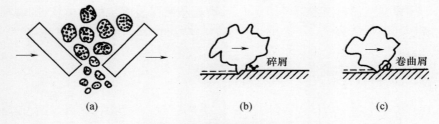

图 5 - 18 凿削式磨损示意图

　　按磨损表面数量,可将磨料磨损分为三体磨损和二体磨损。当硬颗粒在两摩擦表面之间移动时,称为三体磨损,如矿石在破碎机定、动齿板之间的磨损;当硬颗粒料沿固体表面相对运动,作用于被磨构件表面时称为二体磨损。

　　按相对运动,可将磨料磨损分为固定磨料磨损和自由磨料磨损。砂纸、砂布、砂轮、锉刀及含有硬质点的轴承合金与材料对磨时发生的磨损,均属于固定磨料磨损;砂子、灰尘等散装硬质材料与金属对磨时的磨损则属于自由磨料磨损。

　　2. 磨料磨损的简化模型和机理

　　1) 磨料磨损的简化模型

　　一般采用拉宾诺维奇(Rabinowicz)提出的简化模型导出磨损量的定量计算公式,如图 5 - 19 所示,模型的假设条件为:磨粒是形状相同的圆锥体;被磨构件为不产生任何变形的刚体;磨损过程为滑动过程。磨粒在载荷的作用下,压入被磨损表面,则压入试样表面的投影面积 A 为

$$A = \pi r^2 \tag{5 - 39}$$

　　磨粒是承受载荷后克服试样的受压屈服强度 σ_s 才压入试样的,所以每个磨粒承受的载荷 F 为

$$F = \sigma_s A = \pi \sigma_s r^2 \tag{5 - 40}$$

145

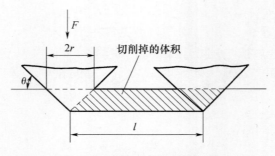

图 5 - 19　磨料磨损的简化模型

当磨粒在试样表面滑动了距离 l 后,磨粒从试样表面犁削的体积,即磨损体积 V 为

$$V = Hrl = rr\tan\theta l = r^2 l\tan\theta \qquad (5-41)$$

将式(5 - 40)代入式(5 - 41),可得

$$V = \frac{Fl\tan\theta}{\pi\sigma_s} \qquad (5-42)$$

由于受压屈服极限 σ_s 与金属材料的硬度 H 成比例,可以用一个系数表示这个比例,如果使这个系数同时也包括常数 π 和磨粒几何因数 $\tan\theta$,这样式(5 - 42)又可表示为

$$V = K\frac{Fl}{H} \qquad (5-43)$$

式中:K 为磨料磨损系数,是磨料的几何因数($\tan\theta$)和比例常数的乘积。

可见磨粒磨损量与法向力和摩擦距离成正比,与材料硬度成反比,磨损量还与磨粒的形状有关。

2)磨料磨损机理

磨料磨损的机理迄今未完全清楚,有一些争论,主要理论如下。

(1)微观切削磨损机理。磨粒在材料表面的作用力可以分解为法向和切向分力。法向分力使磨粒刺入材料,切向分力使磨粒沿平行于表面的方向滑动。如果磨粒棱角尖锐,角度合适,就可以对表面切削,形成切削屑,表面则留下犁沟。这种切削的宽度和深度都很小,切屑也很小,但在显微镜下观察,切屑仍具有机床切屑的特点,所以称为微观切削。

并非所有的磨粒都可以产生切削。有的磨粒无锐利的棱角;有的磨粒棱角的棱边不是对着构件表面运动方向;有的磨粒和被磨表面之间的夹角太小;有的材料表面塑性很高。所以微观切削类型的磨损虽然经常可见,但切削的分量

146

不多。

（2）多次塑变磨损机理。如果磨粒的棱角不适合切削，只能在被磨金属表面滑行，就会将金属推向磨粒运动的前方或两侧，产生堆积，这些堆积物没有脱离母体，但使表面产生很大塑性变形。这种不产生切削的犁沟称犁皱。在受随后的磨粒作用时，有可能把堆积物重新压平，也可能使已变形的沟底材料遭受再次犁皱变形，如此反复塑变，导致产生加工硬化或其他强化作用，最终剥落成为磨屑。当不同硬度的钢遭受磨料磨损后，表面可以观察到反复塑变和辗压后的层状折痕、台阶、压坑及二次裂纹。有时亚表层有硬化现象，磨屑呈块状或片状，这些现象与多次塑变磨损机理相吻合。

（3）疲劳磨损机理。该观点认为，磨料磨损是因为材料表层微观组织受磨料施加的反复应力所致。但有实验表明，疲劳极限与耐磨性之间的关系非常复杂，不是单值函数关系，这说明疲劳在磨料磨损中可能起一定作用，但不是唯一的机理。

（4）微观断裂磨损机理。对于脆性材料，在压痕试验中可以观察到材料表面压痕伴有明显的裂纹，裂纹从压痕的四角出发向材料内部伸展，裂纹平面垂直于表面，呈辐射状态，压痕附近还有另一类横向的无出口裂纹，断裂韧性低的材料裂纹较长。根据这一实验现象，微观断裂磨损机理认为，脆性材料在磨料磨损时会使横向裂纹互相交叉或扩散到表面，造成材料剥落。

各种机理都可以解释部分磨损特征，但均不能解释所有磨料磨损现象，所以磨料磨损过程可能是这几种机理综合作用的反映，而以某一种机理为主。

3. 影响磨料磨损的因素

1）磨料磨损与硬度

根据磨料磨损模型方程式（5-43），若磨损系数为常数，则磨损率与外加载荷成正比，与材料硬度成反比，但在一些试验中发现磨损系数并不是常数，而是与磨粒硬度 H_a 和被磨材料的硬度 H_m 的相对大小有关，一般分为 3 个区。

低磨损区：在 $H_m > 1.25 H_a$ 范围内，磨损系数 $K \propto H_m^{-6}$。

过渡磨损区：在 $0.8 H_a < H_m < 1.25 H_a$ 范围内，磨损系数 $K \propto H_m^{-2.5}$。

高磨损区：在 $H_m < 0.8 H_a$ 范围内，磨损系数 K 基本保持恒定。

由此可见，磨料磨损不仅决定于材料的硬度 H_m，更主要是决定于材料的硬度 H_m 与磨粒硬度 H_a 的比值。当 H_m/H_a 超过一定值后，磨损量会迅速降低。

2）磨粒尺寸与几何形状

磨粒尺寸存在一个临界值，当磨粒的尺寸在临界值以下，体积磨损量随磨粒尺寸的增大而按比例增加；当磨粒的大小超过临界尺寸，磨损体积增加的幅度明显降低。

磨粒的几何形状对磨损率也有较大的影响,特别是磨粒的角度尖锐时更为明显。

5.2.2 粘着磨损

1. 粘着磨损的定义和分类

相对运动物体的真实接触面积上发生固相粘着,使材料从一个表面转移到另一表面的现象,称为粘着磨损,也称为咬合(胶合)磨损或摩擦磨损。

相对运动的接触表面发生粘着以后,如果表面接触处在切应力作用下发生断裂,则只有极微小的磨损。如果粘合强度很高,切应力不能克服粘合力,则视粘合强度、金属本体强度与切应力三者之间的不同关系,会出现不同的破坏现象,据此可以把粘着磨损分为表5-4所列的4种类型。

表5-4 粘着磨损的分类

类型	破坏现象	损坏原因
涂抹	剪切破坏发生在离粘着结合面不远的较软金属层内,软金属涂抹在硬金属表面上	较软金属的剪切强度小于粘着结合强度,也小于外加的切应力
擦伤	软金属表面有细而浅的划痕;剪切发生在较软金属的亚表层内;有时硬金属表面也有划伤	两基体金属的剪切强度都低于粘着结合强度和切应力,转移到硬面上的粘着物资又擦伤软金属表面
撕脱	剪切破坏发生在摩擦副一方或两金属较深处,有较深划痕	与擦伤原因基本相同,粘着结合强度比两基体金属的剪切强度高得多
咬死	摩擦副之间咬死,不能相对运动	粘着结合强度比两基体金属的剪切强度高很多,而且粘着区域大,切应力低于粘着结合强度

2. 常见的粘着磨损及其特征

粘着磨损普遍存在于生产实际中。机床的导轨常常发生表面刮伤;蜗轮与蜗杆,特别是重型机床和齿轮加工机床的分度蜗轮(磷青铜或铸铁材质)4~5年间就有几百微米的磨损;汽车的缸体和缸套—活塞环、曲轴轴颈—轴瓦、凸轮—挺杆等摩擦副都承受粘着磨损;刀具、模具、钢轨、量具的失效都与粘着磨损有密切关系。宇航环境中由于没有氧气,金属表面不易产生氧化膜,相对运动的裸露金属间很容易产生粘着,因此防止高真空环境中的粘着磨损是一个很重要的技术问题。

在实际工况中,许多摩擦副同时承受着多种磨损作用,如氧化磨损与粘着磨损,磨料磨损与粘着磨损,接触疲劳与粘着磨损,或氧化磨损、粘着磨损与磨料磨损等同时发生。

粘着磨损的特征是磨损表面有细的划痕,沿滑动方向可能形成交替的裂口、凹穴。最突出的特征是摩擦副之间有金属转移,表层金相组织和化学成分均有明显变化。磨损产物多为片状或小颗粒。

3. 粘着磨损的机理和模型

已有实验证明,当两块新鲜纯净的金属接触后再分离,可以检测出金属从一个表面转移到另一表面,这是原子间键合作用的结果。在空气中的机械零件之间相对运动,当接触载荷较小时,零件表面的氧化膜可以起到防止纯金属新鲜表面粘着的作用。

宏观上平滑的两个表面接触,在微观上只在高的微凸体上发生接触,实际的接触面积远远小于名义接触面积。如果接触载荷较大,实际接触的微凸体间摩擦温度很高,可以使润滑油烧干,摩擦也可以使氧化膜破裂,显露出新鲜的金属表面。尽管在 10^{-8} s 的时间间隔内,98% 以上的新鲜表面就可以吸附氧而重新生成氧化膜,但在运动副中,微凸体表面氧化膜的破裂和金属的塑性流动几乎同时发生,纯金属间接触的机会总是存在,纯金属间的粘着就不可避免。接触微凸体形成黏结后,在随后的滑动中黏结点被破坏,又有一些接触微凸体发生粘着,如此粘着、破坏、再粘着、再破坏……的循环过程就构成粘着磨损。

粘着磨损常采用阿查德(Archard)提出的模型。如图 5 - 20 所示,该模型假设摩擦副之间每个微凸体接触点是以 r 为半径的圆,每个接触点的面积为 πr^2,每个接触点所承受的载荷为 $\pi r^2 \sigma_s$,σ_s 为屈服强度。当摩擦副发生滑动距离为 $2r$ 的相对运动时,所有接触的微凸体将受到触及,产生半径为 r 的半球体磨屑,其体积为 $\frac{2}{3}\pi r^2$。于是,单位滑动距离的磨损量 $\frac{\Delta V}{\Delta l}$ 为

$$\frac{\Delta V}{\Delta l} = \frac{\sum_{i=1}^{n} \frac{2}{3}\pi r^3}{2r} = \frac{\frac{2}{3}n\pi r^3}{2r} = \frac{1}{3}n\pi r^2 \qquad (5 - 44)$$

式中:n 为接触点数。每个接触点所受的载荷为 $f = \pi r^2 \sigma_s$,则总的载荷为

$$F = nf = n\pi r^2 \sigma_s \qquad (5 - 45)$$

即

$$\frac{\Delta V}{\Delta l} = \frac{F}{3\sigma_s} \qquad (5 - 46)$$

滑动距离为 l 时的磨损量为

$$V = \frac{Fl}{3\sigma_s} \qquad (5 - 47)$$

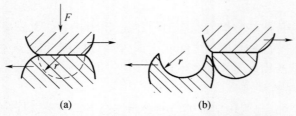

图 5 - 20　阿查德(Archard)提出的粘着磨损模型
(a) 粘结点形成；(b) 粘结点破坏。

考虑到屈服极限与材料的硬度 H 成正比，另外不可能所有的接触点都成为断开的磨屑，只能是某一概率，则式(5 - 47)可表示为

$$V = K \frac{Fl}{H} \tag{5 - 48}$$

式中：K 为粘着磨损系数。

式(5 - 48)表明粘着磨损时有如下规律：①滑动磨损量与所加法向载荷大小成正比；②滑动磨损量与较软材料的强度或硬度成反比；③滑动磨损量与运动的路程成正比。

有试验表明，当接触压应力不超过钢的硬度的 1/3 时，磨损量与载荷呈直线关系，若超过这个范围，直线关系不成立，因此第①点只适用于有限的载荷范围。对于第②点规律，不能认为只有提高硬度才能改善粘着磨损，试验表明，渗硫、氧化以及涂软金属等降低表层硬度的处理常常对降低粘着磨损有利，因为这些处理避免了裸金属接触，减轻了粘着现象。

式(5 - 48)和式(5 - 43)相似。两式的 K 同是磨损系数，所不同的是在磨料磨损中 K 表示磨粒的几何因数和比例常数的乘积；而在粘着磨损中 K 表示接触微凸体产生磨屑的几率。

4. 影响粘着磨损的因素

1）材料特性

（1）属密排六方结构的材料粘着倾向小，面心立方点阵的金属粘着倾向大。

（2）细晶粒抗粘着优于粗晶粒；多相金属比单相金属粘着倾向小；混合物合金比固溶体合金粘着倾向小；片状珠光体组织的抗粘着性能优于粒状珠光体组织；同样硬度下，贝氏体优于马氏体。概括起来，金属组织的连续性和性能的均一性不利于抗粘着磨损。

（3）互溶性大的材料（包括相同金属或相同晶格类型的金属及有相近的晶格间距、电子密度、电化学性能的金属）所组成的摩擦副粘着倾向大；互溶性小的材料（异种金属或晶格结构不相近的金属）组成的摩擦副粘着倾向小。

(4) 硬度的影响比较复杂。理想的抗粘着磨损的材料,表层(Ⅰ)应软些,亚表层(Ⅱ)要硬,下面应有一层平缓过渡区(Ⅲ),如图 5-21 所示,即希望最表层润滑性好,亚表层有良好的支撑作用,高的屈服强度,平缓过渡区可防止层状剥落的发生。

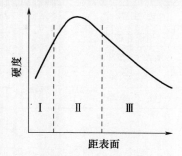

图 5-21　理想抗粘着磨损的材料表面

2)工作环境

相对运动速度一定时,粘着磨损量随法向力的增大而增加。当接触压应力超过材料硬度的 1/3 时,粘着磨损量急增,严重时会发生咬死。所以表面接触应力不宜大于材料硬度的 1/3。

滑动摩擦速度增加时,实际接触的微凸点会达到很高的温度。这对磨损有两方面的影响:一方面,温度升高会促进氧化膜的形成,从而使粘着倾向减少;另一方面,温度升高,硬度下降,也可能加速摩擦副之间的原子扩散,导致粘着磨损倾向增加。两者综合作用的结果是,当滑动速度较低时,真实接触点的温度不高,相对运动速度增加导致的轻微温升,有助于氧化而不会削弱表面强度,在某一临界速度前,温度上升有利于抗粘着磨损;而超过临界速度后,不利于抗粘着磨损的影响占主导,使粘着磨损增加。另外,随滑动速度的增加,磨损机制可能发生变化,如由粘着磨损转变为氧化磨损。

5.2.3　冲蚀磨损

1. 冲蚀磨损的定义和分类

冲蚀磨损也称为浸蚀磨损,指流体或固体以松散的小颗粒按一定的速度和角度对材料表面进行冲击所造成的磨损。冲蚀磨损的颗粒一般小于 $1000\mu m$,冲击速度在 $550m/s$ 以内,超过这个范围出现的破坏通常称为外来物损伤,不属于冲蚀磨损。造成冲蚀的粒子通常都比被冲蚀的材料的硬度大,但流动速度高时,软粒子甚至水滴也会造成冲蚀。

冲蚀是由多相流动介质冲击材料表面而造成的磨损。介质可分为气流和液流两大类。气流和液流携带固体粒子冲击材料表面造成的破坏分别称为喷砂式冲蚀和泥浆冲蚀。流动介质中携带的第二相也可以是液滴或气泡,它们有的直接冲击材料表面,有的(如气泡)则在表面上溃灭,从而对材料表面施加机械力。按流动介质及第二相排列组合,可把冲蚀分为 4 种类型(表 5-5)。

表 5 – 5　冲蚀现象的分类及实例

冲蚀类型	介质	第 二 相	损 坏 实 例
喷砂式冲蚀	气体	固体粒子	烟气轮机、锅炉管道
雨蚀、水滴冲蚀		液滴	高速飞行器、汽轮机叶片
泥浆冲蚀	液体	固体粒子	水轮机叶片、泥浆泵轮
气蚀(空泡腐蚀)		气泡	水轮机叶片、高压阀门密封面

2. 工程中的常见冲蚀现象

工程中的冲蚀破坏随处可见,下面对各种类型的冲蚀列举若干实例。

1)喷砂式冲蚀

据报道,空气中的尘埃和砂粒如果入侵到直升机发动机内,可降低其寿命 90%;气流输送物料管路中弯头的冲蚀可能大于直管段的 50 倍,即使输送木屑一类的软物料,钢制弯头的寿命也只有 3 个 ~4 个月;火力发电厂粉煤锅炉燃烧尾气对换热器管路的冲蚀造成的破坏大致占管路破坏的 1/3,其最低寿命只有 16000 h;石油化工厂烟气发电设备中,烟气携带的破碎催化剂粉粒对回收过热气流能量的涡轮叶片也会造成冲蚀。

2)雨滴、水滴冲蚀

高速飞行器穿过雨区时,会受到水滴冲击,如在暴风雨中飞行的飞机迎风面上首先出现漆层剥落,材料表面出现破坏痕迹。蒸汽轮机叶片在高温过热蒸汽中运行时,会出现水滴冲蚀,因蒸汽中可能含 10% ~15% 的水滴;高速转动的叶片背面受到水滴的冲击,其速度差不多和叶片运行的线速度相当,经过一段时间后,叶片上会出现小的冲蚀坑。近几十年来受到注意的水滴冲蚀问题是导弹飞行穿过大气层及雨区发生的雨蚀现象,在导弹的鼻锥、防热罩、飞行器的迎风面上,只要受到高速的单颗液滴冲击便会立刻出现蚀坑,多个蚀坑交织造成材料流失。

3)泥浆冲蚀

水轮机叶片在泥沙河流中受到冲蚀;建筑行业、石油钻探、煤矿开采、冶金矿山选矿场及火力发电站中使用的泥浆泵、杂质泵的过流部件也受到严重的冲蚀。

4)气蚀

船用螺旋桨常有气蚀发生,一艘新船的推进螺旋桨有时使用两个月后便出现深达 50mm ~70mm 的气蚀坑;水泵叶轮、输送液体的管线阀门,甚至柴油机汽缸套外壁与冷却水接触部位过窄的流道处经常可见到气蚀破坏;在原子核电站中,也发现液体金属工作介质对反应堆及控制器换热器部件的气蚀性冲蚀。

152

3. 冲蚀磨损的模型和机理

1）喷砂冲蚀模型

完整的冲蚀理论目前尚未建立,但已发现塑性材料与脆性材料冲蚀破坏的形式很不相同。当粒子以一定的角度冲蚀时,粒子运动轨迹与被冲蚀材料表面(也称作靶面)的夹角称为攻角或冲击角。依粒子性质和攻角的不同,靶面上会出现不同的破坏。

对于塑性材料,Budinski 将单点冲蚀的形貌分成 4 类,图 5 - 22 所示是 4 种形貌的示意图,分别是点坑、犁削、铲削和切片。点坑类似于硬度压头的对称性菱锥体粒子正面冲击造成的蚀坑;犁削类似于犁铧造成的犁沟,凹坑的长度大于宽度,材料则被挤到沟的侧面;铲削在凹坑的出口堆积材料,铲痕两侧几乎不出现变形;切片的凹坑浅,是粒子斜掠造成的痕迹。

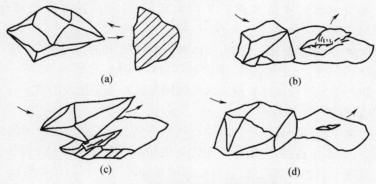

图 5 - 22　冲蚀破坏的 4 种基本类型
(a) 点坑;(b) 犁削;(c) 铲削;(d) 切片。

此外还有磨粒嵌入凹坑的情况。从磨屑考虑有 3 种类型:①切削屑,是棱边锋利的粒子在合适的角度和方向时对靶面切削造成的,和磨料磨损的切削作用相似;②薄片屑,单次冲击时,靶面受冲点处的材料仅被推到受冲点附近,未发生材料流失,随后连续不断地冲出,揉搓表面层,形成强烈变形的表面层结构,最后表面加工硬化,造成脆性断裂,形成薄片屑;③簇团状屑,冲蚀造成极不平整的表面形貌,表面凸起部分受粒子冲击时产生局部高温,凸起部分软化断裂脱离靶面,形成簇团状屑。

脆性材料与塑性材料的冲蚀规律不同。理论上脆性材料不产生塑性变形。当单颗粒冲击脆性靶材时,依冲击粒子形状不同,会导致两类不同的裂纹,这些裂纹一般萌生于受冲击部位附近存在缺陷的地方。钝头粒子冲击时,裂纹呈环形,出现在接触圆周稍外侧,反复冲击会使这些环形裂纹与横向裂纹形成交叉,从而产生材料流失;尖角粒子冲击靶面时,会出现垂直于靶面的初生径向裂纹和平行于靶面的横向裂纹,前一种裂纹使靶材强度退化,后一种裂纹则是冲蚀中使材料流失的根源。

此外,还有一些其他的喷砂冲蚀理论,都有实验为依据,也能在一定范围内解释试验现象,但都存在一定的局限性。

2）泥浆冲蚀机理

泥浆冲蚀往往伴随有材料的腐蚀,使泥浆冲蚀比喷砂冲蚀的机理复杂得多。虽然在泥浆冲蚀和喷砂冲蚀中都有固体粒子冲击表面造成磨损的过程,但材料流失是以不同的方式进行的,这可以从入射粒子速度对材料冲蚀率及攻角影响上得到证实,喷砂式冲蚀发生材料流失的门槛值约为 $10m/s$,而泥浆冲蚀中 $10m/s$ 流速已能造成明显的冲蚀。对某一铝材分别进行气流喷砂冲蚀和煤油浆冲蚀,用不同的攻角,前者最大冲蚀率的攻角接近 $20°$,而后者最大冲蚀率的攻角在 $90°$,而且两者的冲蚀率相差 3 个数量级,显示两种冲蚀机理存在明显差别。

泥浆冲蚀中,除攻角和速度外,固体粒子的性质如硬度、形状、粒度、密度、固体粒子用量(固液比)、流体密度、黏度等对材料冲蚀均有影响,要用一个物理模型或从设想的单元过程做出数量表达来描述泥浆冲蚀还比较困难。

3）气蚀机理

气蚀是由于材料表面附近的液体有气泡产生及破灭造成的。当构件与流体相对运动时,如果流速高,在工作面附近某局部的压力就可能下降到等于或小于流体在该温度下的饱和蒸汽压,这样该区域就会因"沸腾"而产生气泡。气泡在低压区形成并随流体运动,当气泡周围压力大于气泡内蒸汽压时,气泡内蒸汽就会迅速水凝,降低泡的压力,但流动液体的各向压力不均使气泡变形,最后溃灭。在溃灭瞬间,冷凝液滴及周围介质以非常高的速度冲向材料表面,形成非常高速的水锤冲击,造成材料的破坏。

流体中腐蚀物质引起的电化学反应会和冲击作用联合,加剧气蚀造成的破坏,其过程大致如下:金属表面上生成气泡;气泡破灭,其冲击波使金属发生塑性变形,导致表面膜尽速破裂;裸露的金属表面受到腐蚀,随着再钝化成膜;在同一地点生成新气泡;气泡再破灭,膜再次破裂;裸露的金属进一步腐蚀……这些步骤反复连续进行,金属表面便形成空穴。试验表明,金属表面一旦形成凹点,该点便成为新气泡形成的核心。

4. 影响冲蚀磨损的因素

1）冲蚀粒子

粒度对冲蚀磨损有明显的影响,一般情况下,当粒子尺寸在 $20\mu m \sim 200\mu m$ 范围内,冲蚀磨损率随尺寸增大而上升。当粒子尺寸增加到某一临界值时,材料的磨损率几乎不变或变化缓慢,这一现象称为"尺寸效应"。粒子的形状也有很大影响,在相同条件下,尖角形粒子比圆形粒子的磨损大很多,甚至低硬度的多角形粒子比较高硬度的圆形粒子产生的磨损还要大。粒子的硬度和可破碎性对冲蚀率有影响,因为粒子破碎后会产生二次冲蚀。

2)攻角

材料的冲蚀和粒子的攻角也有密切关系。当粒子攻角在 20°~30°之间时,典型的塑性材料冲蚀率达到最大值,而脆性材料最大冲蚀率则出现在攻角接近90°处。攻角与冲蚀率关系几乎不随入射粒子种类、形状及速度而改变。

3)速度

粒子的速度存在一个门槛值,低于门槛值,粒子与靶面之间只出现弹性碰撞而没有破坏,即不发生冲蚀。速度门槛值与粒子尺寸和材料有关。

4)冲蚀时间

冲蚀磨损存在一个较长的潜伏期(孕育期),磨粒冲击靶面后先是使表面粗糙,产生加工硬化,但此时材料未发生流失,经过一段损伤积累后才逐步产生冲蚀磨损。

5)环境温度

温度对冲蚀磨损的影响比较复杂,有些材料在冲蚀磨损中随温度升高磨损率上升;但也有些材料随温度升高磨损有所减少,这可能是高温时形成的氧化膜提高了材料的抗冲蚀磨损能力,也有可能是温度升高,材料塑性增加,抗冲蚀性能提高。

6)靶材

靶材对冲蚀磨损的影响更为复杂,除本身的性质以外,还与磨粒的几何形状、尺寸、硬度、攻角、速度和温度等条件相关。就靶材本身性能而言,主要是硬度。第一是金属本身的基本硬度,第二是加工硬化的硬度,而且加工硬度与冲蚀磨损的关系更为突出。此外材料的组织对冲蚀磨损的影响也不可忽视。

5.2.4　微动磨损

1. 微动磨损的定义和分类

两个配合表面之间由一微小振幅的相对振动引起的表面损伤,包括材料损失、表面形貌变化、表面或亚表层塑性变形或出现裂纹等,称为微动磨损。

微动磨损可以分为两类。第一类是该构件原设计的两物体接触面是静止的,但由于受到振动或交变应力作用,使两个匹配面之间产生微小的相对滑动造成磨损。第二类是各种运动副在停止运转时,由于环境振动而产生微振造成磨损。第一类中垂直负荷往往很大,因而滑动振幅较小,微动以受循环应力引起居多,损坏的主要危险是接触处产生微裂纹,降低疲劳强度,其次才是因材料损失造成配合面松动,而松动又可能加速磨损和疲劳裂纹的扩展。第二类的主要危害是因磨损造成表面粗糙和磨屑聚集使运动阻力增加或振动加大,严重时可咬死。

2. 工程中常见的微动磨损

1) 轴承

滚动轴承有 3 个部位可能发生微动损伤,轴承和轴承座、轴的紧配合面及滚珠(滚柱)和座圈之间。前两者属第一类微动,后者属第二类微动。汽车从生产厂运至用户处,其主轴轴承由于振动,滚珠和座圈发生微动,在座圈上形成压痕,其损坏程度比汽车自身行驶同样的距离要严重得多。安装在战车上的大炮轴承在行驶过程中也遇到过类似的问题。

2) 压配合

机车主轴一般用压配合装入轮毂中,运行过程中,由于负荷作用轴会发生弯曲,和轮毂配合段的两端出现微动(图 5-23),在接触边缘处会萌生疲劳裂纹。

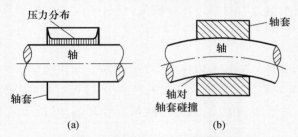

图 5-23 压配合的压力分布和负荷的影响

(a) 压力分布;(b) 轴在负荷作用下弯曲。

3) 榫槽配合

航空发动机的涡轮叶片榫头和轮盘配合,叶片相当于一端固定的悬臂梁,由于受强烈气流冲击而处在弯扭复合振动状态,从而使榫槽受到微动磨损,会导致配合松动并萌生疲劳裂纹。

4) 铆接

飞机上广泛使用铆接。由于机身振动或气流作用,各铆接点均可发生微动损伤。据估计,飞机上的疲劳裂纹有 90% 起源于微动部位,其中又以铆接和螺栓联结占多数。

5) 钢丝缆(绳)

钢丝缆(绳)在往复运动过程中,其本身的柔性必然导致丝对丝(或股对股)之间的滑动,从而造成复杂的疲劳应力。钢丝缆的微动疲劳特征是第一次断裂常常发生在缆中心附近隐蔽的丝上。拆开断裂的钢缆,常可以看到各股疲劳断裂和已经磨扁的平面。

6）核工业中的热交换器和压力管燃料元件

反应堆中的燃料用耐辐射和耐磨性好的锆合金和镁合金包覆,在冷却液流作用下,各包覆件之间发生微动磨损,最终会将包覆层磨穿。

3. 微动磨损的特征与判断

1）微动磨损的表面特征

钢的微动损伤表面往往黏附一层红棕色粉末,将其除去后,会观察到许多小麻坑,其形状不同于点蚀,有两种类型,一种为深度不到 $5\mu m$ 的不规则的长方形浅平坑,另一种为较深（可达 $50\mu m$ 左右）且形状较规则的圆坑。

微动初期常可看到因形成冷焊点和材料转移产生的不规则突起。表面形貌和微动条件有密切关系。振幅较大时,表面出现和微动方向一致的划痕,痕间常有正在经受二次微动的粒子。振幅很小（小于 $2\mu m$）时,表面不出现任何划痕,反而显得更光滑,但仍可观察到碾压痕迹。低振幅高负荷下,平面对弧面微动时,往往呈现中心无相对位移处完全未触动,边缘则为环状磨痕。当较软材料微动时,由于反复挤压,一般会出现严重的塑性变形。

在高温条件下微动,某些材料的塑性变形会加重,有的在微动作用下形成釉质氧化膜,这时表面变得极光滑,若这种氧化膜在高负荷下脆裂,则会出现砖砌路面的形貌。

微动磨损引起表面硬化,表面可产生硬结斑痕,其厚度可达 $100\mu m$。有时也会出现硬度降低,这是由加工软化或高温引起再结晶等造成的。

微动区域可发现大量表面裂纹,它们大都垂直于滑动方向,而且常起源于滑动和未滑动的交界处,裂纹有时由磨屑或塑性变形掩盖,须经抛光后方可发现。在垂直于表面的剖面上也可发现大量微裂纹。

2）磨屑的特征

（1）钢铁微动磨屑的特征。其重要标志是红棕色磨屑,结构是菱形六面体的非磁性 $\alpha - Fe_2O_3$,此外也有 FeO 和金属铁,但 $\alpha - Fe_2O_3$ 占绝大多数。磨屑整体呈絮状,用溶剂甚至超声波均难以分散。在稳态阶段,因疲劳脱层也有时会产生较大尺寸的片状磨屑,边长约 $20\mu m$,少数可达 $50\mu m$ 以上,棱角明显,局部有金属光泽。这种脱层磨屑和初期出现的片状磨屑在形状上有相似处,但形成过程完全不同。

（2）其他金属微动磨屑的特征。大多数情况下,磨屑为该种金属的最终氧化态,如铁基金属是 $\alpha - Fe_2O_3$。铜最初出现的磨屑是未被氧化的铜,随着微动过程的进展,黑色的 CuO 数量逐步增加。铝和铝合金的磨屑是黑色的,主要成分是氧化铝,也含有少量的金属铝。镁的黑色磨屑主要是氧化镁（MgO）,有少量的氢氧化镁和极少量的金属镁。钛合金的片状磨屑有高度的择优取向,其组成为立方 TiO 及大量金属钛。镍表面的磨屑几乎是黑色的,分析表明含少量的金属镍和较多的氧化镍。不活泼的金属如金和铂的磨屑由纯金属组成。

磨屑的大小和成分与振幅有关,振幅较大时,磨屑直径较大,金属的比例也较高。

材料的硬度影响磨损量,也影响磨屑的大小和成分。材料越硬,磨屑越细,氧化物的比例越大。

3)微动磨损的诊断

判断是否是微动磨损,可以综合考虑以下 3 个方面。

(1)是否存在可引起微动的振动源或交变应力。除机械作用外,电磁作用、噪声、冷热循环及流体运动都可能导致微动。

(2)是否存在破坏的表面形貌。主要检查表面粗糙度的变化、方向一致的划痕、塑性变形或硬结斑、硬度或结构变化、表面或亚表层的微裂纹等。

(3)磨屑是重要的依据。各种材料的磨屑的组成、颜色、形状可作为判断微动磨损的判据。

4. 微动磨损过程及机理

1)微动磨损过程

微动磨损是一个极其复杂的过程,包含粘着、氧化、磨粒和疲劳等的综合作用。

相互接触的两个物体表面,由于接触压力的作用使微凸体产生塑性变形和粘着,在小振幅振动作用下,粘着点可能被剪切并脱落,剪切表面被氧化。由于表面配合紧密,脱落的磨屑不易排出,从而在两表面间起着磨粒作用,加速微动磨损过程。

微动循环次数与磨损失重有一定的关系,如图 5 – 24 所示。根据曲线的形状,可把微动磨损过程分为 4 个阶段。

OA 段,粘着磨损阶段。由于微凸体的粘着作用,金属从一表面迁移到另一表面。

AB 段,磨粒磨损阶段。被加工硬化的磨损碎屑磨蚀金属表面,该阶段的磨损速率较高。

BC 段,加工硬化阶段。被磨表面被加工硬化,磨粒磨损速率下降。

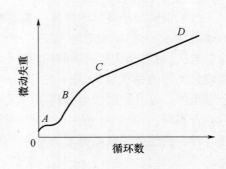

图 5 – 24　微动磨损失重与循环次数的关系曲线

CD 段,稳态磨损阶段。该阶段产生磨屑的速率基本不变。

2)微动磨损模型和机理

微动磨损表面常见到大深坑,对此,Feng 按以下模型进行解释。

(1)载荷引起微凸体的粘着作用,在接触表面滑动时,产生少量碎屑,并落入接触的凸峰之间,如图 5-25(a)所示。

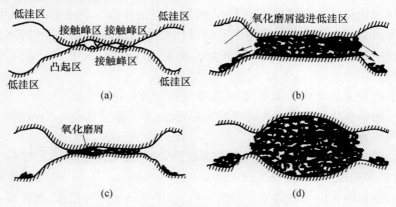

图 5-25　微动磨损中大深坑形成过程
(a)磨屑包陷在接触凸峰之间;(b)几个接触点形成一个小平台;
(c)磨屑溢出到附近低洼区;(d)中心区由于磨料磨损形成曲线形大麻坑。

(2)随着磨屑逐渐增加,空间逐步被充满,微动作用由普通磨损变成磨料磨损,在磨料的作用下,一个小区域的许多峰合成一个小平台,如图 5-25(b)所示。

(3)随着磨料磨损过程的进行,磨屑逐渐增加,最后开始流进邻近的低洼区,并在边缘溢出,如图 5-25(c)所示。

(4)由于中心区的粒子密实不易溢出,使中心垂直区压力变高,边缘压力则降低,中心的磨料磨损比边沿强烈,坑也迅速加深,溢出的磨屑逐步充满邻近的低洼区形成新坑,最终许多相邻的小坑合并成较大的坑,如图 5-25(d)所示。

Feng 的模型表明,微动磨损进入稳态阶段后磨损的性质变成磨料磨损。这一模型曾得到很多学者认可。但 1973 年 Suh 提出脱层理论后,对稳态阶段材料流失的解释有某些修正。脱层理论的要点如下。

(1)两个滑动面之间的表面切应力促使材料表面发生塑性变形,较软表面的凸峰点变形较大,在周期性反复应力作用下,塑性变形逐渐积累,变形区将沿着材料中的应力场扩展至表面下一定深度。

(2)由于材料塑性变形而产生位错,在距表面一定距离有位错积累,若这些位错与某些障碍(如夹杂、孪晶、相界)相遇,就聚集成空穴。

（3）在连续滑动剪切作用下，上述空穴（也可能是原有的孔洞）成为萌生裂纹的核心，裂纹一旦萌生并和邻近裂纹相连，便形成平行于表面的裂纹，并在表面下某一深度不断扩展。

（4）当裂纹达到某一临界长度时，将沿着某些薄弱点向表面剪切，使材料脱离母体，形成长方形的薄片。

脱层理论被认为是磨损机理之一，但对该理论在微动磨损中的适用程度或所占比重有争议。也有研究者对脱层的过程提出与 Suh 不完全一致的解释。此外，另有一些研究者对微动磨损和氧化的关系进行研究，其中，Bill 按氧化的情况将微动分 4 种类型，具体如下。

（1）完全无氧化膜的微动，破坏主要是粘着及塑性变形。

（2）薄的氧化膜在前半次循环的间隔形成，而在后半次循环中被刮去，这时是氧化和机械的联合作用。

（3）氧化和疲劳相互作用。微动使表面疲劳，疲劳产生的微裂纹利于氧扩散进入，氧化加速了裂纹的发展和脱层。

（4）氧化膜足以支持接触负荷而不破裂，由于氧化膜的存在，没有裸金属之间的接触，即没有粘着，以粘着为开始阶段的微动磨损受阻止。

综合以上研究工作，微动磨损可能是按以下机理进行。初始阶段材料流失机制主要是粘着和转移，其次是凸峰点的犁削作用（对于较软材料可出现严重塑性变形，由挤压直接撕裂材料），这个阶段的摩擦因数及磨损率均较高。当产生的磨屑足以覆盖表面后，粘着减弱，逐步进入稳态磨损阶段。这时，摩擦因数及磨损率均明显降低，磨损量和循环数呈线性关系。由于微动的反复切应力作用，造成亚表面裂纹萌生，形成脱层损伤，材料以薄片形式脱离母体。刚脱离母体的材料主要是金属形态，它们在二次微动中变得越来越细并吸收足够的机械能以致具有极大的化学活性，在接触空气瞬间完成氧化过程，成为氧化物。氧化磨屑既可作为磨料加速表面损伤，又可分开两表面，减少金属间接触，起缓冲垫作用，大部分情况下，后者作用更显著，即磨屑的主要作用是减轻表面损伤。

5.2.5 腐蚀磨损

1. 腐蚀磨损的定义和分类

工作环境中的液体、气体或润滑剂等，与材料表面起化学或电化学反应形成腐蚀产物，这些产物往往粘附不牢，在摩擦过程中剥落下来；其后新的表面又继续与介质发生反应，这种腐蚀和磨损的反复过程称为腐蚀磨损。材料在某种介质中工作时，磨损可能是轻微的，但当温度或介质变化时，材料的流失有时会大大加剧,这时往往就是腐蚀磨损造成的。如18-8型不锈钢的泵叶轮,如果用于输送氧化性介质,寿命一般是两年;但若输送还原性介质,其使用三周后便报废。

磨损腐蚀的典型构件有汽缸与活塞、船舶外壳、水力发电的水轮机叶片等。

冲蚀磨损与腐蚀磨损的区别是前者对材料表面的破坏主要是机械力引起的,腐蚀只是第二位的因素;而后者则是在腐蚀介质中的磨损,是腐蚀和磨损综合作用的结果。

腐蚀磨损可分为化学腐蚀磨损和电化学腐蚀磨损。化学腐蚀磨损又可分为氧化磨损和特殊介质腐蚀磨损。

腐蚀磨损是极为复杂的磨损形式,是受腐蚀和磨损综合作用的磨损过程,对环境、温度、介质、滑动速度、载荷大小及润滑条件等极为敏感,稍有变化就可以使腐蚀磨损发生很大变化。当腐蚀成为主要原因时,通常都有几种磨损机理存在,各种机理之间还存在着复杂的相互作用。如金属与金属之间的磨损,开始可能是粘着磨损和腐蚀磨损,但因磨损产物都具有磨粒的特性,会出现磨料磨损及其他磨损。因此在腐蚀磨损过程中,既要考虑腐蚀的作用,也不能忽视磨损的作用,甚至还要考虑到其他磨损的综合作用。

2. 腐蚀磨损模型与原理

1) 化学腐蚀磨损

腐蚀磨损中最常见的是氧化磨损,其实质是金属表面与气体发生氧化反应,生成氧化膜。根据氧化膜的性质,可分为两种氧化磨损模型。

(1) 脆性氧化膜的氧化磨损。脆性氧化膜与金属基体的性能差别很大,达到一定厚度时,很容易被摩擦表面上的微凸体的机械作用去除,暴露出新的基体表面,并又开始新的氧化过程,使膜的生长与去除反复进行。膜厚随时间变化的关系如图5-26所示。

(2) 韧性氧化膜的氧化磨损。如果氧化膜是韧性的,且比金属基体还软时,当受到摩擦表面微凸体的机械作用时,可能有部分被去除,部分则保留下来;在继续磨损过程中,氧化仍然在原有氧化膜的基础上发生,这种磨损较脆性氧化膜的磨损轻,其膜厚随时间变化的关系如图5-27所示。

2) 电化学腐蚀磨损

按腐蚀磨损产物被机械或腐蚀去除的特点可将电化学腐蚀磨损分为两种。

(1) 均匀腐蚀条件下的腐蚀磨损。在均匀腐蚀磨损过程中,局部腐蚀产物被磨料或硬质点的机械作用去除,使之裸露金属基底,随后又在磨损处形成新的腐蚀产物,经过反复作用,该处的腐蚀速度比其他部分(有腐蚀产物覆盖的)快得多,严重得多。此类磨损称为均匀腐蚀条件下的腐蚀磨损。

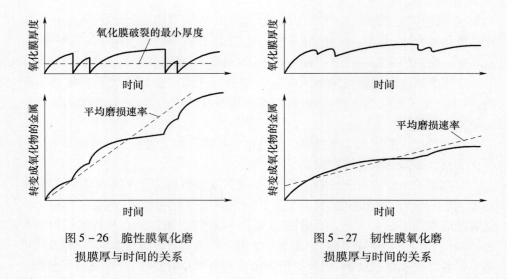

图 5-26　脆性膜氧化磨
损膜厚与时间的关系

图 5-27　韧性膜氧化磨
损膜厚与时间的关系

多相材料,尤其是含有碳化物的耐磨材料,由于碳化物与基体之间存在较大的电位差,会形成腐蚀电池,产生相间腐蚀,从而极大削弱碳化物与基体的结合力,在磨料或硬质点的作用下,碳化物很容易从基体脱落或发生断裂,如图 5-28 所示。

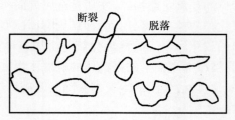

图 5-28　硬相断裂脱落

（2）局部腐蚀电池。局部腐蚀电池的形成是由于局部产生电位差引起的。如由于磨料的磨损作用,金属材料表面会产生不均匀的塑性变形,塑性变形强烈的部位成为阳极,首先受到腐蚀破坏,在磨料继续作用下,腐蚀产物很容易被去除形成二次磨损。这一塑性变形就是应变差异腐蚀电池的作用,其模型如图 5-29 所示,它可使腐蚀速度提高两个数量级左右。

具有电活性的磨料与金属材料接触时,会形成磨料与金属材料之间的电偶腐蚀电池,如图 5-30 所示。如球磨机在湿磨条件下,每一个磨球表面与大量的矿石接触就会形成众多的电偶腐蚀电池。

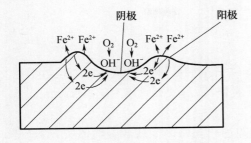
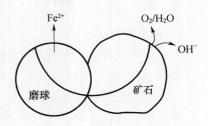

图 5 - 29 应变差异腐蚀电池模型   图 5 - 30 电偶腐蚀电池模型

腐蚀磨损都是先产生化学反应，然后由机械磨损作用使化学生成物脱离表面，腐蚀的作用很明显。如拖拉机履带板一类的零件，如果在水砂中运动后再在空气中停留一段时间，然后又再次进入水砂中，这种干湿交替环境工作将使磨损加快，比完全在水砂中连续运行所造成的磨损更快。用高锰钢制成的拖拉机履带板，在北方旱田耕作，可使用 2000h，但在南方水田中耕作，其寿命仅500h。造成这些现象的原因就是腐蚀加速了磨损，磨损又促进了进一步的腐蚀。

3. 腐蚀磨损的特征

腐蚀磨损过程中，由于氧化膜（或腐蚀产物）的断裂和剥落，形成了新的磨料，从而使腐蚀磨损兼有腐蚀与磨损的双重作用。但腐蚀磨损又不同于一般的磨料磨损。腐蚀磨损不产生显微切削和表面变形，其主要特征是磨损表面有化学反应膜或小麻点，麻点比较光滑，磨屑多是细粉末状的氧化物，也有薄的碎片。钢摩擦副相互滑动的氧化磨损，沿滑动方向呈现出匀细的磨痕。磨屑是暗色的片状或丝状物，片状磨屑为红褐色的 Fe_2O，而丝状的是灰黑色的 Fe_3O_4。

4. 影响腐蚀磨损的因素

（1）pH 值。一般来讲，在 pH < 7 时，随酸性增加腐蚀磨损量逐渐增加。在7 < pH < 12 范围内，相对运动速度不太高的情况下，随碱性增加，腐蚀磨损量下降。

（2）温度。其他条件相同的情况下，腐蚀磨损的速度一般随温度升高而增加。

（3）化学成分。影响材料耐磨性的主要因素是化学成分。在铁碳合金中，加入适量的铬、钒、硼等元素可提高材料耐磨性。需要注意的是，不同的腐蚀介质应加入不同的合金元素才能获得良好的效果。

163

5.2.6 疲劳磨损

1. 疲劳磨损的定义

当两个接触体相对滚动或滑动时,如果在接触区形成的循环应力超过材料疲劳强度,则在表面层将引发裂纹并逐步扩展,最后使裂纹以上的材料断裂剥落下来,这一过程称为疲劳磨损。

磨料磨损是由于磨料与零件表面之间的相互作用而造成金属流失,粘着磨损是摩擦表面间直接接触而发生金属流失,如果有润滑油将两表面隔开,同时又消除磨料颗粒的作用,则上述两类磨损可大大减少,但疲劳磨损却不可避免。所以疲劳磨损可以作为一种独立的磨损机制,但疲劳磨损又具有相当的普遍性,在其他磨损形式中(如磨料磨损、微动磨损、冲击磨损等)也都不同程度地存在着疲劳过程。只不过有些情况下它是主导机制,有些情况下是次要机制。

2. 疲劳磨损与整体疲劳的区别

疲劳磨损与整体疲劳具有不同的特点。首先,裂纹源与裂纹扩展路径不同。整体疲劳的裂纹源都是从表面开始,一般从表面沿与外加应力成45°的方向扩展,超过两、三个晶粒以后,即转向与应力垂直的方向。而疲劳磨损裂纹除来源于表面外,也产生在亚表面内,裂纹扩展的方向平行于表面,或与表面成一定角度,一般为10°~30°,且只限于在表面层内扩展。其次,疲劳寿命不同。整体疲劳一般有一个明显的疲劳极限,低于这个极限,疲劳寿命可以认为是无限的。而疲劳磨损尚未发现这样的疲劳极限,疲劳磨损的零件寿命波动很大。另外,疲劳磨损除循环应力作用外,还经受复杂的摩擦过程,可能引起表面层一系列物理化学变化及各种力学性能与物理性能的变化等,所以比整体疲劳处于更复杂、恶劣的条件中。

3. 疲劳磨损的特征

疲劳磨损最常发生在滚动接触的零件表面上,如滚动轴承、齿轮、车轮、轧辊等,其典型特征是零件表面出现深浅不同,大小不一的痘斑状凹坑,或较大面积的表面剥落,简称为点蚀及剥落。

点蚀裂纹一般从表面开始,向内倾斜扩展(与表面成10°~30°角),最后二次裂纹折向表面,裂纹以上的材料折断脱落下来成为点蚀,因此单个点蚀坑的表面形貌常表现为"扇形"。但当点蚀充分发展后,多个点蚀坑叠加在一起,这种形貌特征就难于辨别了。

剥落的裂纹一般起源于亚表层内部较深处(可达几百微米)。研究表明,滚动疲劳磨损经历了两个阶段,即裂纹的萌生阶段和裂纹扩展至剥落阶段。纯滚动接触时,裂纹发生在亚表层最大切应力处,裂纹发展缓慢,因此扩展阶段时间比裂纹萌生阶段长,断口颜色光亮。对剥落表面进行扫描电镜观察,可以看到剥落坑两端的韧窝断口及坑底部的疲劳条纹特征。滚动加滑动的疲劳磨损因存在切应力和压应力,易在表面上产生微裂纹,其萌生阶段往往比扩展阶段时间长,断口较暗。

经过表面强化处理的零件,裂纹往往起源于表面硬化层的交界处,裂纹的发展一般先平行于表面,待扩展一段后再垂直或倾斜向外发展。

4. 影响疲劳磨损的因素

疲劳磨损的影响因素很多,主要来自以下4个方面。

(1)材质。材料的纯度越高寿命越长,钢中的非金属夹杂物,特别是脆性、带有棱角的氧化物、硅酸盐及其他各种复杂成分的点状、球状夹杂物破坏基体的连续性,对疲劳磨损有严重的不良影响。

金属的组织结构对疲劳磨损影响也很大。有观点认为,增加残余奥氏体会提高耐疲劳磨损,因残余奥氏体可增大接触面积,使接触应力下降,且会发生变形强化和应变诱发马氏体相变,提高表面残余压应力,阻碍疲劳裂纹的萌生扩展。但对残余奥氏体的作用也有相反的观点。

加工硬化对疲劳磨损有重要影响,硬度越高裂纹越难形成;降低表面粗糙度可有效提高抗疲劳磨损的能力;表层内一定深度的残余压应力可提高对接触疲劳磨损的抗力,表面渗碳、淬火、喷丸、滚压等处理都可使表面产生压应力。

(2)载荷。载荷是影响疲劳磨损寿命的主要原因之一。如一般认为球轴承的寿命与载荷的立方成反比,即

$$NP^3 = 常数$$

式中:N 为球轴承的寿命,即循环次数;P 为外加载荷。

(3)润滑油膜厚度。润滑油粘度高且足够厚时,可使表面微凸体不发生接触,从而不容易产生接触疲劳磨损。由于接触表面压力很高,要选择在超高压下粘度高的润滑油。

(4)环境。周围环境,如空气中的水、海水中的盐、润滑油中有腐蚀性的添加剂等对材料的疲劳磨损有不利的影响。

5.2.7 提高耐磨性的途径

尽管影响磨损的因素比较多,但金属材料的磨损主要是表面变形和断裂过程,因此,提高构件表面的强度(硬度)和韧性能提高耐磨性。在此主要介绍提高构件抗粘着磨损和磨粒磨损的途径。

改善润滑条件,增强氧化膜的稳定性(提高氧化膜与基体金属的结合能力),阻止金属之间直接接触,以及降低表面粗糙度都可以减轻粘着磨损。表面

处理是很好的方法,如渗硫、渗磷及渗氮等。表面处理实际上是在金属表面形成一层化合物或非金属层,避免摩擦副直接接触,既降低了原子间结合力,又减小了摩擦因数,可防止粘着。渗硫并不提高硬度,但因降低了摩擦因数,故可防止粘着,特别是对高温下和不可能润滑的构件更为有效。如果粘着磨损发生在较软一方材料构件内部,则不但应降低摩擦副的结合力,还要提高构件本身表层硬度,采用渗碳、渗氮、碳氮共渗及碳氮硼三元共渗等热处理工艺都有一定效果。

对于磨粒磨损,如果低应力磨粒磨损是主要失效形式,则应设法提高表面硬度。选用含碳较高的钢,并经热处理后获得马氏体组织,是提高抗磨粒磨损性能最简单易行的方法。但当构件受重载,特别是在较大冲击载荷下工作时,基体组织最好是下贝氏体,因为这种组织既有较高硬度又有良好韧性。对于合金钢,控制和改变碳化物的数量、分布、形态等对提高抗磨粒磨损能力有决定性影响。如铬钢,如果其组织中含有大量树枝状初生碳化物和少量次生碳化物,则耐磨性很低,碳化物呈连续网状分布时也是如此。因此,消除基体中的初生碳化物,并使次生碳化物均匀弥散分布,可显著提高耐磨性。提高钢中碳化物的体积比,一般也能提高耐磨性。钢中含有适量残余奥氏体对提高抗磨粒磨损能力也是有益的,因为残余奥氏体能增加基体韧性,给碳化物以支承,并在受磨损时能部分转变为马氏体提高硬度。采用渗碳、碳氮共渗等表面热处理也能有效地提高抗磨粒磨损能力。经常注意构件的防尘和清洗能大大减轻磨粒磨损。

5.3　摩擦与润滑

摩擦磨损造成失效带来损失,于是人们采取各种方法降低摩擦磨损,润滑就是其中最有效的方法。本节将介绍干摩擦、边界润滑以及流体润滑。

5.3.1　干摩擦

严格意义上的干摩擦是指纯净、没有任何污染的表面直接接触时产生的摩擦,一般只在真空或表面膜破坏瞬间才会出现。通常所说的干摩擦,是指在两个固体表面之间可能存在各种自然污染膜(包括吸附膜和氧化膜,可能有瞬时的润滑作用)情况下的一种摩擦。

摩擦是一种非常复杂的现象,自 15 世纪意大利科学家达·芬奇开始对固体摩擦研究以来,虽然经过几个世纪许多科学家的研究,但至今对摩擦现象的本质仍然缺乏一个完善的理论阐述,根据粘着理论,干摩擦主要来源于以下两个方面。

1. 各接触点上交替发生的粘着和剪切作用

对于每个接触点,这种过程一般可以分为 3 个阶段。

1) 表面膜破坏

由于接触点的接触面积极小,局部压力很大,往往超过软材料的屈服强度,从而使表面膜破裂。

2) 形成牢固的粘结点

在表面膜破裂处,材料直接接触,在表面力的作用下,形成牢固的粘结点,如图 5 - 30 中的 A - C。

3) 粘结点被剪断

在切向力作用下发生相对运动,粘结点 A(图 5 - 31)被剪断。

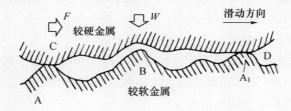

图 5 - 31　干摩擦过程示意图

2. 微凸体互相嵌入形成相对运动时的机械阻力

若两物体表面的硬度相差较大,软材料的表面会被犁削成沟槽。因此,摩擦力是由剪切界面上各粘结点的剪切力和粗糙表面互相嵌入形成的机械阻力组成。对于一般金属—金属摩擦副,机械阻力仅占百分之几,可略去。故干摩擦的摩擦力 F 可按下式计算:

$$F = A_r \tau_b \tag{5 - 49}$$

式中:A_r 为实际接触面积;τ_b 为较软金属表面层(冷硬层)的剪切强度。

由于 $A_r = \dfrac{W}{\sigma_s}$,所以

$$F = \frac{W}{\sigma_s} \cdot \tau_b \tag{5 - 50}$$

摩擦因数

$$f = \frac{F}{W} = \frac{\tau_b}{\sigma_s} \tag{5 - 51}$$

干摩擦带来的摩擦磨损非常严重,因此,通常采取一定的手段在两摩擦表面

167

之间形成一层界面膜,防止摩擦表面的直接接触,降低摩擦阻力,减少磨损。两摩擦表面所处的这种状态就是润滑状态,所形成的薄膜叫做润滑膜。润滑膜可以是流体(如液体、气体),也可以是固体(如 MoS_2、氧化膜或反应膜)。

5.3.2　边界摩擦

边界摩擦是一种极为普遍的摩擦现象,如普通滑动轴承、汽缸活塞环、凸轮与挺杆等的摩擦副都可能处于边界摩擦状态。相对于干摩擦来说,边界摩擦具有较低的摩擦因数,能有效减少磨损,延长寿命,大幅度提高承载能力。

如果摩擦界面上存在一层与介质性质不同且具有一定的润滑性能的薄膜(厚度通常在 $0.1\mu m$ 以下),则该薄膜称为边界膜。在边界摩擦条件下,润滑性能取决于这层膜的性质,所以边界摩擦又叫边界润滑。

1. 边界摩擦的特点

在边界摩擦状态下,润滑剂的极性分子吸附在摩擦表面上形成的表面膜,称为吸附膜。含硫、磷、氯等元素的润滑添加剂能够与摩擦表面起化学反应,生成一层边界膜,叫做化学反应膜。

边界摩擦状态下的摩擦因数只取决于摩擦表面的性质和边界膜的结构形式,与润滑剂的粘度无关。

按膜的结构形式不同,边界膜可以分为吸附膜和反应膜,如表 5-6 所列。

表 5-6　边界膜的分类及其适应范围

分　类	特　点	形成条件	适用范围	举　例
物理吸附膜	由分子吸引力,使极性分于定向排列,吸附在金属表面,吸附与脱吸完全可逆	在 $8kJ/mol \sim 43kJ/mol$ 吸附热时形成,在高温时脱吸	常温、低速、轻载	脂肪酸极性分子吸附在金属表面,形成脂肪酸膜,可作为滑动导轨、轻载蜗杆的润滑
化学吸附膜	由极性分子的有价电子与基体表面的电子发生交换而产生的化学结合力,使金属皂的极性分子定向排列,吸附在金属表面上。吸附与脱吸不完全可逆	在 $42kJ/mol \sim 420kJ/mol$ 的吸附热时形成,在高温下脱吸,随之发生化学变化	中等温度、中等速度、中载	硬脂酸极性分子和氧化铁在有水的情况下,反应生成硬脂酸铁膜

分 类	特 点	形成条件	适用范围	举 例
化学反应膜	硫、磷、氯等元素与金属表面进行化学反应,生成金属膜。其熔点高,剪切强度低。反应不可逆	在高温下反应生成	重载、高温、高速	十二烷基硫醇中的硫原子与铁反应,生成硫化铁,只作为重载齿轮、蜗轮蜗杆传动的润滑及金屑切削冷却液用
氧化膜	金属表面由于晶格点阵原子处于不平衡状态,化学活性大,极易与氧反应,形成氧化膜	在室温下,无油的纯净金属表面氧化生成	只起瞬时润滑作用	室温下切削钢、铁等表面,形成氧化膜(Fe_3O_4)

2. 边界摩擦机理

当界面存在吸附膜时,吸附在金属表面的极性分子形成定向的分子栅,可以形成单分子层吸附膜的定向结构(图5-32(a)),也可以形成多分子层吸附膜。当单分子层吸附膜达到饱和时,极性分子紧密排列,分子间内聚力使吸附膜具有一定的承载能力,从而有效地防止了两摩擦表面的直接摩擦。摩擦副滑动时,表面的吸附膜如两把毛刷子相互滑动(图5-32),降低了摩擦因数,起到了润滑作用。

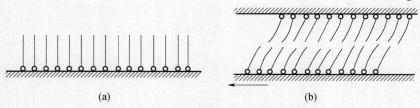

(a)   (b)

图5-32 单层分子吸附膜的定向结构
(a)及润滑作用原理;(b)

当边界膜是反应膜时,由于摩擦主要发生在这个熔点高、剪切强度低的反应膜内,因此也可以有效防止金属表面的直接接触,使摩擦因数降低。

由于实际的构件表面凹凸不平,在载荷作用下,接触凸峰的压力很大;当两表面相互滑动时,接触点上的温度很高,导致边界膜破裂,金属产生直接接触(图5-33)。这时,摩擦力为剪断表面粘着部分的剪切抗力与分子间的剪切阻力之和,用公式表示为

$$F = \alpha A_r \tau_b + A_r(1 - \alpha)\tau_f \qquad (5-52)$$

式中:A_r为承担全部载荷的面积;τ_b为金属粘着部分的剪切强度;τ_f为边界膜的剪切强度;α为在承载面积内发生金属直接接触区域的百分比。

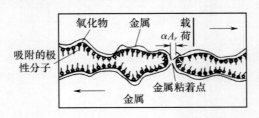

图 5 - 33　边界润滑机理模型

当边界膜能够起很好的润滑作用时,α 是一个比较小的值。摩擦力和摩擦因数可以近似地表示为

$$F = A_r\tau_f \tag{5 - 53}$$

$$f = \tau_f/\sigma_{sy} \tag{5 - 54}$$

式中:σ_{sy}为较软金属的压缩屈服极限。

由此可知,当边界膜能起很好的润滑作用时,摩擦因数取决于边界膜内部的剪切强度。由于边界膜内部的剪切强度比金属的剪切强度低得多,所以此时的摩擦因数比干摩擦时低得多。

边界膜的润滑效果比较差时,α 值比较大,即摩擦面上的粘着点较多,因而使摩擦因数升高。通常,在这种情况下的摩擦因数要比边界膜能起很好的润滑作用时材料的摩擦因数大 3 倍 ~ 4 倍,从而使磨损增大很多。

3. 边界膜的润滑性能

1)吸附膜润滑性能的影响因素

吸附膜中极性分子的结构对吸附膜的润滑影响显著。一般情况下,摩擦因数随极性分子链长的增加而下降,并趋于某一个定值。极性分子的链长决定于分子中的碳原子数,因此,当碳原子数增加时,摩擦因数下降;碳原子数增加到一定数量后,原子个数对摩擦因数的影响越来越小。图 5 - 34 所示为物理吸附膜极性分子链中的碳原子数对摩擦因数的影响。

各种极性分子在物体表面的吸附量有一个最大值,称为饱和吸附量。尚未达到饱和量时,吸附膜亦有一定的润滑能力,但不稳定,只能短期存在;达到饱和量后,吸附膜的润滑性能良好,摩擦因数保持稳定的低值。吸附量随极性分子在基液中浓度的增大而增加,达到一定浓度时,即可获得最大的吸附量。图 5 - 35 所示为十八醇在苯溶液中的不同浓度与吸附量的关系。

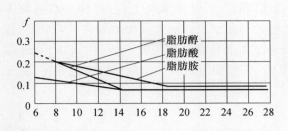
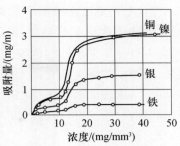

图 5 - 34　极性分子的碳原子数对摩擦因数的影响　图 5 - 35　吸附量与浓度的关系

一般要求边界摩擦在低摩擦因数的同时还要尽量减少磨损,为达到此目的,边界膜必须具有一定的层数,如表 5 - 7 所列。

表 5 - 7　硬脂酸及硬脂酸皂有效润滑的最小吸附层

	铂	不锈钢	银	镍	钼
硬脂酸	>10	3	7	3	3
硬脂酸皂	7~9	1	3	3	3

脂肪酸在金属(特别是钢和铁等活性金属)或其氧化物上发生化学吸附形成皂膜,在边界润滑中是极为重要的现象。这种金属皂膜有极低的剪切强度,具有良好的润滑性能。

2)反应膜的润滑性能

化学反应膜比任何吸附膜都稳定得多,通常其摩擦因数可以在 0.1 ~ 0.25 范围内。化学反应膜的润滑性能与膜的抗剪切强度有关,一般情况下,当膜的抗剪切强度较低时,摩擦因数亦较低。

化学反应膜一般用于重载、高速、高温情况下的润滑,对膜的厚度有一定的要求,有效的边界润滑要求反应膜的厚度为十几至几百个埃。

含硫、磷、氯等元素的添加剂叫做极压(EP)添加剂,由于它们的化学性质相当活泼,容易使金属腐蚀,因此,在使用时要根据摩擦副的材料和工况(温度、速度、压力)等来具体不同的极压添加剂及用量。

4. 影响边界膜性能的因素

1)温度

吸附膜只能在一定的温度范围内使用,超过特定的温度范围,吸附膜将发生失向、散乱或脱吸,使润滑膜失效。引起吸附膜失向、脱吸和散乱的温度称为吸附膜的临界温度。

171

温度对边界膜摩擦因数的影响如图 5–36 所示。可以看出,脂肪酸(曲线Ⅰ)在临界温度以下摩擦因数不随温度而变,超过临界温度,摩擦因数急剧上升;含有极压添加剂的润滑油(曲线Ⅱ),化学反应前摩擦因数较高,达到反应温度后,摩擦因数保持稳定低值;极压添加剂和脂肪酸的混合物(曲线Ⅲ)在低温和高温下,摩擦因数均保持稳定低值,有较好的润滑性能;石蜡油(曲线Ⅳ)的摩擦因数随温度升高而增大。

2)速度

在稳定而平滑的摩擦情况下(速度约在 10^{-3} cm/s ~ 2cm/s 之间),摩擦因数不受速度影响,保持某一定值。在速度非常低时(静摩擦向动摩擦过渡范围内),吸附膜的摩擦因数随速度的增加而下降,达到某一个值后,化学反应膜的摩擦因数随速度增加而增大,然后达到某一个定值(图 5–37)。

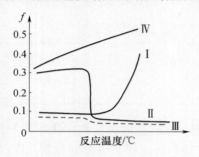

图 5–36　温度对边界膜
的摩擦因数的影响

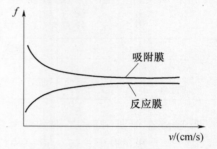

图 5–37　滑动速度对边
界润滑摩擦因数的影响

如果边界润滑转变为液体润滑,摩擦因数急剧下降。

3)载荷

存在吸附膜的边界润滑时,吸附膜的摩擦因数不受载荷的影响,保持某一定值。

在滑动摩擦的情况下,当载荷不足以引起吸附膜脱吸时,吸附膜的润滑性能良好,摩擦表面的磨损很小;但如果载荷能使吸附膜发生脱吸,局部甚至发生破裂时,摩擦因数和表面的磨损量都急剧升高。

在一般载荷作用下,化学反应膜不一定比吸附膜的润滑效果好;但在极高压力条件下,它具有极高的抗粘着能力,能有效地降低摩擦因数,减少磨损。

5.3.3　流体润滑

当两摩擦表面由一层具有一定厚度(1.5μm ~ 2μm)的黏性流体分开时,靠流体内的压力平衡外载荷,流层中的大部分分子不受金属表面离子电力场的作

172

用,可以自由移动;摩擦阻力主要是由流体的内摩擦引起的,这种状态叫做流体摩擦(或流体润滑)。此时,摩擦副的两摩擦表面完全被流体隔开,不发生直接接触;当两表面发生相对运动时,摩擦现象只发生在流体的分子层之间,该摩擦副的摩擦磨损特性与两个表面的材料及表面形貌无关,完全取决于流体本身的黏性。所用黏性流体可以是液体,如各类润滑油、水等,也可以是气体,如空气、氮气、氢气等。

流体润滑具有许多优点,如摩擦阻力低、摩擦因数小(通常为 0.001 ~ 0.08 或更低),润滑膜避免了金属的直接接触,减少了磨损;油膜对金属表面具有保护作用,防止表面锈蚀;同时,油膜具有吸振作用,使机器运转更加平稳;流体流动降低了摩擦热,并对摩擦表面具有一定的冲洗作用,改善了摩擦副的工作条件,延长使用寿命。

按流体润滑膜压力的产生方式,可以将其分为流体动压润滑和流体静压润滑两大类。流体动压润滑是由摩擦面的几何形状和相对运动形成收敛油楔,借助黏性流体的动力学作用,产生油膜压力平衡外载。流体静压润滑是由外部向摩擦表面间供给具有一定压力的流体,借助流体的静压力平衡外载。

流体润滑广泛应用于滑动轴承、滚动轴承、齿轮传动、链传动、螺旋传动、导轨、动密封等摩擦副中。正确设计和选用润滑方式,确保形成流体润滑,需要根据摩擦副的表面几何形状、尺寸、间隙、流体粘度、相对运动速度及载荷等外部条件,运用流体力学的方法,分析流体润滑膜中的压力分布、承载能力、油膜厚度、流量、摩擦力、发热量及温升等。

值得注意的是,由于各种润滑膜的成膜机理和方法不同,研究它们所涉及的学科也各不相同。如流体动压润滑和流体静压润滑,主要应用流体力学和传热学、振动学等来计算润滑膜的承载能力、膜厚、摩擦力及润滑剂的流量、温升等;对于弹性流体动压润滑,由于载荷的集中作用和接触表面的弹性变形,就要应用弹性力学分析表面变形和润滑剂的流变性能;在边界润滑中,主要是从物理化学的角度研究成膜和膜破坏机理。

由于各种润滑状态下的膜厚及膜的性质不同,不能单凭膜厚来判断其润滑效果,只有当膜厚超过表面上微凸体的高度时,才有可能实现膜润滑。因此,在实际机械设备中往往是几种润滑状态同时存在,即形成混合润滑。

第6章　变形失效

　　金属构件在外力作用下产生形状和尺寸的变化称为变形。变形失效的过程一般比较缓慢,一般是非灾难性的,因此并不引起特别的关注。但忽视变形失效的监督和预防,也会导致很大的损失。因为过度的变形最终会导致断裂。

　　在常温或温度不高的情况下的变形失效主要有弹性变形和塑性变形失效,弹性变形失效主要是变形过量或丧失原设计的弹性功能,塑性变形失效一般是变形过量。在高温下的变形失效有蠕变失效和热松弛失效。

6.1　弹性变形失效

1. 弹性变形

　　加上外载荷后就产生,卸去外载荷后即消失的变形称为弹性变形,而且变形消失后,构件的形状和尺寸完全恢复到原样。在外载(包括温度等条件)作用下固体材料产生弹性变形,是固体材料的一种体积效应。在弹性状态下,固体材料吸收加载的能量,依靠原子间距的变化而产生变形,但因未超过原子之间结合力,因此卸载时能量全部释放,变形完全消失,材料恢复原样。

　　图6-1所示为金属材料拉伸试验时得到的应力—应变曲线,直线段是弹性变形阶段,其应力 σ 与应变 ε 成正比 $\sigma = E\varepsilon$,遵从胡克定律。比例常数 E 称为弹性模量,反映金属材料对弹性变形的抗力,代表材料的刚度。

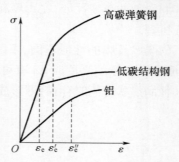

图6-1　3种材料的应力—应变曲线

174

各种钢材的 E 值大致相同(约为 $2 \times 10^5 \mathrm{MPa}$)。如果材料的弹性极限比较大(如图 6-1 中的弹簧钢的 $\sigma - \varepsilon$ 曲线所示),则其最大弹性变形量比低碳钢大,$\varepsilon'_e > \varepsilon_e$,弹性比较好。需要注意的是,不能只根据 E 值的大小判断材料弹性的好坏,还要根据发生塑性变形前的最大弹性变形量的大小。图 6-1 中所示铝的弹性比钢要好,$\varepsilon''_e > \varepsilon_e$,但铝的弹性模量 E 却比钢要小,约为 $0.7 \times 10^5 \mathrm{MPa}$。因此,要获得具有良好弹性的材料,应从提高材料的弹性极限及降低弹性模量入手。

2. 弹性变形的特点

弹性变形在理论上具有可逆性、单值性和变形量很小 3 个特点。

弹性变形具有可逆性,即加载时产生,卸载后恢复到原状。

弹性变形过程中,不论是加载还是卸载阶段,只要是在缓慢加载条件下,应力与应变都保持正比的单值对应线性关系,即符合胡克定律。

弹性变形主要发生在弹性阶段,在塑性阶段也发生少量的弹性变形,但两个阶段弹性变形的总量很小,加起来一般小于 $0.5\% \sim 1.0\%$。

3. 失去弹性功能的弹性变形失效

如果装备构件的弹性变形已不遵循变形可逆性、单值对应性及小变形量的特性,则会失去弹性功能而失效。

失去弹性功能的弹性变形失效比较容易判断,如在很小的拉力下,弹簧秤的弹簧被拉得很长;压力容器没有超压,安全阀上的弹簧就能把阀芯顶起,说明弹力已经松弛;各种装备上安置的弹簧,因生锈变质,失去了原设计的应力与应变的对应性等也是这种失效形式。

4. 过量的弹性变形失效

如果装备构件产生的弹性变形量超过所允许的数值而产生失效,称为过量的弹性变形失效。

对于承受弯曲变形的轴类零件,过大的弹性变形量(过大挠度、偏角或扭角等)会造成轴上啮合零件的严重偏载,甚至啮合失常,同时也会造成轴承的严重偏载,甚至咬死,进而导致传动失效。对于承受拉压变形的杆柱类零件,弹性变形量过大会导致支撑件过载或机构动作失误。

判断过量的弹性变形失效往往很困难,因为在工作状态下引起的过量的弹性变形,在解剖构件或测量尺寸时,变形往往已经恢复。因此,为了判断是否是由于弹性变形过量而引起失效,要综合考虑以下几个因素。

(1)失效的装备(构件)是否有严格的尺寸匹配要求,是否是在高温或低温等温差较大的条件下工作。

(2)正常工作时,互相不接触而又很靠近的零件表面上是否有划伤、擦伤或磨损的痕迹。如果有这样的痕迹,而且装备停转时构件相互间仍有间隙,便可作为判断过量弹性变形失效的依据。

(3)设计时是否考虑了弹性变形的影响并采取了相应措施。

(4)根据装备构件的设计原理、工作参数等,通过计算验证是否有产生过量弹性变形的可能。

(5)弹性变形在微观机制上是晶格的变形,因此可用 X 射线法检测金属受载时晶格常数的变化,验证是否符合要求。

5. 弹性变形失效的原因及防护措施

装备构件产生弹性变形失效的主要原因是过载、超温或材料变质等,而造成这些原因的往往是设计上的考虑不周、计算错误或选材不当等。因此,预防弹性变形失效要从下列几个方面考虑。

(1)选择合适的构件结构和材料。对弹性变形有严格限制的装备构件,要选择刚性较高的材料(弹性模量 E 值高的材料不容易弹性变形)与设计结构;增加构件承载的截面积能降低应力水平而减小弹性变形;对于质量相同的构件,把材料尽量分布于截面中心轴的较远处,使构件获得尽可能大的刚度,会使变形减小。

(2)确定适当的构件配合尺寸及变形约束条件。对于承受拉压变形的杆柱类零件、承受弯扭变形的轴类零件,其过量的弹性变形都会使构件丧失配合精度,从而导致动作失误,因此要精确计算可能产生的弹性变形及变形约束,得到适当的配合尺寸。

(3)采用受变形影响较小的连接件,如皮带传动、软管连接、柔性轴、椭圆管板等。

6.2 塑性变形失效

6.2.1 塑性变形

当应力超过屈服极限后,如果材料能产生显著的、不可逆的变形,而又不立即破坏,称为材料的塑性变形。塑性变形量的大小反映了材料塑性的好坏。一般用伸长率 δ 和断面收缩率 Ψ 来反映材料塑性的优劣,伸长率和断面收缩率越高,塑性越好。金属材料最大的塑性变形量可达百分之几十。金属的塑性变形一般可看做是晶体的缺陷运动,其中位错运动是基本的、主要的。

6.2.2 塑性变形的特点

塑性变形在理论上具有不可逆性、变形量不恒定、变形速度慢及变形过程中伴随材料性能变化等特点。

1. 不可逆性

塑性变形是不可恢复的,当应力等于或高于屈服极限后产生变形,卸载后其变形仍保留在材料内。光滑的构件经塑性变形后,表面可见滑移痕迹;把滑移痕迹用光学显微镜放大,可见滑移条带间距为10^{-3}cm～10^{-4}cm,带间高度差为10^{-4}cm～10^{-5}cm;用电子显微镜再把滑移条带放大,可见滑移条带由许多滑移线组成,滑移线间距为10^{-6}cm左右,线间高度差为10^{-6}cm～10^{-7}cm。塑性变形的微观机制表明,位错运动及其增殖使晶体的一个晶面在另一个晶面上逐步滑移,卸载后的宏观表现则是塑性变形保留下来,并且可以观察及测量。充分退火的软金属,位错的密度为10^5cm^{-2}～10^8cm^{-2},经过强烈塑性变形后位错密度则可达10^{11}cm^{-2}～10^{12}cm^{-2}。

2. 变形量不恒定

绝大部分金属都是多晶体,各个晶粒的取向不同,晶面滑移的先后顺序不同,从而使各晶粒变形具有不同时性及不均匀性的特征。实际装备上的构件,其在各个部位的塑性变形量不相同,个别塑性变形量大的部位将出现材料的不连续,往往成为断裂失效的裂源。

3. 变形速度慢

金属的弹性变形是以声速传播的,但塑性变形的传播则很慢。

4. 变形过程中伴随材料性能变化

塑性变形过程中,伴随有材料性能的变化。因为塑性变形时,金属内部组织结构发生变化,位错运动及增殖或造成晶面的滑移和亚晶结构的形成;同时也会产生晶粒歪扭以及微裂纹等缺陷。如在材料加工过程中,随着塑性变形量的增加会产生加工硬化,原因就是位错密度增加、位错缠结、位错运动相互作用及运动阻力增加,其宏观表现就是应变硬化。

6.2.3 塑性变形失效

承受一定力的金属构件一般限制材料出现塑性变形,设计时就考虑使其在弹性变形范围内工作,因为塑性变形容易引发裂纹等缺陷。但实际的构件不是出现任何程度的塑性变形都会失效,尤其是当采用塑性好的材料时,局部位置应力超过屈服极限还有自限性。当装备构件的塑性变形速率不高,变形量不大,不影响正常功能的发挥时,这种塑性变形是容许的。但当装备构件产生的塑性变形量超过允许的数值时,就称为塑性变形失效,其判断以是否影响了构件执行正常功能为依据。

塑性变形失效一般比较容易鉴别。如果塑性变形尺寸过大,将失效件进行测量,与正常件进行比较即可判定;如果塑性变形所引起的形状变化量过大,如鼓胀、椭圆度增大、翘曲、凹陷及歪扭畸变等,则用肉眼观察或用形规对比即可判别。如家用的液化石油气钢瓶是一种薄壁圆筒形的压力容器,如过量的充装液化石油气,则可测量出气瓶的中部外直径明显增大;当肉眼观察到其形状由圆筒形胀成腰鼓形,且卸压后其形状也不会变回圆筒形,这时的气瓶就不能再使用了,可直接判为塑性变形失效。一般情况下,为保气瓶安全使用,液化石油气的充装量不能超过90%。

图 6-2 所示是用 AISI304 不锈钢管进行承压试验的试样。试验前把钢管两端焊上圆筒形的平盖接管,如图 6-2(a)所示,然后进行加压试验,失效后的试样形貌如图 6-2(b)所示。当试样承受均匀的内压力时,圆筒壁内有拉伸应力,由于周向应力比经向应力大($\sigma_{周向} = 2\sigma_{经向}$),因此圆筒中部是刚性最弱的部位,在周向应力达到屈服极限后产生塑性变形。随着压力的增大,塑性变形使圆筒逐渐变形成腰鼓形,4#试样加压试验后卸压,其变形不可恢复,但没有出现破裂。对 1#、2#试样施加更大的压力,过量的塑性变形使圆筒壁不断减薄,最终承载能力超过材料的强度极限而出现了破裂。

(a)   (b)

图 6-2 承受内压的 AISI304 不锈钢管的塑性变形及断裂试验
(a)未加压的圆筒形;(b)塑性变形后的鼓胀及断裂。

6.2.4 塑性变形失效的原因及预防措施

装备构件产生塑性变形失效的主要原因是过载,过载使构件受到的实际载荷过大,从而出现影响构件使用功能的过量的塑性变形。过载不仅包括对构件承受的外载荷估计不足,实际操作载荷超过原设计的最大操作载荷引起工作应力超值,还包括偏载引起局部应力、复杂结构应力计算误差及应力集中、加工及热处理产生的残余应力、材料微观不均匀的附加应力等因素,使构件受力不均匀,局部的总应力超值。虽然塑性变形失效是一种比较慢速的失效形式,失效前又有可观测的变形征兆,但如不注意预防,塑性变形会发展成断裂。

根据塑性变形失效的机理,应主要采取如下的预防措施。

(1) 合理选材,使装备构件具有足够的抵抗塑性变形的能力。材料应具有适当的屈服强度,还要保证质量,控制其组织状态及冶金缺陷。

(2) 准确确定装备构件的工作载荷,正确进行应力计算,合理选取安全系数及结构设计,减少或降低应力集中水平。

(3) 严格按照加工工艺规程进行加工,尽量降低或消除残余应力。

(4) 严禁超载运行。

(5) 如装备构件在腐蚀环境下工作,要适时检测构件强度尺寸的减小。

6.3　高温作用下的变形失效

金属构件如果长时间在高温下工作,即使所受到的应力恒小于其屈服强度,也会缓慢地产生塑性变形,当变形量超过规定要求时,会导致塑性变形失效。高温是指高于 $0.3T_m$(T_m 是以摄氏温度表示的金属材料的熔点)的温度,一般情况下碳钢在 300℃ 以上,低合金强度钢在 400℃ 以上。长期服役的构件容易产生高温作用下的变形失效,其主要失效形式有蠕变变形失效和应力松弛变形失效。

6.3.1　蠕变变形失效

1. 蠕变变形失效

金属材料在长时间的恒温、恒应力作用下,即使其受到的应力低于材料的屈服强度,也会缓慢地产生塑性变形,这种现象称为蠕变。蠕变积累到一定程度,超过了其设计的变形范围,或者产生了破裂,就发生了蠕变变形失效。锅炉受热面管子、蒸汽管道长期在高温下工作,且由于实际操作的短期及长期超温,往往加速其蠕胀(甚至爆破),是高温蠕变变形失效的典型实例。

蠕变过程可用蠕变曲线来描述,大多数金属材料的蠕变曲线都有 3 个明显的阶段,典型的蠕变曲线如图 6-3 所示。

图中 oa 段是加载后引起的瞬时应变 ε_0。从 a 点开始,随时间 t 的增加产生的形变属于蠕变,曲线 $abcd$ 即为蠕变曲线。ab 段式第 I 阶段,是减速蠕变阶段,开始时的蠕变速率最大,至 b 点时蠕变速率最小,即塑性应变逐渐增加,但应变速率却逐渐减小。这是因为蠕变刚开始时晶内滑移和晶界滑动等位错刚开始,障碍较少,但随后出现位错增殖及空位,位错逐渐塞积,位错密度增大,晶格畸变增加,造成形变强化,蠕变速率随之降低。bc 段是第 II 阶段,为恒速蠕变阶段,

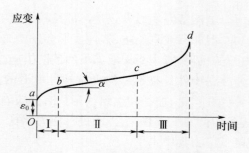

图 6-3　典型蠕变曲线示意图

此时蠕变在一个大致恒定且较小的速率下增加。如果载荷不大,此阶段的时间一般很长,此时位错移动与形变强化达到平衡状态,这就是稳态蠕变。在稳态蠕变的后期,总的形变量往往会超过规定要求,从而产生蠕变变形失效。如果稳态蠕变阶段结束时总变形量尚未超标,则蠕变进入第Ⅲ阶段。第Ⅲ阶段在图 6-3中为 cd 段,是加速蠕变阶段。此时,由于位错运动导致金属内部的晶粒变形增大,晶界移动受到限制会产生微裂纹;另外,晶格缺陷移动向晶界塞积形成空位,也会在晶界处产生微裂纹。此阶段变形加速增长,材料逐渐丧失抵抗变形的能力,裂纹扩展,最终导致断裂。

　　蠕变变形失效是塑性变形失效,具有塑性变形失效的共性特征,但发生蠕变失效的装备构件并不一定过载,只是载荷大时,蠕变变形失效的时间短,恒速蠕变阶段的蠕变速度大。高温蠕变变形失效不仅有蠕变变形引起的构件外部尺寸的变化,还有金属内部组织结构特有的变化。如珠光体耐热钢长期在高温下运行会发生珠光体球化、石墨化、碳化物的聚集与长大、再结晶,固溶体及碳化物中合金元素的重新分布等,这些内部组织结构的变化会导致构件高温力学性能及承载能力的下降,从而使蠕变和失效速度加快。

　　2. 蠕变极限及持久强度

　　材料抵抗蠕变的能力用蠕变极限或持久强度来衡量。

　　蠕变极限是长期高温载荷下材料抵抗塑性变形的抗力指标,用给定温度下材料产生规定的蠕变速率的应力值或材料产生一定蠕变变形量的应力值来表示。

　　持久强度是材料在长期高温载荷下,不发生蠕变断裂的最大应力值。

　　材料的蠕变极限及持久强度高,则抗高温蠕变性能好。汽轮机的叶片、叶轮、隔板和汽缸等构件,在高温应力下长期运行,不允许有较大的变形,因此设计时有严格的蠕变变形量的要求。

　　3. 高温蠕变变形失效的预防

　　预防高温蠕变变形失效的主要措施是选用抗蠕变性能合适的材料,并防止装备构件的超温使用。

图 6 - 4 所示是某动力锅炉的过热管束,环焊缝以前管段(左图中的上段)是低温段,从经济性考虑,采用成本较低的 20 低碳钢钢管;环焊缝以后管段(左图中下段)是高温段,采用性能较好的 12CrMoV 低合金耐热钢钢管。运行 3 年后,过热管陆续发生了蒸汽泄漏现象,检查发现几乎所有过热管的异种钢接头在 20 钢管一侧有胀管现象,并有多根管子胀裂。通过对胀区金属材料的微观观察,发现 20 碳钢中的珠光体消失,严重球化,相当于珠光体球化标准 6 级,而正常的 20 钢金属微观组织应为铁素体 + 片层状珠光体。出现这种失效形式的原因就是管束的实际强度是连续变化的,在焊缝附近的管材经受的是大致相同的工作条件,即低温段 20 钢管一侧在环焊缝附近承受的也是高温,因此产生了高温蠕变变形失效,而耐热钢抗蠕变性能比低碳钢好,就没有类似现象。在设计时如果考虑把耐热钢选用的部位往低温段适当延伸,就可以避免这种现象;如果整个管束全选用耐热钢则更安全。

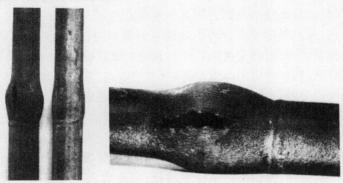

图 6 - 4   过热管的蠕变变形及胀裂

6.3.2   应力松弛变形失效

蠕变是在应力不变的条件下,构件不断产生塑性变形的过程;松弛则是在总变形不变的条件下,弹性变形不断转为塑性变形并使应力不断降低的过程。

处于应力松弛条件下的构件,在一定的温度下,弹性变形量与塑性变形量的变化可用下式表示:

$$总变形量\ \varepsilon_0 = \varepsilon_弹 + \varepsilon_塑 = 常数$$

金属蠕变与应力松弛都是长期高温作用下塑性变形的表征,只是约束变形条件不同,而表现形式有所不同。构件刚开始工作时的变形 $\varepsilon_0 = \Delta L/L$,全为弹性变形;由于高温松弛也是基于蠕变现象产生的,因此当总变形恒定时,如果产生塑性蠕变变形,就要降低弹性变形量,因此,随时间的增加,弹性变形 $\varepsilon_{弹}$ 逐渐降低,塑性变形 $\varepsilon_{塑}$ 则逐渐增加。应力松弛可用图线来表示,称为应力松弛曲线。图 6-5 所示是在给定温度和初始变形量不变条件下,应力随时间降低的曲线示意图。曲线有两个阶段,第 I 阶段持续时间较短,应力随时间增加急剧下降;第 II 阶段持续时间很长,应力下降很缓慢,而且往往经很长时间仍看不到松弛的下限应力。在某一时间段上构件所保持的应力称为残余应力。

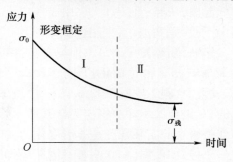

图 6-5 金属的应力松弛曲线示意图

材料抵抗应力松弛的性能称为松弛稳定性,用残余应力 $\sigma_{残}$ 来衡量。在一定的高温和初始应力下,经规定的工作时间后,材料的残余应力高则说明其松弛稳定性好。

燃气涡轮、蒸汽涡轮的组合转子或法兰的紧固力,拱构件的紧固力,高温下使用的压紧弹簧的弹力,热交换器管子与管板的胀接力等,在长期高温使用中都会出现应力松弛,当残余应力降低至影响构件执行正常功能时,及产生应力松弛失效或松弛变形失效。

预防高温松弛失效的措施是选用松弛稳定性好的材料。对紧固性构件可在其使用过程中对其进行一次或多次再紧固,即在应力松弛到一定程度时重新紧固,这是经济而又有效的方法。但要注意每一次再紧固都会对松弛性能有影响,因为每进行一次紧固,材料都产生应变硬化,残余应力也会有所下降,随着塑性应变的总量增加,材料最终会断裂。

182

第7章 再制造装备的失效及寿命预测

7.1 再制造工程技术简介

再制造工程是以机电产品全寿命周期设计和管理为指导,以废旧机电产品实现性能跨越式提升为目标,以优质、高效、节能、节材、环保为准则,以先进技术和产业化生产为手段,对废旧机电产品进行修复和改造的一系列技术措施或工程活动的总称。简言之,再制造是废旧机电产品高科技维修的产业化。再制造的重要特征是再制造产品的质量和性能要达到或超过新品,成本仅是新品的50%,节能60%、节材70%以上,对保护环境贡献显著。在国家可持续发展战略和"以人为本,人口、资源、环境协调发展"的科学发展观指导下,再制造工程已成为构建循环经济的重要组成部分。

废旧产品的再制造工程是通过各种高新技术来实现的。在这些再制造技术中,有很多是及时吸取最新科学技术成果的关键技术,如先进表面技术、微纳米涂层及微纳米减摩自修复材料和技术、修复热处理技术、再制造毛坯快速成形技术及过时产品的性能升级技术等。

7.1.1 表面改性技术

1. 离子束表面改性技术

离子束技术进入应用研究后,就得到了迅速的发展。离子束表面工程技术的分类方法很多,根据处理表面的功能性可分为 3 类:离子注入、离子束沉积以及注入与沉积的复合处理。离子束注入技术包括常规离子注入技术、等离子体源离子注入技术、等离子体基离子混合技术;离子束沉积镀膜技术包括离子镀技术、溅射镀膜技术和离子束辅助沉积技术;离子束复合强化技术包括了蒸镀+离子注入、离子镀+离子注入、渗氮+等离子体源离子注入、离子氮化+离子镀以及离子镀+离子束增强沉积等。

在过去的十几年中,离子注入、沉积等离子束技术得到深入研究,早期研究主要针对金属材料的摩擦磨损、滑动性能的影响,并成功实现了工业应用。目前离子束表面工程技术已经扩展到陶瓷材料、高分子聚合物材料、半导体材料、生物材料等领域。

1）等离子体浸没离子注入

常规离子注入的缺点是：束流均匀性一般较差；离子束组分的相对分量不稳定，且其能量和剂量也不能确定；处理复杂形状时要求工件翻转。其致命缺点是注入过程是一个视线过程（line of sight），只有曝露在离子枪口下的工件表面才能被离子注入，对于工件中需要表面改性的内表面、沟槽表面等，离子束则难以达到；一次只能注入一个工件，注入效率低，设备复杂昂贵。这些缺点大大限制了离子注入的应用范围。

等离子体浸没注入（Plasma Ion Immersion Implantation，PⅢ）是近年来兴起的一种新型的材料改性手段，最初由美国威斯康星大学 J. R. Conrad 教授于1987年提出，并被称为等离子体源离子注入。PⅢ具有以下优点：克服了视线效应，曝露在等离子体气氛中的表面被同时注入，因此可处理复杂外形结构的器件；离子垂直轰击表面，减少了有害的溅射效应；和其他等离子体工艺能够兼容，如刻蚀、沉积等，能够在同一系统上集成多个等离子体工艺；能对绝缘材料实施离子注入；可以获得大剂量低能离子电流，能够满足微电子的工艺要求；不同试样间有相对独立的鞘层，因此可批量处理；装置能够简化，因此造价低，维护和运行比较容易。

等离子体浸没离子注入与沉积技术在大面积离子注入、批量注入的均匀性、内表面注入等方面还需要进一步的深入研究。

2）强流脉冲离子束技术

强流脉冲离子束（High-Intensity Pulsed Ion Beam，HIPIB）技术，亦称为高功率脉冲离子束技术，是20世纪70年代中期在惯性约束核聚变和高能量密度物理研究的基础上发展起来的。

HIPIB 辐照可在材料表面实现瞬间高密度能量沉积（$1J/cm^2 \sim 100J/cm^2$），使表面快速速升温（$108K/s \sim 1011K/s$），发生熔化，汽化/烧蚀，激发等离子体气团，并对靶材产生冲击波。辐照结束后，靶材表面快速冷却（$108K/s \sim 109K/s$）。这种辐射能造成材料表面形貌、组织结构以及化学成分的变化，进而引起材料表面各种性能的改变。HIPIB 的这些特性使其在材料表面工程领域具有广阔的应用前景。美国康奈尔大学首先将 HIPIB 应用于半导体离子注入和退火研究。随后，研究人员开始探索 HIPIB 技术在其他材料工程领域的应用。目前，美国、俄罗斯、日本、德国和中国的研究机构开展了 HIPIB 表面改性技术的研究工作。研究范围包括半导体掺杂及退火、金属材料表面辐照改性、离子束混合、表面再制造和烧蚀等离子体工艺，比较成熟的工作集中在金属材料耐磨损、耐腐蚀表面改性方面。

HIPIB 技术在材料表面工程领域的应用研究尚处于初级阶段，HIPIB 与材

184

料(金属、陶瓷、涂层)交互作用及性能变化机理,辐照阐述对材料性能的影响规律、参数选择、性能变化依然是亟需研究的内容。

3)等离子体喷涂物理气相沉积技术

等离子体喷涂物理气相沉积技术(Plasma Spray Physical Vapour Deposition, PS-PVD)是近年来发展起来的基于低压等离子体喷涂原理的热喷涂技术,其特点是在气相中制备涂层。与传统真空等离子体喷涂(Vacuum Plasma Spray, VPS)或低压等离子体喷涂(Low Pressure Plasma Spray, LPPS)相比,该技术的等离子体枪能量高,工作压力相对较低(约0.1KPa,1mbar),不仅能够通过熔融原料液态急冷的方法制备涂层,而且可通过原材料首先气化继而沉积的方法制备涂层,其独特的柱状晶微观组织结构与气相沉积类似。因此,PS-PVD填充了传统PVD技术与热喷涂技术的间隙,兼具了两者的优点。PS-PVD制备涂层拥有独特的微观结构,其性能优于其他热喷涂和电子束物理气相沉积涂层。与EB-PVD相比,PS-PVD将气化的涂层材料加入超音速等离子体流中。由于等离子体体喷射的气流作用,可在复杂形状零部件如翼型涡轮叶片上喷涂一层柱状晶隔热涂层。即使是阴影区域或与源无法直接照射到的区域也可以均匀喷涂涂层。发明者认为该技术提供了一种制备热障涂层体系的新方法,显然这种方法其他方面(如抗冲蚀涂层、装备再制造)具有广阔的应用前景。其工作原理、参数对组织结构的影响以及性能仍需深入研究。

4)电子回旋共振

电子回旋共振(Electron Cyclotron Resonance, ECR)离子源,以其产生的离子种类多、束流强度大、电荷态高、束流品质好、稳定性和重复性高、可长期连续运行等优点,被国际上公认为当前产生强流高电荷态离子束最有效的装置。ECR源的发展为其他学科开辟了诸多新的研究方向,如高离化态原子物理、表面物理、材料科学研究等。除了基础研究外,ECR源还广泛地应用于离子注入、离子束刻蚀、薄膜技术、材料表面改性、辐照育种等领域。

ECR源产生等离子体与PVD、CVD技术复合,出现一些列新的离子束表面工程技术,如电子回旋共振—化学气相沉积(ECR-CVD),电子回旋共振—等离子体增强化学气相沉积(ECR-PECVD),电子回旋共振—射频—等离子体增强化学气相沉积(ECR-RF-PEVCD)等。在低温等离子体增强化学气相沉积、离子注入和金刚石薄膜制备等离子束技术领域有广泛应用。

5)离子束纳米结构涂层技术

离子束沉积涂层的体系主要包括两类,即纳米复合涂层和纳米多层涂层。

硬质纳米复合涂层一直是研究的热点和重点。J. Musil提出了一种新的超硬涂层制备方法(nc-MeN)/metal,其中nc表示纳米晶,MeN表示过渡族金属氮化物,可能的金属包括 Cu、Ni、Ag 等,这类涂层可以在保持较高硬度的同时,获得极好的韧性。当前硬质纳米复合涂层的研究重点是:①纳米复合涂层的热稳定性;②纳米复合涂层的热循环;③具有热稳定性,可保护基体防止 1000℃氧化的氮化物、氧化物基非晶涂层;④少量纳米晶粒弥散分布在非晶基体中的纳米复合涂层,其硬度(H)与弹性模量(E)之比 $H/E > 0.1$;⑤硬且韧的涂层;⑥利用熔融磁控靶蒸发制备氧化物涂层,沉积速率达 $1000nm/min$。

硬质纳米多层涂层按其材料组成分为金属/金属、金属/陶瓷、陶瓷/陶瓷,其各调制层的结构可以是单晶、多晶或非晶。其研究重点是材料复合和结构参数对多层膜微观结构演变及力学性能的影响。超硬效应、提高韧性、模版效应等是多层膜关注的方向。晶态过渡族金属氮化物可使其上生长的非晶层晶化,即"模版效应"。最近研究表明,"模版效应"在碳化物中也存在,如 VC/Si_3N_4、TiC/Si_3N_4、HfC/Si_3N_4、VC/AlN、TiC/SiC。纳米多层膜中的非晶层厚度小于临界值(约 $1nm$)时会晶化,出现外延生长,导致硬度升高。

2. 电子束表面改性技术

电子束表面处理的功能与激光表面处理基本上相同,但后者不需要真空室,因此工件的形状尺寸不受限制,便于推广应用,发展速度远大于前者。但电子束有其独特的优点,如:①电子束加热不需黑化处理,可对精加工后的表面直接进行表面淬火;②电子束热电转换效率可达 90%,激光的光电转换效率仅为 10% 左右;③电子束设备功率稳定,输出功率大,最高功率可达 $150kW$,激光设备目前最大的输出功率为 $15kW$。

1) 电子束表面处理原理

高速电子流轰击材料表面时,电子可穿过材料表面,进入到距表面一定深度,给材料的原子以能量,并把电子的动能转化为热能,从而使被处理材料表层温度迅速升高。电子流的透入深度主要取决于加速电压的高低。对于钢铁材料,当加速电压为 $10kV$、$60kV$、$120kV$ 时,透入深度分别为 $1\mu m$、$10\mu m$、$40\mu m$。电子束的能量密度最高可达 $10^9 W/cm^2$。

2) 电子束表面处理技术

(1) 电子束表面淬火(电子束相变硬化)。电子束表面淬火,功率在一定范围内变化时,表面都能淬硬。扫描速度过快起不到硬化效果,过慢会引起材料表面出现微熔。扫描速度一定时,功率增大则使实际奥氏体化温度升高,引起马氏体组织粗化。改变电子束的功率密度和扫描速度,可以改变淬火带的宽度和淬硬层深度。

(2) 电子束熔凝处理。电子束熔凝处理在真空中进行,具有真空脱气效果,因此表层熔凝层质量高。同时零件表面无需黑化预处理,处理时不需要保护气体,使用成本比激光低。电子束熔凝层的组织与性能与激光熔凝层相似。目前该工艺主要用于工模具和铸铁零件的局部强化。

（3）电子束表面合金化及熔覆。如将镍基、钴基合金粉末和碳化钨粉末涂敷在45钢表面进行电子束合金化或熔敷处理,在钢表面形成含镍、硼、钴、钨等合金元素的合金层或熔敷层。硼合金层硬度可达1200HV～1900HV,碳化钨合金层硬度可达980HV～1300HV。合金层为精细枝晶结构,向内为淬火组织,使金属表面具有很好的耐磨、耐腐蚀及耐热性能。

3. 激光表面改性

1) 激光再制造技术的概念及其分类

激光再制造技术是指应用激光束对废旧零部件进行再制造处理的各种激光技术的统称,按激光束对零件材料作用结果的不同,激光再制造技术主要可分为两大类,即激光表面改性技术和激光加工成形技术。

激光相变硬化又称为激光淬火,是指激光以105℃/s～106℃/s加热速度作用在金属表面上,使其温度迅速上升至相变点以上,并通过基体热传导作用使之以105℃/s冷却速度实现自淬火,从而提高工件表面的硬度和耐磨性。激光相变硬化淬硬层深度可以精确控制,但其深度小于3mm。

激光表面合金化是采用激光束加热金属表面,并加入一定的合金元素改变金属表面层的化学成分、组织和性能的方法。通过优化激光处理工艺参数和合理选择加入的合金元素,可以在金属零部件表面获得设计性能的表面复合涂层,从而提高零部件表面耐磨、耐蚀及其他性能。

激光表面熔凝是采用适当的激光束辐照金属表面,使其表层快速熔化和冷凝,得到具有超细晶组织结构的表层,达到提高材料性能的目的。激光表面熔凝处理可以提高工件的硬度、耐磨性能及疲劳性能等。激光表面非晶化是指利用高能量密度($10^7 \text{W/cm}^2 \sim 10^8 \text{W/cm}^2$)激光束超快速加热金属表面并使表面熔体超快速冷却(约106℃/s)至其晶化温度以下,从而在金属表面形成一薄层(1 μm～10 μm)原子排列为长程有序而短程无序的非晶态合金层。表面非晶态合金层具有优异的耐磨性、耐蚀性,同时具有优良的力学性能及特殊的电学和磁学性能。

2) 激光熔覆

激光熔覆技术是指在被涂覆基体表面上,以不同的添料方式放置选择的涂层材料,经激光辐照使之和基体表面薄层同时熔化,快速凝固后形成稀释度极低、与基体金属成冶金结合的涂层,从而显著改善基体材料表面的耐磨、耐蚀、耐热、抗氧化等性能的工艺方法。

3) 金属零部件的激光烧结快速成形制造与再制造技术

激光烧结快速成形制造和再制造技术主要是指在数控模型控制下,用高功率激光束烧结金属粉末直接成形零部件或在废旧零件缺损部位烧结金属粉末恢复零件形状和功能。

目前,用于直接成形金属零部件的技术主要包括激光选择性烧结技术(Laser Selective Sintering,LSS)。选择性激光烧结件往往成多孔状低密度结构,可以将低熔点金属熔化后渗入烧结件形成金属模具。LSS 可以烧结金属或陶瓷等高熔点材料直接成形为金属零部件,并且具备烧结原料选材广泛、适用性广等优点,烧结件可加工电极等功能性零件使用,但制件的强度和精度问题一直是该技术制造和再制造结构零件走向实用化的一大障碍。

4) 激光仿形熔铸再制造技术

基于激光熔覆技术,沈阳大陆集团沈阳大陆激光技术有限公司研究开发出了激光仿形熔铸再制造技术。激光熔铸通常采用预置涂层或喷吹送粉方法加入熔铸金属,利用激光束聚焦能量极高的特点,在瞬间将基体表面微熔,同时使熔覆金属粉末(与基体材质相同或相近)全部熔化,激光离去后快速凝固,获得与基体为冶金结合的致密覆层,使零件表面恢复几何外形尺寸,而且使表面涂层强化。

激光熔铸仿形再制造技术解决了振动焊、氩弧焊、喷涂、镀层等传统修理方法无法解决的材料选用局限性、工艺过程热应力、热变形、材料晶粒粗大、基体材料结合强度难以保证等问题。

7.1.2 表面覆镀技术

1. 等离子喷涂技术

1) 等离子喷涂原理

等离子喷涂是以等离子弧为热源的热喷涂。等离子弧是一种高能密束热源,电弧在等离子喷涂枪中受到压缩,能量集中,其横截面的能量密度可提高到 $10^5 \mathrm{W/cm^2} \sim 10^6 \mathrm{W/cm^2}$,弧柱中心温度可升高到 15000K ~ 33000K。在这种情况下,弧柱中气体随着电离度的提高而成为等离子体,这种压缩型电弧为等离子弧。

图 7−1 所示是等离子喷涂原理示意图。右侧是等离子体发生器,又叫做等离子喷涂枪,根据工艺的需要经进气管通入 N_2 或 Ar。也可以再通入 5% ~ 10% 的 H_2。这些气体进入弧柱区后,将发生电离,成为等离子体。由于钨极与前枪体有一段距离,故在电源的空载电压加到喷涂枪上以后,并不能立即产生电弧,还需在前枪体与后枪体之间并联一个高频电源。高频电源接通使钨极端部与前

枪体之间产生火花放电,于是电弧便被引燃。电弧引燃后,切断高频电路。引燃后的电弧在孔道中产生压缩效应,温度升高,喷射速度加大,形成等离子体弧,此时往前枪体的送粉管中输送粉状材料,粉末在等离子焰流中被加热到熔融状态,并高速喷打在零件表面上。当撞击零件表面时熔融状态的球形粉末发生塑性变形,粘附在零件表面,各粉粒之间也依靠塑性变形而互相钩接起来,随着喷涂时间的增长,零件表面就获得了一定尺寸的喷涂层。

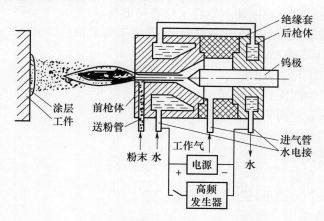

图 7-1 等离子喷涂原理示意图

2)等离子喷涂的主要特点

(1)零件无变形,不改变基体金属的热处理性质。

(2)涂层的种类多。

(3)工艺稳定,涂层质量高。

此外,等离子喷涂还和其他喷涂方法一样,具有零件尺寸不受严格限制,基体材质广泛,加工余量小,可用于喷涂强化普通基材零件表面等优点。

2. 电刷镀技术

电刷镀是用一块棉团将阳极包裹起来,蘸上槽镀液,在工件缺陷处擦抹。刷镀时,在镀刷的棉花包套中浸满金属电镀溶液。工件在电镀过程中不停地旋转,即与镀刷间保持着相对运动,阳极在工件表面擦拭,金属离子就在零件表面与阳极相接触的各点上发生放电还原,随着时间的延长,镀层逐渐增厚。

电刷镀技术具有以下显著特点:①恢复零件表面尺寸时,零件不变形,尺寸可以精确控制,镀后不用加工;②采用便携式设备,便于到现场使用或进行野外抢修;③镀刷可以根据需要制成各种形状,以适应工件的表面形状;④设备用电量、用水量较少;⑤镀液中金属离子浓度高,且储存方便,操作安全;⑥刷镀时镀刷与工件保持一定的相对运动速度,可以采用大电流密度进行镀覆,其镀层的形成是一个断续结晶过程。

3. 电弧喷涂技术

1）电弧喷涂原理

电弧喷涂是以电弧为热源,将熔化的金属丝用高速气流雾化,并以高速喷射到工件表面形成涂层的一种工艺。喷涂时,两根丝状喷涂材料经送丝机构均匀、连续地送进喷枪的两个导电嘴内,导电嘴分别接喷涂电源的正、负极,并保证两根丝材端部接触前的绝缘性。当两根丝材端部接触时,由于短路产生电弧。高压空气将电弧熔化的金属雾化成微熔滴,并将微熔滴加速喷射到工件表面,经冷却、沉积过程形成涂层。

2）电弧喷涂技术特点

（1）涂层性能优异。

（2）喷涂效率高。

（3）节约能源。

（4）经济性好。

（5）安全性好。

（6）设备相对简单,便于现场施工。

3）高速电弧喷涂技术

传统的电弧喷涂技术获得的涂层在结合强度、孔隙率及表面粗糙度等方面与等离子喷涂和超音速火焰喷涂（HVOF）技术相比还有较大差距。通过改善电弧喷涂设备和材料,可显著提高喷涂层质量和性能。研究表明,提高熔滴的飞行速度是解决电弧喷涂层质量的重要途径之一。因此,为了拓宽电弧喷涂技术的应用领域,提高喷涂层的质量,开发出高速射流电弧喷涂技术（HVAS）。高速射流电弧喷涂技术是利用新型拉乌尔喷管设计和改进喷涂枪,采用高压空气流做雾化气流,可加速熔滴的脱离,使熔滴加速度显著增加并提高电弧的稳定性。

7.1.3 表面渗镀技术

1. 普通化学热处理

（1）渗碳:钢件在渗碳介质中加热和保温,使碳原子渗入表面,增加表层的碳含量并获得一定碳浓度梯度,这种工艺称为渗碳。用20、20Cr、20CrMnTi 等低碳钢制造的齿轮、活塞销、套筒、轴等零件均要进行渗碳处理。

（2）渗氮:氮化就是向钢件表面渗入氮的工艺。其特点是:①渗氮件表层硬度很高（1000HV ~ 1100HV）,且在 600℃ ~650℃温度时保持不下降,所以具有很高的耐磨性和热硬性,心部具有足够的强韧性;②表层形成压应力,使疲劳强度大大提高;③渗氮温度低,零件变形小;④表面形成致密、化学稳定性较高的 ε

190

相层,耐蚀性好。目前广泛应用的是气体氮化法。

（3）渗硼：钢铁材料经渗硼处理后,可在表面形成由硬度很高的 Fe_2B（1300HV～1800HV）和 FeB（1600HV～2200HV）相组成的硼化层。由于硬度高,其耐磨性优于渗碳层和氮化层,而且具有良好的热硬性,可在800℃以下保持高硬度。

（4）渗硫：钢铁材料经表面渗硫后,可显著降低摩擦系数,提高抗擦伤、抗咬合能力,在刀具、模具及齿轮、凸轮等摩擦件上起到了很好的减摩作用。

（5）渗金属：采用化学热处理技术,可向零件表面渗入铬、铝等金属元素,使表面合金化,提高零件的耐磨、耐热、抗蚀、抗氧化等性能,满足零件的特殊使用要求。

① 渗铬：零件渗铬的目的是提高其抗蚀性、抗氧化性和耐磨性,常用固体渗铬法。

② 渗铝：渗铝的目的主要是提高零件的抗高温氧化性。

（6）二元及多元共渗、复合渗：共渗与复合渗的目的是吸收各种单元渗的优点,弥补其不足,使零件表面达到更高的综合性能指标。常用的碳氮共渗也叫氰化,是向零件表面同时渗入碳和氮的化学热处理工艺。有中温气体碳氮共渗、低温气体碳氮共渗（又称为气体软氮化）等多种方法。碳氮共渗后淬火可获得含氮马氏体和碳氮化合物,渗层可获得高硬度（1000HV 左右）。

2. 真空化学热处理

钢的真空化学热处理,是在真空条件下加热,渗入金属或非金属元素,改变钢的表面成分、组织和性能的热处理方法。在真空条件下加热工件不氧化,不脱碳,表面光亮,质量好,渗入速度快,生产效率高,节省能源,劳动条件好,减少了对环境的污染。真空化学热处理在真空炉中进行。真空炉由炉体、真空系统、加热系统、供气系统、水冷系统和电气控制系统等几部分组成。

（1）真空渗碳：真空渗碳的特点是：①渗碳温度高,渗碳时间与普通气体渗碳相比可缩短一半;②气体消耗量减到普通气体渗碳的几百分之一;③工件质量好,渗碳层碳浓度均匀,对形状复杂零件及带细孔、盲孔及槽沟的渗碳零件特别适宜。

（2）真空渗氮：在真空度为 1.3Pa～1.3×10^{-2}Pa 的真空炉内,将零件加热到500℃～560℃,通入氮气,压力保持为 9.1×10^3Pa～6.5×10^4Pa,然后保温,时间根据工艺要求而定。保温结束,停止加热,抽真空到65Pa～1.3Pa,使零件在分解的氮气中冷却出炉。经处理后,模具钢可获得厚 0.12mm,显微硬度为1000HV～1100HV 的均匀渗氮层。真空渗氮可以方便地控制气氛的氮势,以避免形成脆性的 ε 相。

（3）真空碳氮共渗：在真空炉中，通入碳氮共渗介质，获得碳氮共渗层，具有良好的耐磨性和高的疲劳强度。具体工艺是把真空炉抽至真空度为 13Pa，通入氨气，使压力为（1.3×10^3Pa ~ 2.6×10^3Pa 范围内，升温到 560℃ ~ 570℃，通入碳氮共渗气体（50% 氨，50% 甲烷，外加 2% 的氧），压力在 5.2×10^4Pa 和 1.3×10^4Pa 之间循环反复 10min，处理后立即在炉内进行油冷淬火。

（4）真空渗硼：以三氯化硼和氢气的混合气体（比例 1:15）为渗剂，气体流量为 40L/h，真空度为 2.6×10^4Pa 左右，温度为 850℃ ~ 900℃，保温 2h，渗层厚度约为 0.08mm；保温 6h，则渗层厚度可达 0.18mm。真空渗硼可使钢表面形成极硬的硼化铁渗层，其硬度高达 1600HV ~ 2000HV，具有高耐磨性及高耐热性和耐蚀性。许多要求高耐磨性的机械零件与工、模具均可采用真空渗硼处理，以提高使用寿命。

3. 等离子体化学热处理

辉光放电形成大量的正离子，在电场力的作用下以极快的速度冲向作为阴极的工件表面，在工件表面发生下述复杂的物理和化学过程。

（1）热交换：正离子具有很大的动能，大部分与工件（阴极）碰撞而转变为热能，使工件升温。

（2）溅射：高速正离子从工件表面轰击出 Fe、C、O 等原子和二次电子，Fe、C、O 等原子在阴极附近参加复杂的化学反应，二次电子使放电持续进行。

（3）正离子注入阴极表面，向内扩散或形成化合物。

（4）光辐射形成辉光。

以上过程使工件渗入所需元素，并使其表面获得所需渗层。

4. 离子渗氮（离子氮化）及离子软渗氮

离子渗氮的过程是：工件经清洗后置于炉内阴极盘上（或挂在阴极吊具上），阴极接直流电源的负极，真空室壳接正极并接地。真空室压强抽至 6Pa 左右，即充入净化氨，使压强保持在 1.3×10^2Pa ~ 1.3×10^3Pa，由于减压及其后的加热作用，氨被分解。当在阴、阳极间加入高压直流电，电压升到约 400V 时，炉内出现辉光，炉内气体在高压电场的作用下，被电离分解成 N + 、H + 离子和电子。正离子轰击工件表面，氮元素渗入工件表层，形成 FeN、Fe_2N 等化合物。离子氮化的温度一般为 500℃ ~ 600℃。

离子渗氮的优点有以下几方面。

（1）渗速快，离子渗氮 4h ~ 5h 可得到 0.3mm 的渗氮层，而气体渗氮约需 15h。

（2）渗层具有一定的韧性，可通过控制工艺参数获得韧性较好的单相 γ' 化合物层。

（3）显著提高零件表面硬度、耐磨性、疲劳强度及耐蚀性。

（4）零件变形小，表面呈银白色，质量好，不需再磨削加工。

（5）节省电能，气体消耗少。

5. 离子渗碳及碳氮共渗

离子渗碳的介质为甲烷、丙烷等，渗碳温度为900℃～960℃（炉内采用电阻辐射加热）。如15CrNi6钢制齿轮在960℃进行离子渗碳，时间为渗碳75min，扩散225min，淬火后可得到1.4mm厚的渗碳层，表面硬度可达65HRC。

离子碳氮共渗的介质为甲醇＋丙酮，同时通入氨气，温度一般为780℃～880℃。用20钢制造的纺织机械零件，经860℃～870℃1h离子碳氮共渗后炉冷，再经820℃5min盐浴加热油淬，可得到0.3mm～0.4mm的渗层，硬度为84HRA～85HRA。共渗时间比气体碳氮共渗缩短4/5，而使用寿命大大提高。

6. 离子渗硫、离子硫氮共渗

经强化处理后的工件放在离子轰击炉内，通入含硫介质，或用加热方法将硫磺升华获得含硫气氛。工作电压为500V～600V，真空度20Pa～100Pa，处理温度180℃～200℃，保温1h～2h，可获得20μm～30μm厚的渗硫层。离子渗硫层的性能特点与低温电解渗硫层相同。离子渗硫无污染，工艺易控制。

离子硫氮共渗或硫氮碳共渗不仅可以显著提高零件的表面硬度和耐磨性，而且使零件表面具有良好的自润滑性。

7.1.4　材料制备与成形一体化技术

1. 概念

材料制备与成形一体化技术与锻造、热处理、机械加工等技术不同，它是针对装备零部件再制造，实现零件修复部位成形和修复材料制备两个过程同时完成的各种再制造技术。发展材料设计、制备与成形加工一体化技术，可以实现先进材料与零部件的高效、近成形、短流程成形，是不锈钢、高温合金、钛合金、难熔金属及金属间化合物、陶瓷、复合材料、梯度功能材料零部件制备技术的研究热点。

应用于装备再制造的材料制备与成形一体化技术主要包含热喷涂技术、高能束快速成形技术、堆焊技术和电化学沉积技术等多种再制造技术。

2. 快速成形的发展

（1）实体自由成形制造（Solid Freeform Fabrication，SFF）。

（2）分层制造（Layered Manufacturing，LM）。

（3）离散堆积制造。

（4）材料添加制造（Material Increase Manufacturing，MIM）。

（5）直接 CAD 制造（ Direct CAD Manufacturing,DCM）。

（6）快速成形（ Rapid Prototyping,RP）、即时制造（Instant Manufacturing,IM）

3. 快速成形的技术步骤

快速成形由以下 5 个步骤组成:①CAD 模型设计;②Z 向离散化;③层面信息处理;④层面加工与粘接;⑤层层堆积。

4. 快速成形的重要特征

（1）高度柔性,成形过程无需专用工具或夹具,可以制造任意复杂形状的三维实体。

（2）CAD 模型直接驱动,CAD/CAM 一体化,无需人员干预或较少干预,是一种自动化的成形过程。

（3）成形过程中信息过程和材料过程的一体化,适合成形非均质材料的原型。

（4）成形的快速性,适合现代激烈竞争的产品市场。

（5）技术的高度集成性,快速成形是激光、CAD、数控、材料等技术的高度集成。

5. 快速成形技术在制造业中的应用

RP 技术目前已广泛应用于航空航天、汽车、机械、电子、电器、医学、建筑、玩具、工艺品等各类制造业领域。

7.2 再制造装备的失效形式

7.2.1 装备再制造前、后的差异

再制造技术优于原始制造技术的典型例子是先进表面工程技术在再制造产品上的应用。机械产品的故障往往是由个别零件失效造成的,而零件失效往往是由于局部表面造成的,腐蚀从零件表面开始,摩擦磨损在零件表面发生,疲劳裂纹由零件表面向里延伸。如果应用表面工程技术将零件易损表面的失效期延长,则产品的整体性能就可以得到提高。现在表面工程技术发展非常迅速,已在传统的单一表面工程技术基础发展了复合表面工程技术,进而又发展到以微纳米材料、纳米技术与传统表面工程技术相结合的纳米表面工程技术阶段,纳米表面工程中的纳米电刷镀、纳米等离子喷涂、纳米减摩自修复添加剂、纳米固体润滑膜、纳米粘涂技术等已进入到实用化阶段,纳米表面工程技术在再制造产品中的应用使零件表面的耐磨性、耐蚀性、抗高温氧化性、减摩性、抗疲劳损伤性等力学性能大幅度提高,成为再制造中的关键技术之一。原始制造技术与再制造的

技术差别,使得再制造产品的性能可以达到甚至超过新品。

采用表面技术再制造后,装备表面的性能发生巨大甚至本质性的变化,导致失效形式和机理发生改变。如在装备表面涂覆耐蚀性涂层后,耐蚀性能大大提高,腐蚀不再成为装备失效的主要原因;涂覆抗高温氧化性后,抗高温氧化性能大大提高,高温腐蚀不再成为装备失效的主要原因。但再制造后的装备在恶劣环境中工作,依然存在失效问题。主要矛盾发生变化,再制造装备的失效形式也会发生改变。与再制造前一样,再制造后装备的失效模式同样由内在因素和外在因素决定,可能发生疲劳失效、腐蚀失效、磨损失效等。

7.2.2 再制造引入残余应力的影响

1. 电弧喷涂快速成型残余应力

电弧喷涂同其他热喷涂工艺一样,沉积的涂层材料发生快速凝固,温度急剧变化。涂层成形过程中的温度变化是影响涂层组织结构与性能的根源因素之一,其中对涂层的残余应力分布影响尤为明显。通常情况下,残余应力会对涂层的结合强度、热冲击、冲蚀磨损及接触疲劳等性能产生不利的影响,诱发翘曲变形、分层剥落甚至开裂等失效行为。残余应力是研究涂层性能的重中之中,只有很好地掌握了喷涂过程中涂层内部残余应力的分布规律,才能较好地控制涂层的质量,实现厚成形。

基于热喷涂的工艺特点及产生机理,通常将残余应力分为两种形式,即骤冷应力和热应力。在喷涂沉积过程中,熔融的喷涂颗粒撞击基体或已沉积涂层表面,在极短的时间内快速冷却并铺展开,粘附在表面。在这个过程中,由于热胀冷缩效应,扁平颗粒冷却时会收缩,但会受到底层的基体或已沉积涂层的制约,从而产生残余应力,这就是骤冷应力。当涂层完成沉积后,会同基体一起冷却至室温,这时由于涂层和基体材料的热膨胀系数不一致,也会产生热应力(或称为热失配应力)。鉴于残余应力是决定涂层性能的重要因素之一,大量学者对其展开了广泛的研究。

2. 搅拌摩擦焊(FSW)Al合金应力腐蚀

7A52铝合金属于 Al – Zn – Mg 系铝合金,在 Cl^- 环境中的应力腐蚀开裂敏感性较高。新型两栖装甲装备即使用 7A52 铝合金作为装甲板材料,并用熔化极惰性气体保护电弧焊(MIG焊)对板材进行连接。MIG焊接头本身性能就远低于基材,应力腐蚀敏感性也将大大提高,长期在海水浸泡和海洋大气腐蚀环境中应用,极易发生应力腐蚀开裂,严重威胁车体结构的安全性,降低两栖装甲装备的使用性能,从而影响战斗力。7A52 铝合金 MIG 焊焊缝中存在气孔、裂纹等不可避免的焊接缺陷,使其性能大幅度下降。而 FSW 属于固态连接技术,避免了各种焊接缺陷的产生,因而性能与基材相差无几。FSW 是一种纯机械的焊接技术,易于实现自动化和工业产品的批量生产,操作上较 MIG 焊更为容易,利用 FSW 技术来取代 MIG 焊具有一定的优越性。在自腐蚀条件下,7A52 铝合金基材、MIG 焊接头和 FSW 接头均具有较高的应力腐蚀敏感性。

3. 再制造 PVD 薄膜的残余应力

物理气相沉积(Physical Vapor Deposition,PVD)制备薄膜内会产生很大内应力,对再制造后装备的服役行为产生重大影响。如果应力是由于薄膜本身原因引起的,则称为内应力。如果通过与基体表面垂直的断面给对面施加的力使薄膜处于压缩状态,这时薄膜中的内应力称为压应力。目前认为内应力形成有下面一些原因。

(1)热效应:薄膜和衬底都处于比较高的温度,当薄膜制备完以后,它与衬底又都恢复到常温状态,由于薄膜和衬底的热膨胀系数有所差别而引起热应力。

(2)相变效应:在薄膜的形成过程中发生气相到固相的转变。根据蒸发薄膜材料的不同,可细分为从气相到液相再到固相以及从气相经过液相(可能不经过)再经过固相最后到别的固相的转变。在相变过程中一般都发生体积的变化,从而形成内应力。

(3)空位的消除:薄膜在形成的过程中会形成许多晶格缺陷、微孔、孔隙等,在热作用下,这些微孔和缺陷向表面扩散而消失,薄膜的体积因此收缩而产生应力。

(4)界面影响:当薄膜材料的晶格结构与基底材料的晶格结构不同时,薄膜与衬底之间将有一个畸变层,这个畸变层将产生应力。为了减少界面应力,衬底表面的晶格结构应与薄膜匹配。

(5)杂质效应:在沉积薄膜时环境气氛对内应力有一定影响。反应残余气体和其他杂质埋入薄膜将产生大的压应力。另外,由于晶界扩散作用,即使在低温下也可能产生杂质扩散,从而形成压应力。

除以上几种原因外,在薄膜的生长过程中,成核的小岛合并或晶粒合并也会引起表面应力的变化。

7.2.3 再制造涂覆层的影响

1. 电火花涂覆层

电火花表面强化技术是直接利用气体空间电弧放电的高密度能量对金属表面进行沉积处理的工艺。利用电火花表面强化技术除了可以获得质量良好的沉积层外,其优越的可操作性和现场修复能力使其在工业中,尤其在模具修复上具有其他工艺所不及的优点。

电火花强化在空气或氩气中进行,不需要特殊、复杂的处理装置和设施;可对零件、设备表面施行局部沉积,也可对形状复杂的平面或曲面进行沉积;不会使工件退火或变形。

沉积层是电极和工件材料在放电时的瞬时高温高压条件下重新合金化而形成的新合金层,它们是冶金结合,而不是电极材料简单地涂覆和堆积。沉积层厚度、沉积层质量与沉积参数电压、功率、频率、时间等操作因素有关,因此可通过对沉积参数的调节和沉积时间的控制来获得不同的工艺效果。

因此,电火花涂覆层再制造前,装备的失效形式主要以磨损破坏为主,再制造后,需要关注其涂覆层与基体的结合、工艺参数,其失效形式可能出现疲劳破坏。

2. 热喷涂涂覆层

热喷涂是将高温高速的喷涂材料喷射在经预处理的零件表面上,形成喷涂层的一种表面加工方法。按热源的性质分为火焰喷涂、等离子喷涂、电弧喷涂、特殊热源加热喷涂。其应用范围包括耐磨涂层——薄壁类零件,如自压油档、密封环配合面等;耐蚀涂层——结构防腐(钢结构、容器、闸门、水轮机叶片等)、舰船防腐等;耐(隔)热涂层——火箭尾管、高炉料钟等。实际上,涂层是一个含有微裂纹、孔隙、夹杂、存在残余应力的裂纹体。热喷涂层与基体之间的结合以机械结合为主,某些情况下会产生微冶金结合、扩散结合或物理结合。

因此,热喷涂涂覆层再制造后可能出现的失效形式包括腐蚀、疲劳和磨损。如果喷涂的是耐磨涂层,再制造后将显著提高原品的耐磨损性能;如果喷涂耐蚀涂层,再制造后将显著提高其耐腐蚀性能。热喷涂再制造后,要密切关注不同热喷涂涂覆层可能出现的失效形式,尤其应关注涂覆层与基体的结合问题,防止出现因结合不牢而引起的涂层剥落,导致再制造涂覆层失效。

3. 高能束表面工程

激光束、电子束、离子束(简称"三束")能量密度高,在表面工程领域有着广泛的应用,并迅速成长为表面工程的一个独特分支——高能束表面工程。通过热作用、力作用和光作用,高能束再制造技术在表面淬火、合金化、融覆、非晶化、冲击硬化、表面熔凝、表面加工和气相沉积方面得到广泛应用。

高能束表面工程再制造后,可显著提高装备的耐磨、耐蚀、疲劳和抗氧化性能,并且没有热喷涂涂覆层与基体的结合强度问题,合理利用高能束表面改性技术,可对材料合理再制造。

7.2.4 疲劳破坏

疲劳是材料在变动载荷作用下发生的局部损伤现象。构件或结构的疲劳强度主要受材料的性能、几何因素引起的应力集中、表面粗糙度、残余应力、载荷循环特性等因素的影响。再制造后装备零部件的疲劳破坏需要针对实际情况进行分析。如果涂覆层与基体的弹性模量差异大，或者结合强度差，在外界循环动载荷作用下，易萌生疲劳裂纹。

7.2.5 磨损破坏

磨损与工况条件和摩擦副的特性有关。工况条件包括载荷、相对运动特性、工作温度和环境介质等。摩擦副的特性指各自的材料性能、组织结构和接触表面形貌。在磨损过程中，材料的表面形貌和表层的组织结构与性能都会发生因塑变、损伤而发生剧烈的变化，变化最严重的常常只在几十个微米的厚度内，这种动态的变化在微区域中又是很不均匀的。

磨损过程中材料的流失，最基本的是粘着、微切削、疲劳、一次加载下的断裂和腐蚀5种形式。每一种磨损类型通常都是某几种磨损机制综合起作用，在不同工况和摩擦副特性条件下，磨损的主要机制可发生改变。

零部件再制造后表面形态发生了变化，相应的磨损机制也会发生变化。

7.2.6 腐蚀破坏

金属腐蚀失效的形式是多种多样的，但是不管哪一种腐蚀，在腐蚀过程中，都必须有一个化学或电化学反映过程。因此，在表面或断口上留下了腐蚀产物。腐蚀是从表面开始（全面或局部）向内扩展的，金属受腐蚀后造成金属的总量损失，使金属有效截面减少或使金属强度大大降低。

再制造涂覆层往往只是强化某一单一性能，如以提高耐磨性为目的的再制造往往不会把腐蚀作为主要因素考虑，这就会带来腐蚀的新问题，因此，对再制造后的零部件的腐蚀问题要进行重新考虑。

7.2.7 应力腐蚀失效或开裂

金属材料在特定介质环境中，承受拉应力经过一定时间后发生裂纹及断裂的现象称为应力腐蚀断裂（Stress Corrosion Cracking，SCC）。材料的成分、组织状态对应力腐蚀敏感性影响非常大。再制造后的零部件的应力形式、大小都发生了显著变化，而且表面涂覆层往往具有空隙，成为应力腐蚀介质的聚集处，从而带来显著的应力腐蚀问题。

7.2.8 高温破坏

高温下材料即可发生氧化，又可发生高温蠕变。蠕变是指金属材料在恒应

198

力长期作用下而发生的塑性变形现象。蠕变可以在任何温度范围内发生。不过高温时,变形速度大,蠕变现象更明显。因此,对一些高温条件下长期工作的再制造零部件,如化工设备、锅炉、汽轮机、燃气轮机、航空发动机及其他热机的零部件,蠕变所致的形变、断裂、应力松弛就会造成失效。

7.3　再制造装备失效分析技术和寿命预测

7.3.1　再制造涂层的加速磨损寿命预测

1. 磨损寿命预测

再制造零件涂层的磨损失效或破坏往往造成整个服役装备的重大损伤,因此再制造零件的涂层磨损寿命决定了再制造零件的磨损服役寿命。再制造零件表面涂层磨损寿命是指表面涂层从投入使用到由于发生磨损导致不能保持完好状态而终止使用的时间。针对表面涂层的工作条件,通过磨损寿命失效机制的研究和预测,可以制定出合理的检验和维修的优化方案,使再制造零件表面涂层处于最佳运行状态,从而延长其安全磨损服役寿命。

1) 磨损失效模式

根据摩擦学原理及对再制造零件工况分析可知,重载车辆关键零部件,不论有否涂层,都会受到磨损破坏,主要受磨料磨损、黏着磨损和疲劳磨损的破坏。

2) 磨损寿命预测

(1) 影响磨损寿命的因素。预测表面涂层的磨损寿命,首要的问题是要建立合适的寿命预测模型。决定涂层磨损寿命的主要包括内在因素和外在因素。内在因素主要指涂层本身材料的状态和性质,如涂层与基体的结合强度、涂层质量、涂层厚度、表面粗糙度等;外在因素是引起表面涂层磨损失效的诱发因素,如载荷、摩擦副接触面积、温度、润滑介质等。磨损寿命预测模型综合考虑以上各方面因素,如图 7-2 所示。

(2) 磨损寿命试验。磨损寿命的预测是建立在试验基础上的一门科学。磨损寿命试验是可靠性试验的一项主要内容,用以考核、评价和分析产品的寿命特征及失效规律,以便得出涂层的磨损寿命数据,作为改进再制造零件质量的依据。对一般再制造产品来说,磨损寿命试验分为:完全磨损试验,指试验进行到投试样本全部失效为止;截尾磨损试验,又称为不完全磨损试验。按照停止试验的依据,它又分为以下两类。

① 定时截尾试验,试验进行到规定的时间 t_0 时停止,这里磨损试样数 n 及试验时间 t_0 为定值,而样本的失效数 r 是随机变量。规定的应保证被试样本有

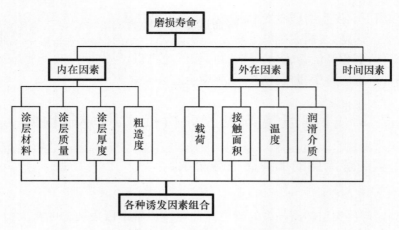

图 7-2　磨损寿命因素图

足够的失效数 r。

② 定数截尾试验,试验达到规定的失效数 r 时停止,$r<n$。这里 n 与 r 是常数,而失效时间 t_0 是随机变量。

磨损数据的获得一般来自结构简单、造价低廉的标准试样的磨损寿命试验。根据再制造零件磨损试样的特性以及试验的目的来确定磨损寿命试验方案。磨损寿命试验流程框图如图 7-3 所示。

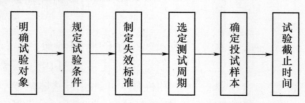

图 7-3　磨损寿命试验流程框图

2. 加速寿命预测技术

加速寿命试验技术是一种有效的寿命预测技术。美国罗姆航空中心于 1967 年首次给出了加速寿命试验的统一定义,即加速寿命试验(Accelerated Life Test,ALT)是在进行合理工程及统计假设的基础上,利用与物理失效规律相关的统计模型对在超出正常应力水平的加速环境下获得的寿命信息进行转换,得到试件在额定应力水平下寿命特征的可复现的数值估计的一种试验方法。

目前加速寿命试验技术已在电子产品、机械标准件等领域已得到了广泛应用。美国波音公司已于 1994 年在波音 -777 研制中应用加速寿命试验方法,美国空军 ROME 实验室对 412L 飞行器的警报与控制系统进行了装配级的加速寿

200

命试验;美国航天工业也采用加速寿命试验来进行卫星整星和导弹舱段试验;美国把加速寿命试验当做导弹武器装备的一种寿命预测技术,利用加速老化技术提供了48个月使用寿命预报。我国的研究人员针对机械、电子产品也进行了一系列的加速寿命试验方法研究及模拟,并通过试验和试用证明了方法的可行性。

3. 加速磨损寿命试验

近年来对于一些关键装备,如卫星、飞机等,国内外已开始了实机加速寿命试验。但这种加速试验花费极高。前期探索表明,以摩擦磨损试验机为平台进行加速寿命试验,可以得到表面涂层的寿命变化规律,这是因为试验机的模拟工况与再制造零件摩擦副的实际工况一致,摩擦失效规律也相似。最终结合摩擦学、连续介质力学、断裂力学等理论及现有的寿命模型,可以建立起再制造零件表面涂层的寿命预测模型。

加速寿命试验的最大优势是高效快速,这一特点非常适用于耐磨性良好的再制造零件表面涂层的磨损寿命预测,经过热喷涂的再制造零件,若通过正常寿命试验方式将花费比新品零件本身寿命更长的试验时间,造成时间与成本的极大浪费。基于试验机的加速寿命试验所具有的短时、高效的特点很好地克服了正常寿命试验和实机加速寿命试验时间长或实施困难等难题,且试验机加速寿命试验所导致的表面涂层的磨损失效规律与正常寿命试验得到的规律是相似的,可用于再制造零件表面涂层的磨损寿命预测。因此,把加速寿命试验引入磨损寿命研究将大大丰富表面涂层服役寿命预测的研究手段,对建立完善再制造零件的磨损失效理论具有重要作用。

加速试验的重要步骤是:选择加速应力类型;确定加速应力水平;确定单重加速还是多重加速;将加速寿命数据外推到正常寿命。基于此,无论是从再制造零件表面涂层实际运用的角度出发,还是从涂层磨损失效基础理论研究的角度出发,如何创新性地在加速磨损寿命试验中选择合适的加速应力已成为亟待解决的重要任务。近年来国内外学者针对众多金属、金属陶瓷与陶瓷涂层的磨损失效机制进行大量实验研究表明,涂层与基体的结合强度、涂层的韧性塑性、涂层的微观结构、在涂层中分布的硬质相、喷涂粉末的类型等,都是影响涂层磨损机理和磨损寿命的关键因素。而如果在涂层磨损过程中通过改变比常规摩擦条件更为恶劣的外在因素,那么显然将加快热喷涂层磨损失效、缩短其磨损寿命,因此在磨损加速寿命试验中主要采用3种加速试验应力类型:重载、润滑油中添加微纳米磨粒、干摩擦。

1) 重载加速方式

根据 Archard 模型: $W = KLC$(W 为磨损量,K 为磨损率系数,L 为滑行距离,C 为加载力),因为随着加载力的增大使得接触区涂层局部应力加大,使得涂层内部自身的如空隙、杂质等微观缺陷被诱发并扩展，从而导致热喷涂层的磨损速率相应加快，所以过载应力能很好的起到加速磨损的作用。

2）润滑油中添加微纳米磨粒加速方式

涂层的耐磨性主要与涂层的微观结构，尤其是硬质相颗粒的大小、碳化物的含量以及硬质相与金属相之间的结合强度等因素有着紧密的联系。其中涂层中硬质相的分布是影响涂层耐磨性和失效机制的关键因素。部分已有的研究结果表明：在磨损寿命试验的润滑油中加入超硬的陶瓷磨粒，以模拟涂层早期剥落的磨屑，涂层由于三体磨损而迅速失效，进而起到加速磨损的作用；超硬颗粒在摩擦过程中产生拉压接触应力作用于涂层，裂纹在受到最大剪切应力的涂层次表面开始萌生，沿着喷涂界面扩展并导致涂层的剥落；磨损过程中磨粒在涂层表面形成凹陷和点蚀，从而增加了涂层的磨损速度；涂层的磨损率与磨粒的大小有关，涂层本身元素在摩擦过程中转化成为硬质碳化物的含量和尺寸的大小是影响涂层耐磨性的至关重要的因素；磨损断裂形貌取决于磨粒的形状、硬度和材料等（图7-4）。由此可见，对润滑油中添加微纳米磨粒加速方式进行加速寿命预测，与试验参数设置和实际情况密切相关。

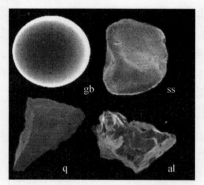

图7-4　4种磨粒SEM形貌

gb—球形；ss—矩形；q—锥形；al—多角形。

3）干摩擦加速方式

一些学者通过研究发现摩擦过程中涂层的塑性变形产生的应变硬化作用能减少涂层的磨损。而施加干摩擦加速磨损试验，涂层的磨损失效显然更快，各种涂层因受到局部闪温（超过1000℃）的摩擦热作用，导致零部件摩擦副产生粘着与焊合，在外力作用下焊合点迅速被撕裂，涂层迅速磨损失效。干摩擦条件下的实验结果表明，在磨损过程中，磨损表面有着4个不同的区域，即抛光表面具有几个原子级厚度的转化层，小而孤立的转化层含有众多裂纹的大的转化层以及微坑。

以上 3 种加速应力类型(加载、润滑油中添加微纳米磨粒、干摩擦)中,每种类型都有不同的变化量值,即不同的加速应力水平,如加载时的载荷变化范围及每次变化量的步进大小、润滑油中微纳米陶瓷磨粒的类型及添加量的变化范围和每次变化量的步进大小、干摩擦时的最优加载载荷大小等,都需要在试验中摸索,以优化加速应力水平,进而实现最佳的磨损加速破坏效果。

4)加速试验数据处理

寿命数据处理分析关键取决于加速应力的加载方式。目前常用的加速试验方式有恒定应力加速寿命试验、步进应力加速寿命试验、序进应力加速寿命试验。再制造零件表面涂层加速磨损寿命试验的加速方式可选择在各领域得到很好运用的恒定应力加速试验方法。恒定应力加速试验相对简单,目前随着恒加试验统计理论的建立,在各领域得到了很好的运用。加速寿命数据(用 T_{ik} 表示)遵循一个原则,即 Pieruschka 关于 ALT 的基本假设:在正常应力水平 S_0 及加速应力水平 $S_1 < S_2 < \cdots < S_t$ 下,产品的寿命服从同族的失效分布,即失效机理不变。加速试验后,热喷涂涂层的破坏失效形式没有变化,仍然为犁沟、微切削、微断裂、粘着、疲劳剥落等材料去除机制,即加速寿命试验不改变表面涂层的失效机理和寿命分布模型。因此,以加速试验的寿命结果反映真实的寿命结果,在机理上是可行的。

通过加速寿命数据 T_{ik} 可得到每个加速应力水平下的寿命分布(如威布尔分布、指数分布或者对数正态分布),以概率密度函数表示。再以此概率密度函数特征为基础,通过寿命—应力关系模型,反推出在正常使用条件下的概率密度函数,得到所需的再制造零件的寿命预测模型。对于反推正常寿命所需的寿命—应力关系模型,用于单重应力类型下的寿命模型主要有阿列纽斯模型、艾伦模型、逆幂律模型等。对于过载力得到的加速寿命数据 T_{ik} 遵循已经被很多试验数据证实的逆冥律模型,即

$$T_{ik} = A\nu^{-c} \qquad\qquad (7-1)$$

式中:A、c 为相关常数;ν 为各加速水平的应力。

对式(7-1)两边取对数得

$$\ln T_{ik} = a + b\varphi(s) \qquad\qquad (7-2)$$

其中 $a = \ln A$,$b = -c$,$\varphi(s) = \ln\nu$,当磨损寿命数据 T_{ik} 分别服从指数分布、威布尔分布、对数正态分布时,则加速模型分别为 $\ln\theta = a + b\varphi(s)$,$\ln\eta = a + b\varphi(s)$,$\ln t_{0.5} = a + b\varphi(s)$,其中 θ、η、$t_{0.5}$ 为各自分布的寿命特征。然后分别用 Newton – Raphson 迭代方法求解参数 a、b 的估计 $\hat{a}$、$\hat{b}$,则得到的加速模型 $\ln T_{ik} = a + b\varphi(s)$ 可对正常应力条件下的寿命数据 T_{ik} 做出估计,得到一定置信水平

下的不同应力水平的磨损寿命。

而对于润滑油中添加微纳米磨粒、多重加速应力水平复合得到的加速寿命数据 T_{ik}，则不符合现有的寿命—应力关系模型，可通过回归分析或灰色预测建立模型，也可借鉴现有的寿命—应力关系模型，通过修正，增加相应的均益系数后可以满足要求。

7.3.2 再制造装备失效分析的无损检测技术

1. 常规无损检测技术

1）脉冲回波法（超声波检测）

脉冲回波法是利用超声波在物体中传播时如遇到不连续界面将产生回波这一基本原理。当粘结状态很好时，声波可穿透到下底面蒙皮然后再反射回来。这样，在显示屏上可出现底面回波脉冲。而当有开胶或脱粘等故障时，脱粘处的空气隙阻挡了声波去往下底面的通路，底面回波消失，而从表层底面（即开胶处）来的回波或者与始波混合在一起，或者出现在非常靠近始波的地方。

2）声阻法（声学敲击法）

声阻抗法又称机械阻抗法，它是通过测量被测点振动力阻抗的变化来确定是否有异常结构存在。声阻法检测探头由发射晶片和接收晶片组成。检测时，换能器垂直于被检工件表面，换能器触头与检测件干耦合，接收晶片的下表面受阻形成应变，从而产生输出。受阻阻抗的大小与被检测处的局部结构刚度和质量决定。如用仪器显示接收信号的幅度和（发射与接收信号的）相位，即可确定该测量点是否有缺陷。这种检测方法对铝蜂窝构件有一定效果，但对蒙皮很薄的玻璃纤维材料效果很差。

2. 装备现场无损检测新技术

1）无耦合低频板波检测技术

无耦合低频板波检测技术主要用于涂覆层粘接质量的检测。实际检测时，可在被检测表面利用发射晶片注入低频超声信号，然后在距离发射晶片固定距离处使用接收晶片（两晶片封装在同一盒中形成特制的收—发探头）接收在复合材料板中产生的超声波，并通过对该接收波的处理和分析来获取有关粘接质量的信息。由于声波频率低，无需使用耦合剂，检测时十分方便。无耦合低频板波检测设备如图 7-5 所示。

2）金属磁记忆快速诊断技术

金属结构的各种微观缺陷和局部应力集中，是导致机械结构和设备失效乃至发生事故的重要原因。应力和缺陷之间存在着紧密的联系，在应力集中区域，腐蚀、疲劳和蠕变过程的发展最为剧烈。在微观缺陷区域，也往往存在着较大的

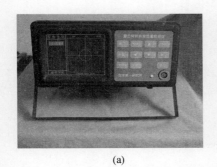

(a)   (b)

图 7 – 5   无耦合低频板波检测设备

（a）复合材料检测仪的扫描图形；（b）无耦合低频超声波探头。

应力集中现象。因此,应力变形状况,特别是导致损伤的临界应力变形状况便成为评价装备零部件结构强度和可靠性的一个重要依据。

（1）金属磁记忆诊断的基本原理。铁磁性金属零件在加工和运行时,由于受载荷和地磁场共同作用,在应力和变形集中区域会发生具有磁致伸缩性质的磁畴组织定向和不可逆的重新取向,这种磁状态的不可逆变化在工作载荷消除后不仅会保留,而且还与最大作用应力有关。金属零件的这种磁状态"记忆"着应力集中的位置,即所谓的金属磁记忆效应。

理论上可以通过检测和分析漏磁场的分布和强度变化来判断金属零件近表面的缺陷或应力集中现象。

铁磁体内与磁致伸缩相关的磁弹性能 E_{ms} 为

$$E_{ms} = B_1 \sum e_{ii}\left(\alpha_3^2 - \frac{1}{3}\right) + 2B_2 \sum e_{ij}\alpha_i\alpha_j \qquad (7-3)$$

式中: B_1、B_2 为磁化与形变相互作用的磁弹性耦合系数; α_i、α_j 为磁化方向与各晶轴间夹角; e_{ii}、e_{ij} 为形变分量。

由电磁场理论可知,假定应力集中区为一矩形槽(b 为槽宽的 1/2),磁畴的自发磁化以磁荷形式分布在槽的两壁,面密度为 ρ_{ms} ,且看做常数。此时,槽壁上有宽度为 d_n 的面元在点 P 必产生的磁场强度为

$$dH_1 = \frac{\rho_{ms}d_n}{2\pi\mu_0 r_1^2}r_1$$

$$dH_2 = \frac{\rho_{ms}d_n}{2\pi\mu_0 r_2^2}r_2 \qquad (7-4)$$

式中: μ_0 为真空磁导率。

根据式(7–4)的计算可得应力集中漏磁场的分布图如图 7–6 所示。

（2）金属磁记忆诊断技术的优点和局限性。金属磁记忆诊断技术有如下一

205

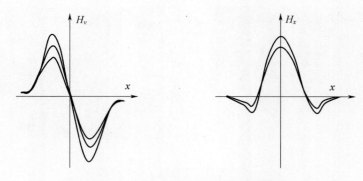

图 7 - 6 应力集中区漏磁场的分布图

些特点。

① 不需要采用专门的磁化装置,而是利用构件在地磁场中的自磁化现象。

② 不需要对构件表面进行专门清理,可在保持金属原始状态下进行检测。

③ 不需要采用耦合技术,特别适合外场使用。

④ 传感器可离开金属表面,提离效应的影响很小。

⑤ 在诊断过程中可快速确定应力集中点(线)。

金属磁记忆诊断技术是一种新兴的无损检测技术,其理论和技术开发都处于发展阶段。目前尚不能采用该技术进行零件应力和缺陷的定量检测,只能做"有无"和"大小"的定性判断。而且,采用金属磁记忆诊断技术进行应力集中区或缺陷的检测时也会受到材料因素、环境磁场因素的影响,而这些因素都和被检零件的几何形状以及服役历史有关。很显然,金属磁记忆诊断技术只适合于检测具有铁磁性的金属材料零部件。

3) 涡流快速检测技术

涡流检测对被检零件表面及近表面缺陷检测灵敏度高,具有快速、方便、无污染、成本低,在表面涂层、潮湿和水底等恶劣环境下也能进行检测,适合于单兵携带和操作,特别适合于现场检测等优点,因此,涡流检测是装备战场应急维修中的零件无损检测的重要技术手段之一。

(1) 涡流检测的基本原理。当金属导体处于变化着的磁场中或在磁场中相对运动时,会产生感应电动势,同时有漩涡状感应电流的产生,即涡流。涡流在金属体内流动时由于金属电阻的热效应会产生焦耳热。利用被检测金属感应电流的变化来判断金属性质和状态的检测方法叫做涡流检测方法。

涡流检测原理如图 7 - 7 所示。

(2) 涡流检测的应用范围。涡流检测技术在实际工程中的常用应用范围包括以下几方面。

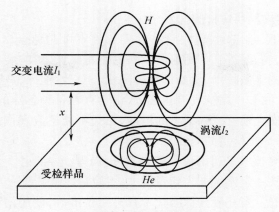

图 7-7 涡流检测原理

① 涡流探伤。涡流探伤不仅对导电材料表面上或近表面的裂纹、孔洞以及其他类型的缺陷具有良好的检测灵敏度,并能提供缺陷深度的信息,还可以发现油漆层或涂层下的这些缺陷。

② 涡流材质分选。涡流法可以用来测量导体表面层的电导率,也可以用来检验与电导率数值有对应关系的性能,如化学成份和组织状态等。

③ 涡流测厚。涡流与被检验的棒材的直径、管材的壁厚及薄板材的厚度有关,所以,涡流检测可以用来测量这些量。

(3) 涡流检测的技术特点和局限性。涡流检测技术是五大常规无损检测方法之一,其技术特点如下:①检测速度快,易于实现自动化;②表面、亚表面缺陷检出灵敏度高;③适用于高温状态下的检测;④多用途的检测;⑤检测结果易于后处理。

涡流检测技术的局限性如下。

① 涡流检测的对象必须是导体材料,一般来说只适合于检测金属零件表面和亚表面的缺陷,不宜检测金属材料深层的内部缺陷。

② 金属表面感应的涡流的渗透深度随频率而变化,频率高时表面感应涡流密度大,频率低时,感应涡流的渗透深度增加,但表面涡流密度下降,因此,可探伤的深度和检测灵敏度互相矛盾。因此,实际应用时,应根据零件的材质、表面状态和检验标准综合考虑,确定恰当的检测参数。

③ 采用穿过式线圈进行管、棒或线材的无损探伤时,得到的信号是整个圆环上的综合信息,对缺陷所处的具体位置无法判定。

④ 涡流检测至今还处于当量比较检测阶段,尚难对缺陷做出准确的定量判断。

4）液体容器渗漏快速检测技术

在战场条件下,装备的箱体、管路等零部件不可避免会出现损伤(比如裂纹、裂缝及跑、冒、滴、漏等),严重影响装备的正常工作,影响装备战斗力的充分发挥。传统的检测渗漏技术,比如目视检测法、肥皂水泡沫方法、滑石粉检测方法、离子探测器检测和压缩空气检测法等,由于存在各种各样的缺点和局限性,不能快速、准确、安全地查找到细小的渗漏,已经不能适应现代高科技局部战争发展,尤其是装备原位检测的需要。

荧光渗漏检测技术是利用荧光剂在检漏灯(紫光)照射下会发出黄绿光的原理。将荧光剂按一定比例加入到系统中,用检漏灯照射系统的外部,泄漏处将呈明亮的黄色荧光。荧光渗漏检测技术具有定位准确,使用简单,携带方便,检修成本较低,渗漏点可以直接用眼睛看到等优点,对查找装备水循环系统、润滑系统以及燃油系统等箱体、管路的微小渗漏效果良好,有效解决了传统检测技术对微小渗漏处查找难的问题,用此方法可以发现其他方法不能发现的渗漏,甚至是每年小于 3.7ml 的渗漏,对快速修复装备箱体、管路的渗漏损伤具有重要意义。

第8章 电子元器件的失效分析

电子元器件是电子产品的基础,是能完成预定功能而不能再分割的电路基本单元。随着现代加工技术的飞速发展和武器系统的需求,电子元器件不断引入新材料、新技术、新工艺和新结构,使其尺寸微型化、结构复杂化,其可靠性研究及分析不断面临新的问题,促进了失效分析技术和分析设备的快速发展。

通过对元器件的失效分析可以从根本上确定电子产品的故障产生原因,改善元器件的使用质量与可靠性。由于电子系统的零件细小,结构复杂,所以其失效分析必然面临独特的挑战。除了常规的机械断裂,电子零件的失效还要考虑在单纯机械系统中遇不到的独特的电学现象,例如电迁移和起弧。此外,很多电子零件的尺寸细小,由此产生的微观结构效应极有可能导致电子元器件的失效,例如连接器的细导线,其晶粒尺寸可能与导线的尺寸相当,从而使导线易受低塑性和蠕变断裂的影响,这是机械系统中几乎遇不到的失效原因。

电子元器件失效分析的作用是:通过失效分析得到改进设计、工艺或应用的理论和思想;通过了解引起失效的物理现象得到预测可靠性模型公式;为可靠性试验(加速寿命试验、筛选)条件提供理论依据和实际分析手段;在处理过程遇到的元器件问题时,要为整批元器件是否整批不用提供决策依据;通过实施失效分析的纠正措施可以提高成品率和可靠性,减小系统试验和运行工作时的故障,以取得明显的经济效益。

典型产品的失效速率具有 3 个阶段。早期失效(早期失效期)可解释为是由零件加工或装配过程产生的缺陷所致。这一阶段的特点是具有很高的初始失效速率,其后速率逐渐降低,因为有缺陷的零件被消除了。在硬件的使用寿期内(偶然失效期),在不常见的时间间隔里发生随机失效。这一阶段之后是用坏阶段(损耗失效期),失效速率快速上升,这是由于物理的或环境的影响使装置的性能恶化。上述总的趋势可用"浴缸形"曲线描述,如图 8 - 1 所示。就电子元器件而言,早期失效期为在产品使用期间,由于装机调试、操作训练等各种因素的作用,此期间失效率较高,用 T1 代表;经过一段时间后,设备适应了应用环境,操作人员熟悉了设备情况,失效率很低,为偶然失效期,用 T2 表示,这段时间是电子装备的最佳工作时间,又称为使用寿命;随着时间增加,设备开始老化,故障率增加,为损耗失效期,用 T3 表示。

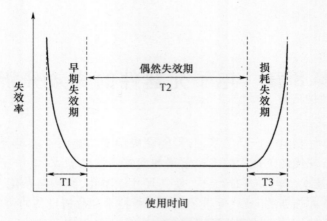

图 8-1 设备失效速率随时间的变化

8.1 电子元器件的失效机理

8.1.1 电子元器件失效模式的定义

电子设备和材料失效分析所用的术语与其他类型失效分析所用的术语有一定的差别。电子元器件每时每刻都经受各种气候环境、工作应力的作用,产品内部不断地发生物理、化学、机械和电性能的变化,当这种变化超过某一限度,产品便开始劣化,最终导致失效。上述变化随时间速度逐步加快。当产品的性能不能满足规定功能时,首先从最薄弱的环节表现出来,其失效的方式、形态、现象统称为失效模式(Failure Mode)。一般情况下,每种产品在一定条件下表现为一种主要失效模式,但随着环境条件、工作应力的改变,其失效模式也会随之改变。

电子元器件的失效模式是指引起可观察到失效特征(例如断路、短路、漏电)的设备故障的性质。引起设备故障的实际缺陷被称作失效缺陷(Failure Defect)(例如微裂纹和裂纹扩展)。产生失效缺陷的现象,如电迁移和腐蚀,被称为失效机理(Dailure Mechanism)。使失效机理起作用的现象(如高电流密度、应力集中)被称为失效起因(Failure Causes)。当一运转的设备未达到技术要求(例如同步问题),被称作技术要求失效(Specification Failure)。当一设备的某些功能或全部功能均不起作用时,则被称为硬性失效(Hard Failure)。

8.1.2 主要失效形式

电子元器件失效的主要形式有两大类:一类是器件内部失效,另一类是器件

210

外部(外引线)失效。

器件内部失效的主要表现形式包括器件易烧坏或者器件不能正常使用,其原因有加工缺陷、加工工艺不当、划伤、腐蚀和氧化、材料缺陷等。

器件外部引线失效的主要形式是外引线断腿和可焊性差等。外引线断腿主要原因包括锈蚀斑点、应力作用、晶体粗大、金属镀层质量不好、组织缺陷等。

8.1.3 主要失效机理

变形、疲劳、磨损和腐蚀是引起大多数电子组件失效的主要失效机理。为上述主要机理寻找一共同点就是均主要受环境影响,例如温度过高或过低、振动、湿气和曝露于灰尘或盐分中、碰撞以及辐射损伤。从缺陷来源探讨失效机理,失效可以分为所选择材料本身、设计缺陷导致的、工艺过程引入的和应用过程体现出的。本节就以缺陷来源分类,讨论电子元器件的失效机理。

需要指出的是,对于从生产到应用有着显著特点的组合元件和集成电路(IC)半导体装置,失效机理可分为 4 种主要类型:①伴随事件的电应力失效;②与材料有关的内在失效机理;③与连接、钝化和包装等外在因素有关的失效机理;④离子污染引起的逆转。

1. 内部失效机理

内部失效机理主要考虑电子元器件制备过程中材料选择本身相关问题所导致的缺陷。从材料晶体学角度看, 与材料有关的缺陷包括间隙填隙原子、位错、缺陷堆积和脱溶等, 这些缺陷有可能影响到漏电或基片电阻的波动,从而均有害于装置的性能。例如, 在双极半导体中磷原子从外延集电区沿位错扩散, 引起集电极—发射极短路;外部辐射 (γ 射线、X 射线、宇宙线)或内部辐射(α 粒子、β 射线)能与半导体材料发生作用,产生电子空穴而干扰电路性能,即辐射损伤。

2. 外部失效机理

1) 设计缺陷导致失效

设计电子元器件尤其是集成电路时,要充分考虑使用过程中可能出现的因设计不当导致的问题发生。要考虑的因素包括电流密度(引起器件发热)、线路几何尺寸(不同器件间的相互影响、电磁干扰等)和扩散阻挡层布局等。不同器件的热膨胀系数不匹配也会导致使用过程中的问题发生。由于工作过程中发热,装置和芯片载体之间的热膨胀系数不同能产生机械应力,且随温度的循环而面变化。例如金导线的粘接处经受 0℃ ~125℃ 的 200 次热循环后失效。当导线上的一部分熔化而生成小球后,在小球附近的导线冷却减慢,从而形成较大的晶粒,在热循环后造成解理型失效。

2）工艺过程引入失效

随着大规模集成电路的广泛应用，集成电路小型化的趋势越发显著，对工艺过程的要求越发严格，由于工艺问题引起的电子元器件失效问题越发明显。

从电子元器件的制造过程看，这些问题可能包括搭桥线宽、对中划伤、台阶层、掺杂水平、腐蚀缺陷、表面污染、离子物质、屏蔽缺陷、氧化物缺陷、连接点深度和直线度等众多方面；从装备过程看，可能包括了粘接引起的裂纹、遗漏引线、刻痕、粘接外伸、引线打卷、化学污染、粉尘污染等方面。由此可见，工艺过程逐步成为电子元器件制备过程的薄弱环节。

以金属敷镀层为例，简要说明工艺过程引入缺陷导致元器件失效过程。金属敷镀层会出现通过原子迁移或腐蚀而分别产生的电致迁移或接触迁移等问题，引起内阻增加，从而导致电子电路的性能恶化；同时金属敷镀过程会产生微裂纹和阶梯区域，由于金属层的厚度较小，导致电流密度较高，使电致迁移在阶梯区域增强。较小的截面对显微开裂更为敏感，因而形成断路。为了减弱这一问题，必须采用额外的技术，例如转动铝导体上面的晶片使沿阶梯的沉积物分布均匀；减少表面粗糙度；采用导电螺柱填入通路的空腔中或者引入 CVD 铝沉积技术；等等。但这增加了工艺复杂性和成本。

再如，金属薄层在加工过程中常常产生较大的机械应力，导致薄层的塑性变形。当存在较大的拉应力时，金属薄层变薄（塑性变形）能增加电阻，最终导致断路；当存在较大压应力时，能生成晶须，导致短路。在芯片制造过程中，通常在导体上沉积一层氮化硅或氧化硅玻璃，用于防止以后发生的损伤或腐蚀。在沉积过程中沉积层中不存在应力，但由于沉积是在350℃～400℃范围，故冷却到室温时氮化物受到压应力，铝受到拉应力（即产生残余应力）。如果在低温下经过温度循环，应力超过了铝的断裂强度，导致铝薄层断裂。为了缓解这一问题，在沉积薄膜的过程中引入中间氧化物层（具有可塑性），或者延长温度冷却周期。

又比如，封装不当也会引起失效。芯片（晶片）安装在引线架上，晶片与引线架之间用细导线（直径0.025mm～0.05mm）连接。引线架提供了封装件与外部宏观线路的导电线路。整个系统再密封于陶瓷封装中或用传递模型法制成的塑料封装中。复杂的封装过程容易引入导致失效的隐患。例如湿气从微裂纹进入封装之中，在使用及热循环中，吸附的湿气在晶片、引线架和密封材料之间的不同的界面上引起剥离。严重时，晶片发生断裂并发生响声。

3）应用过程导致失效

应用过程导致元器件失效的原因最多，最为复杂，热的、电的和物理的原因都会导致元器件的失效。

（1）电应力失效。取决于事件的电应力失效包括电超载及静电放电。电压引起的和电流引起的电应力失效约占所有半导体现场失效的50％。

（2）电致迁移。其机理是电子在强电流密度的作用下流动,致使金属原子在电子流动的方向上运动,使金属原子在正偏压端堆集,称为小丘;在负偏压端形成空位,称为空穴。损伤的速率与电流密度的平方成正比,与温度则为指数关系。由于铝具有较高的晶粒边界自扩散系数,故特别容易产生这种缺陷。由于集成电路的铝引线很薄,通过其中的电流密度通常很高(达数百万安培每平方厘米),因此容易导致失效。

（3）接触迁移及合金隆起。接触迁移的典型例子是相互接触的铝和硅在高电流密度或高温的作用下会相互扩散。如果硅扩散入铝区域(接触点)中,由于柯肯道尔效应(Kirkendall Effect)而产生空穴,使接触电阻增加,极端情况会造成断路;反过来,如果铝扩散入硅区域中,隆起使结合处漏电。使用铝合金(相对于纯铝而言),阻隔材料(钛、钨或氮化钛)来阻止相互扩散,或者使用接触好和导电好的材料,可以减轻或消除这一问题。接触好的材料有 $TiSi_2$ 及 PtSi,阻隔扩散好的材料有钛钨合金或单独的钛或钨层。

（4）通路迁移。如果存在多层结构,不同金属层之间的通路可能接触,金属原子趋向或背离通路流动,产生接触迁移。电流在两个方向上的流动能产生空穴。存在残余氧或硅瘤时,情况更为恶化。在通路之间放一薄层的钛或铝覆镀层可以减轻通路迁移效应。

（5）腐蚀。元器件中的金属部件或覆镀层与吸附的湿气或离子污染物起反应,腐蚀产物增加了线路的电阻,甚至造成断路。

（6）金属间化合物。一种常见的粘接失效是形成了金属间化合物所致。粘接处导线中的金与基座中的铝相互扩散,形成金属间化合物。有些金属间化合物(如 Au_2Al)是获得适当粘接和导电性能所需要的,但也引起接触区域的脆化。导电性能也会受其损害,由于金和铝的扩散速率不同而在导线的根部形成柯肯道尔(Kirkendall)孔洞。

（7）晶片粘接处的损伤。在密封封装时,引线架与晶片之间往往用金硅共晶合金粘接。在塑料封装时,则用软焊料或聚合物粘接(含银环氧树脂或聚酰亚胺粘接剂),在晶片的粘接过程中,晶片和引线架之间可能生成孔洞,孔洞可能发展成为裂纹或热点。吸附的湿气或离子污染物迁移到表面上也会产生问题。在选择晶片粘接材料时,必须考虑其热膨胀系数是否能适当地匹配,以防止在使用中发生开裂。

（8）导线粘接处的损伤。粘接后导线太松,则可能与相邻的导线或引线架短路;太紧又在导线内、根部或颈部产生应力,造成断裂。

（9）剥离和爆米花现象。除了在聚合物封装时吸附的湿气外,湿气还能从微裂纹进入封装中,使用过程中晶片、引线架和密封材料之间的不同界面引起剥离。严重情况下可能发生晶片断裂,并伴随响声。

3. 离子污染引发倒转机理

在半导体的玻璃表面(介电质)含有污染物如钠时,发生这种现象。偏压通过局部高浓度的污染物能够在电子装置中产生这一现象,而污染物的名义含量很低(低于0.1×10^{-6})。硅 p-n 结的钝化层通常是氧化硅(SiO_2),在氧化硅层中有随机分布的钠离子(用"＋"号表示)。在 p-n 结反向偏置时,形成过渡层,p 侧相对于 n 侧为负偏压,故带正电的钠离子将向介电层和 p 型硅之间的界面迁移(扩散),产生局部高浓度的钠离子,这将吸引 p 型硅中的次要负离子载体到介电层下的局部区域,起到局部 n 型硅区的作用,这一区域称为倒转区。在正向偏压及负向偏压两者的作用下,p-n 结的性能会明显降低。

金属氧化物场效应晶体管(MOSFET)是靠特意制成的反型层而进行工作的。敷镀的金属(闸门)加正偏压,在介电层与 p 型硅的界面处生成负偏压次要载体的反型区域,从而形成 n 型导体通道(半导体管间而导电)。但当介电层被带正电的钠离子污染后,在 p 型硅邻近的介电层中浓集了的钠离子,而金属敷镀层的正偏压排斥钠离子。如果钠离子的浓度足够高,次要负电荷载体将在 p 型硅中形成反型层,即使在金属敷镀层中不存在偏压,半导体管也将"导电"。在这两种情况下,钠离子因扩散而迁移。

8.1.4　失效分析流程

失效分析的原则是先进行非破坏性分析,后进行破坏性分析;先外部分析,后内部分析;先调查了解与失效有关的情况(线路、应力条件、失效现象、失效的外部环境等),后分析失效元器件。失效分析的通用流程如图 8-2 所示。

当失效发生时,要及时对失效样品进行保存,搜集失效及环境信息。然后设计合理的失效分析方案,以清楚试验分析过程中的每一个环节。基于失效现象,通过功能测试、电性能测试、X 射线检查、声学扫描检测等简单的非破坏性分析方法,确定失效部位和失效模式初判。再使用各种非破坏性和破坏性失效分析技术,分析导致焊点失效或缺陷产生的机理。基于失效机理与制程过程分析,寻找导致失效机理发生的原因,必要时进行试验验证。最后根据分析过程与所获得的结论编制失效分析报告,提出改善措施并确认改善结果,预防再发生或延缓失效的发生,以提高长期可靠性。

建立一个合理的元器件失效分析流程,有助于顺畅快捷地分析元器件的失效原因,解决元器件的质量问题,提高电子产品的质量与可靠性。一般来说,无

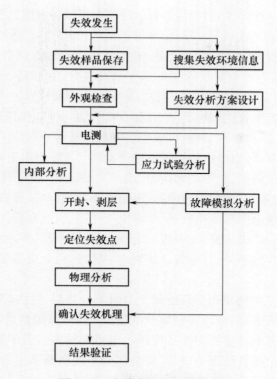

图 8 - 2　失效分析的通用流程

论什么渠道的元器件失效信息,都应有质量部门汇总,并联合技术部门定期做元器件失效分析,初步确定元器件失效原因。再由技术部门还原到电子产品,验证元器件失效原因。如果确认是元器件固有质量问题,应及时通知物资部门联络元器件的供应商;如果确认是使用中出现的问题,则仍由技术部门进行设计改进工作。所有分析改进工作完成后,由技术部门向质量部门提交一份完整的元器件失效分析和纠正措施报告,并归档。

8.1.5　常见电子元器件失效原因和常见故障

电子设备中绝大部分故障最终都是由于电子元器件故障引起的。如果熟悉了元器件的故障类型,就可迅速找出故障元件,有时只要通过简单的电阻、电压测量即可找出故障。

1. 电阻器类

电阻器类元件包括电阻元件和可变电阻元件,固定电阻器通常称为电阻器,可变电阻器通常称为电位器。电阻器类元件在电子设备中使用的数量很大,并

215

且是一种消耗功率的元件,由电阻器失效导致电子设备故障的比率较高,据统计约占 15%。电阻器的失效模式和原因与产品的结构、工艺特点、使用条件等有密切关系。电阻器失效可分为两大类,即致命失效和参数漂移失效。现场使用统计表明,电阻器失效中 85% ~ 90% 属于致命失效,如断路、机械损伤、接触损坏、短路、绝缘、击穿等,只有 10% 左右的是由阻值漂移导致失效的。

电阻器电位器失效机理视类型不同而不同。非线形电阻器和电位器的主要失效模式为开路、阻值漂移、引线机械损伤和接触损坏;线绕电阻器和电位器的主要失效模式为开路、引线机械损伤和接触损坏。主要有以下 4 类:①碳膜电阻器,引线断裂、基体缺陷、膜层均匀性差、膜层刻槽缺陷、膜材料与引线端接触不良、膜与基体污染等;②金属膜电阻器,电阻膜不均匀、电阻膜破裂、引线不牢、电阻膜分解、银迁移、电阻膜氧化物还原、静电荷作用、引线断裂、电晕放电等;③线绕电阻器,接触不良、电流腐蚀、引线不牢、线材绝缘不好、焊点熔解等;④可变电阻器,接触不良、焊接不良、接触簧片破裂或引线脱落、杂质污染、环氧胶不好、轴倾斜等。

电阻器容易产生变质和开路故障。电阻器变质后往往是阻值变大的漂移。电阻器一般不进行修理,而直接更换新电阻器。线绕电阻器当电阻丝烧断时,某些情况下可将烧断处理重新焊接后使用。电阻变质多是由于散热不良、过分潮湿或制造时产生缺陷等原因造成的,而烧坏则是因电路不正常,如短路、过载等原因所引起。电阻烧坏常见的有两种现象,一种是电流过大使电阻发热引起电阻烧坏,此时电阻表面可见焦糊状,很易发现;另一种情况是由于瞬间高压加到电阻上引起电阻开路或阻值变大,这种情况下,电阻表面一般没有明显改变,在高压电路中经常可发现这种故障现象的电阻。可变电阻器或电位器主要有线绕和非线绕两种。它们共同的失效模式有参数漂移、开路、短路、接触不良、动噪声大,机械损伤等。但是实际数据表明,实验室试验与现场使用之间主要的失效模式差异较大,实验室故障以参数漂移居多,而现场以接触不良、开路居多。电位器接触不良的故障在现场使用中普遍存在。如在电信设备中达 90% ,在电视机中约占 87% ,故接触不良对电位器具有致命的影响。造成接触不良的主要原因如下:①接触压力太小、簧片应力松弛、滑动接点偏离轨道或导电层、机械装配不当,又或很大的机械负荷(如碰撞、跌落等)导致接触簧片变形等;②导电层或接触轨道因氧化、污染而在接触处形成各种不导电的膜层;③导电层或电阻合金线磨损或烧毁,致使滑动点接触不良。电位器开路失效主要是由局部过热或机械损伤造成的。例如,电位器的导电层或电阻合金线氧化、腐蚀、污染或者由于工艺不当(如绕线不均匀,导电膜层厚薄不均匀等)所引起的过负荷,产生局部过热,使电位器烧坏而开路;滑动触点表面不光滑,接触压力又过大,将使绕线严重磨损而断开,导致开路;电位器选择与使用不当,或电子设备的故障危及电位器,使其处于过负荷或在较大的负荷下工作。这些都将加速电位器的损伤。

2. 电容器类

电容器常见的故障现象主要有击穿、开路、电参数退化、电解液泄漏及机械损坏等。导致这些故障的主要原因如下。

（1）击穿。介质中存在疵点、缺陷、杂质或导电离子;介质材料的老化;电介质的电化学击穿;在高湿度或低气压环境下极间边缘飞弧;在机械应力作用下电介质瞬时短路;金属离子迁移形成导电沟道或边缘飞弧放电;介质材料内部气隙击穿造成介质电击穿;介质在制造过程中机械损伤;介质材料分子结构的改变以及外加电压高于额定值等。

（2）开路。击穿引起电极和引线绝缘;电解电容器阳极引出箔被腐蚀断（或机械折断）;引出线与电极接触点氧化层而造成低电平开路;引出线与电极接触不良或绝缘;电解电容器阳极引出金属箔因腐蚀而导致开路;工作电解质的干涸或冻结;在机械应力作用下电解质和电介质之间的瞬时开路;等等。

（3）电参数退化。潮湿与电介质老化与热分解;电极材料的金属离子迁移;残余应力存在和变化;表面污染;材料的金属化电极的自愈效应;工作电解质的挥发和变稠;电极的电解腐蚀或化学腐蚀;引线和电极接触电阻增加;杂质和有害离子的影响。

由于实际电容器是在工作应力和环境应力的综合作用下工作的,因而会产生一种或几种失效模式和失效机理,还会有一种失效模式导致另外失效模式或失效机理的发生。例如,温度应力既可以促使表面氧化、加快老化的影响程度、加速电参数退化,又会促使电场强度下降,加速介质击穿的早日到来,而且这些应力的影响程度还是时间的函数。因此,电容器的失效机理与产品的类型、材料的种类、结构的差异、制造工艺及环境条件、工作应力等诸因素有密切关系。

电容器出现击穿故障非常容易发现,但对于有多个元件并联的情况,要确定具体的故障元件却较为困难。电容器开路故障的确定可通过将相同型号和容量的电容与被检测电容并联,观察电路功能是否恢复来实现。电容电参数变化的检查较为麻烦,一般可按照下面方法进行。首先应将电容器的其中一条引线从电路板上烫下来,以避免周围元件的影响。其次根据电容器的不同情况用不同的方法进行检查。

（1）电解电容器的检查。将万用表置于电阻挡,量程视被测电解电容的容量及耐压大小而定。测量容量小、耐压高的电解电容时,量程应位于 $R \times 10kW$ 挡;测量容量大、耐压低的电解电容时,量程应位于 $R \times 1kW$ 挡。观察充电电流的大小、放电时间长短（表针退回的速度）及表针最后指示的阻值。电解电容器质量好坏的鉴别方法如下:①充电电流大,表针上升速度快,放电时间长,表针的退回速度慢,说明容量足;②充电电流小,表针上升速度慢,放电时间短,表针的退回速度快,说明容量小、质量差;③充电电流为零,表针不动,说明电解电容器已经失效;④放电到最后,表针退回到终了时指示的阻值大,说明绝缘性能好,漏电小;⑤放电到最后,表针退回到终了时指示的阻值小,说明绝缘性能差,漏电严重。

(2) 容量为 1mF 以上的一般电容器检查。可用万用表电阻挡(R×10kW)同极性多次测量法来检查漏电程度及是否击穿。将万用表的两根表笔与被测电容的两根引线碰一下,观察表针是否有轻微的摆动。对容量大的电容,表针摆动明显;对容量小的电容,表针摆动不明显。紧接着用表笔再次、三次、四次碰电容器的引线(表笔不对调),每碰一次都要观察针是否有轻微的摆动。如从第二次起每碰一次表针都摆动一下,则说明此电容器有漏电。如接连几次碰时表针均不动,则说明电容器是好的。如果第一次相碰时表针就摆到终点,则说明电容器已经被击穿。另外,对于容量为 1mF ~ 20mF 的电容器,有的数字万用表可以测量。

(3) 容量为 1mF 以下的电容器检查。可以使用数字万用表的电容测量挡较为准确地测得电容器的实际数值。若没有带电容测量功能的数字万用表,只能用欧姆挡检查它是否击穿短路。用好的相同容量的电容器与被怀疑的电容器并联,检查它是否开路。

(4) 电容器参数的精确测量。单个电容器容量的精确测量可使用 LCR 电桥,耐压值的测量可采用晶体管特性测试仪。

3. 电感和变压器类

此类元件包括电感器、变压器、振荡线圈、滤波线圈等。其故障多由于外界原因所引起,例如,当负载短路时,由于流过线圈的电流超过额定值,变压器温度升高,造成线圈短路、断路或绝缘击穿。当通风不良、温度过高或受潮时,亦会产生漏电或绝缘击穿的现象。

对于变压器的故障现象及原因,常见的有以下几种:当变压器接通电源后,若铁芯发出嗡嗡的响声,则故障原因可能是铁芯未夹紧或变压器负载过重;发热高、冒烟、有焦味或保险丝烧断,则可能是线圈短路或负载过重。

电感器和变压器类元件的故障检查一般采用如下方法。

(1) 直流电阻测量法。用万用表的电阻挡测电感类的元件的好坏。测天线线圈、振荡线圈时,量程应置于最小电阻挡(如 R×1W 挡);测中周及输出输入变压器时,量程应放在低阻挡(R×10W 或 R×100W 挡),测得的阻值与维修资料或日常积累的经验数据相对照,如果很接近则表示被测元件是正常的;如果阻

218

值比经验数据小许多,表明线圈有局部短路;如果表针指示值为零,则说明线圈短路。应该注意的是,振荡线圈、天线线圈及中周的次级电阻很小,只有零点几欧姆,读数时尤其要仔细,不要误判断为短路。用高阻挡(R×10kW)测量初级线圈与次级线圈之间的电阻时,应该是无穷大。如果初级、次级之间有一定的电阻值,则表示初级、次级之间有漏电。

（2）通电检查法。对电源变压器可以通过通电检查看次级电压是否下降,如果次级电压下降,则怀疑次级(或初级)有局部短路。当通电后出现变压器迅速发烫或有烧焦味、冒烟等现象,则可判断变压器肯定有局部短路。

（3）仪器检查法。可以使用高频率 Q 表来测量电感量及其 Q 值,也可以用电感短路仪来判断低频率线圈的局部短路现象。用兆欧表则可以测量电源变压器初、次级之间的绝缘电阻。若发现变压器有漏电现象,则可能是绝缘不良或受潮所引起的,此时可将变压器拆下来去潮烘干。另外,调压变压器的各种碳刷或铜刷,在维护和所用不当的情况下极容易磨损,其碎片和积炭往往因短路部分的线圈烧毁而烧毁变压器,因此平时要注意维护。

4. 集成块类(集成电路)

集成电路是元器件发展中最有代表性的一类产品,集成电路失效分析难度大,需要采用诸多先进的分析技术,涉及失效分析的各个环节与过程。

1）失效定位和电测

失效定位是循序缩减失效问题范围并最终确定失效部位的过程。对于集成电路的失效定位过程可以从整个电路逐步锁定到其中的某个电路模块,如存储器、寄存器或电路单元,然后到门级或电路节点,最终到栅、源、漏、接触或通孔。而电路规模的增大、线宽的缩小使这一过程变得越来越困难。

2）新材料处理

逐层剥除电路中的介质层、金属化层,对于失效分析中的物理分析是至关重要的。通常的半导体材料、SiO_2、SiN、Al 及其阻挡层和钨塞都有相应处理方法,但对于新材料如 Cu 互连及阻挡层、低 k 介质、高 k 栅介质以及用于高 pin 器件的新封装材料,在分析处理过程中还需要引入新的技术。

3）系统级芯片(SoC)

系统级芯片是失效分析技术面临的又一大技术考验,电路复杂、晶体管数量巨大、互连层数多,同时 SoC 多为高频且工作频率不断提高,很难激发故障再现。

4）微小缺陷及结构成像

随着器件特征尺寸的减小,造成失效的缺陷尺寸也在减小,用于失效分析的各种显微镜对线条和缺陷的分辨能力受到限制,虽然光学显微技术在不断地提高,场发射电子显微镜越来越多地用于缺陷定位,但显然,器件特征尺寸进入纳米量级后场发射电子显微镜的分析能力越来越受到制约。

5）不可见缺陷特性与探测

除了可以观察到的缺陷外,导致集成电路失效的往往是一些不可见的缺陷,如电荷迁移导致的反型、互连介质中的漏电。尺寸越小的晶体管受电荷漂移的影响越大,介质越薄,越容易发生漏电,而不可见缺陷的分析与探测本身就是失效分析中的难题。

6）失效验证

以失效分析为目的的测试验证包括失效激励与失效验证,由于未来发展中系统与器件的界线越来越模糊,失效验证与失效激励难度越来越大,同时与之相适应的设计、测试与使用者的支持、设备的支持必不可少。

8.1.6 电子元器件可靠性指标

1. 可靠性指标

可靠性是指产品在规定条件下和规定时间内完成规定功能的能力。可靠性指标是电子元器件的重要的质量指标之一。

元器件的可靠性是与规定的条件分不开的,规定条件由使用时的工作条件、环境条件或储存条件所组成。工作条件是指使用时的电压、电流和功率等,环境条件或储存条件是指所处的温度、湿度和气压等,当规定条件不同时,元器件的可靠性也必然不同。当元器件在工作负荷较轻或不工作(储存状态)时,元器件就容易保持原有性能,可靠性高;当元器件工作负荷较重或处在恶劣的环境下,如高温、高湿、振动、化学气体的腐蚀等,其性能易于改变,可靠性低。电子元器件的规定时间是指元器件经过筛选后的使用或储存时间。该时间愈长,则可靠性愈低。可靠性是确定时间内的可靠性,否则可靠性将毫无意义。同一元器件因规定的时间不同,其可靠性也不同。电子元器件的规定功能是指元器件的技术指标、技术能力,是完成某一工作所起到的某种作用。

2. 增加可靠性的方法

可靠性是对电子元器件的群体而言,即对一批相同元器件,而不是用于元器件的个体。可靠性从数学的观点看是表示一种概率。在实际中,可用平均失效率来估算瞬时失效率,它表示失效率的平均值,在数值上等于在规定时间内的失效率与累积工作时间之比。

增加电子元器件可靠性的基本方法是被称为"TAAF 循环"方法。其基本思路是通过试验诱发产品失效,对失效样品进行失效分析并找出失效原因。针对失效原因进行改进,以消除薄弱环节,然后再试验,一方面验证改进的有效性,另一方面诱发新的失效,概括起来为"试验、分析与纠正"。

两次试验比较增长法和逐步消除失效模式法是最常用的增加元器件可靠性的方法。第一次试验是掌握产品可靠性现状和摸清产品的存在问题,然后通过分析产品的失效模式及影响可靠性增长的因素,根据增长目标的要求,进行可靠性增长设计改进或制造工艺改进和工艺控制,并有针对性地消除或控制产品的失效模式;第二次试验是验证纠正措施的有效性并检验其增长效果,逐步消除有多种失效模式并存的产品。针对主要失效模式采取相对应的方式逐步消除失效模式,实现产品的可靠性增长。在循环过程中,针对性的试验可激发产品暴露其薄弱环节,再采取有效的纠正措施,经过多个循环后,可使产品的失效模式都得到控制或消失。

8.2 电子元器件失效分析工具与技术

8.2.1 电子元器件失效分析常用技术

这些技术的分类如下。

(1)照相和光学显微镜。

(2)用 X 射线或射线照相术进行电子器件检验。

(3)红外热成像术。

(4)声发射显微成像术。

(5)金相学。

(6)化学特性分析。

(7)电子和电学特性分析。

(8)扫描电镜(SEM)、能量分散 X 射线分析仪(EDXA)以及波长分散谱仪(WDS)。

(9)其他技术。

1. 外部目检

外部目检在集成电路失效分析中十分重要,它将为后续的分析提供重要的信息。外部目检可以通过肉眼、放大倍数在 4 倍~80 倍的立体显微镜、放大倍数在 50 倍~2000 倍的金相显微镜,甚至是扫描电子显微镜(SEM)来检查失效器件与好器件之间的差异,确定各种尘化物、沾污、引脚腐蚀、引脚断裂、机械损伤、封装裂纹、晶须、金属迁移等缺陷,必要时利用 EDX、原子吸收光谱等获得元素信息。

2. 照相术和光学显微术

进行失效分析首先要搜集背景资料并选取试样,对失效零部件进行初步考察。任何损坏构件及零件的外部特征都非常重要,这些要采用照片记录。纤维组织与断口表面结构的特征在失效分析中起着突出的作用,照相术和光学显微术是重要的方法手段。光学显微纤维术重要的特征是清晰度(分辨率)和视场深度。

光学显微镜分析技术主要有立体显微镜和金相显微镜。立体显微镜放大倍数小,但景深大;金相显微镜放大倍数大,从几十倍到一千多倍,但景深小。把这两种显微镜结合使用,可观测到器件的外观以及失效部位的表面形状、分布、尺寸、组织、结构和应力等,还可用来观察到芯片的烧毁和击穿现象、引线键合情况、基片裂缝、沾污、划伤、氧化层的缺陷、金属层的腐蚀情况等。显微镜还可配有一些辅助装置,可提供明场、暗场、微分干涉相衬和偏振等观察手段,以适应各种需要。

照相文件编辑法非常重要,不仅要应用于初始阶段,而且要应用于以后的无损检测、破坏性试验、拆开封装和模拟试验等阶段。此技术还可应用于测定非常浅的凸凹不平度,如点蚀。

3. 微射线照相术

在电子失效分析中,X射线或射线照相(RI)可用于无损检验、监视电子组件的老化,或作为电子装置或部件在拆封或截开之前的方位引导。

4. 红外热成像术(红外显微术)

红外显微镜的结构和金相显微镜相似,但它采用的是近红外(波长为$0.175\mu m \sim 3\mu m$)光源,并用红外变像管成像。由于锗、硅等半导体材料及薄金属层对红外辐射是透明的,因此可以利用它在不剖切器件芯片的情况下,也能观察芯片内部的缺陷及焊接情况等。它还特别适于作塑料封装半导体器件的失效分析。

红外显微分析法是利用红外显微技术对微电子器件的微小面积进行高精度非接触测温的方法。器件的工作情况及失效会通过热效应反映出来。器件设计不当,材料有缺陷,工艺差错等都会造成局部温度升高。发热点可能小到微米以下,所以测温必须针对微小面积。为了不影响器件的工作情况和电学特性,测量又必须是非接触的。找出热点,并用非接触方式高精度地测出温度,对产品的设计、工艺过程控制、失效分析、可靠性检验等,都具有重要意义。

红外热像仪是非接触测温技术,它能测出表面各点的温度,给出试样表面的温度分布。红外热像仪用振动、反射镜等光学系统对试样高速扫描,将发自试样表面各点的热辐射会聚到检测器上,变成电信号,再由显示器形成黑白或彩色图像,以便用来分析表面各点的温度。

红外热成像仪器可用于获得电子封装物电子部件和装置的热图像(差热

图),因为电流流过这些电子器件时会产生热量。这种表面温度(辐射)差热图可以是定量的或半定量的。红外热成像术的优点是快速、非接触性、不介入和实时。把利用微差红外成像术(DIT)确定的电子部件、线路和模块的标准热分布图(STP)用于对比(或用作标准),是应用半定量差热图的延伸。

红外显微术还用于检查在金属线与铝敷涂层之间生成的金属间化合物(这些金属间化合物影响粘结,从而影响了装置中电路的连续性)、皮下晶界磨蚀、静电放电造成的损坏。

制造集成电路取决于接触点在烧结过程中是否能良好地合金化。如果在此过程中经历突发的高湿,则生成液相,造成合金化过度,使铝贫化,从而使装置的漏电流很高或发生短路。用红外微缩照片可以查出这种过合金化区域,利用它还能查出超过固溶极限的硅的晶间析出。

5. 声显微成像术及声扫描显微术

超声波在不同介质中传播速度不同,通过空气(或真空)的传播速度低于固体中的传播速度。声显微成像(AMI)术将这一声学特性用在电子器件中,无损地查出气隙、裂纹、孔洞或疏松等。超声波可在金属、陶瓷和塑料等均质材料中传播。用超声波可检验材料表面及次表面的断裂,可探测多层结构完整性等较为宏观的缺陷。超声波是检测缺陷、进行失效分析的很有效的手段。将超声波检测同先进的光、机、电技术相结合,还发展出了声学显微分析技术,用它能观察到光学显微镜无法看到的样品内部情况,能提供 X 光透视无法得到的高衬度图像,能应用于非破坏性分析。

6. 金相技术

金相技术可用于各种材料的失效分析中,将金相应用于电子材料和器件的失效分析时应特别关注金相样品制备的两个因素:一是用于电子器件的材料中有些特别软;二是使用于同一系统中各种材料的金相特性大不相同。

7. 化学性能鉴定

表 8-1 是可用于失效分析的各种化学性能鉴定技术。

表 8-1　若干化学性能鉴定技术

类　别	技　术	缩写
原子分光法	火焰原子吸收	FAA
	石墨炉原子吸收	GFAA
	原子发射	AE
	电感耦合等离子体发射	ICP - E
	电感耦合等离子体质谱仪	ICP - MS

类　别	技　术	缩　写
	原子荧光	AF
傅里叶转换红外显微光谱分析		
热分析	热机械学分析	TMA
	微差扫描比色法	DSC
	动态机械学分析	DMA
	高压液体色谱分析	HPLC
	X 射线荧光分析	XRF
	热解气体色谱分析	PGC
	热解气体色谱—质谱仪	PGC – MS
	热解重量分析	TGA
	红外分光术	
	溶剂萃取	

8. 电子和电学特性鉴定

用于电子器件失效分析的电学试验必然与标准电学性能试验不同,这基于以下因素。

(1) 所试验的器件通常不是正规的器件。

(2) 除了试验预期的性能之外,还必然包括未曾预期的性能(不做不该做的)。

(3) 试验通常是必须能够探测不连续的性能。

用于失效分析的电学试验顺序推荐如下。

(1) 设置跟踪试验装置。

(2) 标准的及修正的电学特性。

(3) 在一定温度范围内的电学特性。

(4) 在失效发生的条件下试验。

(5) 电学试验数据的评估。

(6) 辅助的特殊电学性能。

9. 微分析技术

微分析是对电子元器件进行深入分析的技术。元器件的失效同所用材料的化学成分、器件的结构、微区的形貌等有直接关系,同时也与工艺控制的起伏和精确度、材料的稳定性及各种材料的理化作用等诸多因素有关。为了深入了解和研究失效的原因、机理、模式,除了采用上述技术外,还要把有关的微区情况弄

224

清楚,即要用到微分析技术。随着元器件所用材料的多样化,工艺的复杂、精细化和尺寸的微细化,对微分析的要求越来越迫切。透射电子显微镜(TEM)、扫描电子显微镜(SEM)、能量分散 X 射线分析仪(EDS)及波长分散谱仪(WDS)等微分析技术具有重要意义。

同常规无损检测一样,微分析工作的第一步常常看形貌,看器件的图形、线系以及定位失准等,可用 TEM 和 SEM 来观测。

电子显微镜在电子器件和材料的失效分析中具有明显的优势。根据所需资讯的类型,将 SEM、TEM、EDS 和 WDS 结合使用将更有利于失效分析,例如利用 EDS 和二次电子成像分析电子束焊接的混合型电子装置的泄露。

SEM 特别适合于电子器件的失效分析。

(1)样品吸收电流类型。在 SEM 中,如果将通到样品座上的电流不接地而是加以放大,所得到的图像可以表明电流通过样品的导电通道或用于绘制出样品中电导率差别的图像。另一种应用是只将所要求的那部分成像,从而将复杂的印制电路板隔离出一部分来,即将样品座的地线与不要求成像的那些部分断开。

(2)电子束感应电流(EBIC)类型。这是样品吸收电流类型使用于半导体的特殊情况。通常这种类型的图像需要较大尺寸的光斑、较高的电子束电压和很慢的扫描速率才能获得。p-n 结的过渡层中的原子在缓慢移动的电子束的作用下可被电离。这一电离电流在过渡层场的作用下扫过结点,产生电流。通过样品吸收电流放大器可以监测到这个电流,从而得到显示局部缺陷的图像。EBIC 通常用于制成的电子器件,但这种类型的一种改进型是复合发光,被称之为阴极发光(CL),可用于部分加工的或原始的材料。

(3)电压对比类型。如果金属表面为正偏压,则二次电子无法从此表面逃逸,故在二次电子图像层上,该表面呈现黑色。在电压对比类型中上述效应用于测定金属导线或通路中的断开处。通常这种成像类型要有一外部电压加到样品上,同时需要处于良好状态的二次电子探测器,加速电压须能够精密调节。

(4)低电压类型。电子元器件均由多种材料构成,其中有些材料导电,有些不导电。若干材料的绝缘性导致使用 SEM 等电子束显微镜问题复杂化,如负电荷在样品上累积使入射电子束和二次电子图像发生畸变。采用低电压的方法可以减弱负面影响,但低压下运转的 SEM 等电子束显微镜具有亮度低、色散和对漏磁场敏感等问题。

利用 SEM 分析半导体有 4 个弱点:①由于初级电子的穿透深度有限,故皮下缺陷不易探出;②装置中的钝化层(介电质)引起电离问题;③SEM 不完全适用于结晶学的或原子序数的对比检测;④SEM 使有些电子器件不能再使用,因而被认为是破坏性检测技术。

先进的 WDS 系统可用于确定微观和亚微观尺寸的颗粒。

10. 液晶热点检测技术

半导体器件失效分析中,热点检测是有效手段。液晶是一种液体,但温度低于相变温度,则变为晶体。晶体会显示出各向异性。当它受热,温度超过相变温度时,就会变成各向同性的液体。利用这一特性,就可以在正交偏振光下观察液晶的相变点,从而找到热点。液晶热点检测设备由偏振光显微镜、可调温度的样品台和样品的电偏置控制电路组成。液晶热点检测技术可用来检查针孔和热点等缺陷。若氧化层存在针孔,它上面的金属层和下面的半导体就可能短路,而造成电学特性退化甚至失效。把液晶涂在被测管芯表面上,再把样品放在加热台上,若管芯氧化层有针孔,则会出现漏电流而发热,使该点温度升高,利用正交偏振光在光学显微镜下,观察热点与周围颜色的不同,便可确定器件上热点的位置。由于功耗小,此法灵敏度高,空间分辨率也高。

11. 光辐射显微分析技术

半导体材料在电场激发下,载流子会在能级间跃迁而发射光子。半导体器件和集成电路中的光辐射可以分成三大类:一是载流子注入 p-n 结的复合辐射,即非平衡少数载流子注入到势垒,并与多数载流子复合而发出光子;二是电场加速载流子发光,即在强电场的作用下产生的高速运动载流子与晶格上的原子碰撞,使之电离而发光;三是介质发光,在强电场下,有隧道电流流过二氧化硅和氮化硅等介质薄膜时,就会有光子发射。光辐射显微镜用微光探测技术,将光子探测灵敏度提高 6 个数量级,与数字图像技术相结合,以提高信噪比。增加了对探测到的光辐射进行光谱分析的功能后,能够确定光辐射的类型和性质。做光辐射显微镜探测,首先要在外部光源下对样品局部进行实时图像探测,然后对这一局部施加偏压,在不透光的屏蔽箱中,探测样品的光辐射。

半导体器件中,多种类型的缺陷和损伤在一定强度电场作用下会产生漏电,并伴随载流子的跃进而产生光辐射,这样对发光部位的定位就可能是对失效部位的定位。目前,光辐射显微分析技术能探测到的缺陷和损伤类型有漏电结、接触尖峰、氧化缺陷、栅针孔、静电放电损伤、闩锁效应、热载流子、饱和态晶体管以及开关态晶体管等。

12. 密封腔体元器件内部气氛分析

密封元器件腔体内的残余气氛对元器件的性能、寿命和可靠性影响很大,往往容易造成元器件的性能低劣和早期失效。主要表现在以下几个方面:①加速对电路的腐蚀作用;②造成内部环境的恶性污染;③形成电路的短路或烧毁;④电路失去应有的功能作用;⑤低温下的电路转换失效;⑥影响电路的正常转换等。实践已证明密封电子元器件封装中水汽含量是其产品可靠性和工艺稳定性的重要证据之一。

密封腔体元器件内部气氛分析可以作为元器件失效后对元器件进行失效原因的关联分析,但主要应用于元器件质量与可靠性保障的封装工艺分析,使密封腔体元器件内部气氛可控,有效地防止水汽等有害气体影响元器件的长期可靠性,对密封腔体内残余气氛进行分析和控制是保证电子元器件可靠性一个重要途径。密封元器件内部气氛控制技术包括如下几个方面:密封元器件封装内部气氛的定量测试、气氛来源的分析和判断、封装材料的预处理及封装工艺的优化和稳定性控制。

8.2.2　系统工程分析方法

失效系统工程(System Engineering)是运用数学方法,借助计算机等现代工具,把复杂的设备或系统与人及环境等因素看做是一个整体来研究,分析设备或系统失效的原因与结果之间的逻辑联系,并定量地计算出设备或系统失效与部件之间的关系。

1. 电子元器件失效模式影响分析技术

失效模式影响分析(Failure Mode and Effects Analysis,FMEA)是一套严密的预防措施识别、控制、提高的管理过程,FMEA 在整机、组件等生产行业已被广泛应用,并且适用于整机行业的标准。FMEA 是美国三大车厂(戴姆勒克莱斯特、福特、通用)对所属供应商的强制性要求之一。在电子元器件行业,特别是微电子行业,如 SONY、TOSHIBA、INTEL、TI 等公司,均采用了 FMEA 技术提升和控制其产品的质量和可靠性。在国内元器件领域,仅有部分研究者应用 FMEA 方法来进行设计和工艺制造。

进行可靠性设计首先要进行失效模式、机理的影响分析,才能明确可靠性设计的方向和目标。在产品设计、生产过程中,通过对产品各组成单元潜在的各种故障模式及其对产品功能、性能和长期退化的影响进行分析,提出可能采取的预防改进措施。这是提高产品可靠性的一种分析方法,其核心是确定失效模式、机理及影响,分析失效原因,提出改进措施,它是一个"事前行为"。通过 FMEA 分析可评价潜在失效模式、机理及影响,实施改进措施,降低产品设计、过程的潜在失效风险。FMEA 是"由下而上"的原因或机理和结果的分析方法,即从元器件基本失效的原因或机理及影响逐级向上分析,直至对整个元器件或组件进行分析,评价影响后果,用分析的方法对元器件的结构、材料、工序和工艺等的失效模式、机理、影响、严重程度与发生的概率进行评估。

2. 故障树分析法

故障树分析（Fault Tree Analysis,FTA）法是在 20 世纪 60 年代初,由美国贝尔研究所在民兵导弹的控制系统设计时首先提出的,并为预测导弹发射的失效做出了贡献。1974 年美国原子能管理委员会主要采用了 FTA 法分析了原子反应堆安全性的 Wash－1400 报告,进一步推动了 FTA 的发展。如今,FTA 在国外已被公认为是当前对复杂安全性、可靠性分析的一种好方法。采用 FTA 法对航空电子装备进行失效分析,通常可以按照以下的程序来开展。

（1）选定上端事件（最不希望发生的失效）。

（2）对于航空电子设备的设计、制造、维修、使用等技术资料进行分析。

（3）合成故障树。

（4）求出能让上端事件发生的必要且充分的最小数目基本事件集合。

（5）收集整理必需的失效率数据。

（6）对基本事件的重要度做评价。

（7）分析结果,总结并改进措施。

3. 模糊综合评判

FTA 是一种比较简单可靠又行之有效的系统失效分析方法,但在应用时必须要有确定的应用条件,提出的方法都要求系统的顶事件和底事件是确定的,不是正常就是失效。然而现实中有很多黑色事件（不可探知的）,以及介于白色事件（确定事件）和黑色事件之间的灰色事件（模糊事件）,这时传统的分析方法显然是无能为力的。一般来说,模糊事件在实际中大量存在,不确定性才是事件的本质。在故障树中进行模糊综合评判,构成模糊故障树的分析方法,可以处理很多常规方法不能解决的失效问题。

8.3　电子元器件失效分析技术的工程应用

8.3.1　电子元器件中焊点的失效分析

随着微电子电路集成度的大幅度提高,组装密度越来越高,承担机械与电气连接的焊点尺寸越来越小,而任意焊点的失效就有可能造成器件甚至系统整体的失效。因此,焊点的可靠性是电子产品可靠性的关键之一。

对焊点进行失效分析的目的是通过失效模式与失效机理的分析获得焊点质量的改进,尽量避免或延缓类似失效的发生,以提高焊点的长期可靠性。焊点的失效分析需借助各种测试技术和分析方法以明确焊点的失效过程,分辨失效模式,并确定其根本的失效原因。

1. 钎焊料及钎焊焊接性

钎焊料合金包含两种或两种以上的元素,能浸润被焊表面的通常是铜,然后发生反应形成粘合层,在钎焊料合金凝固时,生成具有良好力学性能的中间连接层。钎焊应用于所有级别的电子封装中。

钎焊料的一个重要性能是能够浸润要钎焊的表面。在体系概念上,钎焊焊接性是指在动态加热过程中能在欲粘合的底板上获得清洁的金属表面的能力,因此能在底板表面上形成一层很好的浸润熔融的钎焊料。在使用钎焊膏的情况下,一种附加的要求是在钎焊料粉末上获得清洁金属表面的能力,从而使钎焊料中的粉末颗粒完全融合。钎焊焊接性取决于所用钎焊剂的流动性以及底板表面的质量。不浸润或浸润较差是指形成的钎焊料层不连续,在其中的小圆孔中显出底板金属。另一方面,去浸润是指在冷却已形成的钎焊料小珠或不规律团块时,钎焊料被拉回来。

造成浸润不良的因素包括锈蚀,如生成氧化物和硫化物;表面上有外来污染物;嵌入的颗粒物;硅油;钎焊合金的问题,如温度低。

钎焊接点承受热—机械应力的作用,引起蠕变、疲劳和热松脱。在某些条件下,即使在室温下运行也能在钎焊材料中引起蠕变损伤。机械的、温度的和电的重复应力均能在钎焊材料中引起疲劳。钎焊接点在试验和使用中的热循环在钎焊接点上产生循环应力,当这些应力超过临界值后,会产生塑性变形或断裂。

2. 无铅钎焊料

电子器件中最常用的钎焊料是铅锡焊料($w(\text{Pb}) = 63\%$、$w(\text{Sn}) = 37\%$)。随着从钎焊料中去除铅的趋势,现使用若干替换铅的材料。表8-2中是若干取代铅的元素的相对成本。表8-3是选出的无铅焊料合金的性能。通常这些焊料合金的浸润性和疲劳性能均比铅锡合金差。由于波峰钎焊温度大约比焊料合金的熔点高45℃~65℃,使用表8-3中熔点较高的焊料合金在钎焊过程中可能引起陶瓷电容器的开裂。

表8-2　替换铅的材料及其相对成本

替换铅的元素	相 对 成 本	替换铅的元素	相 对 成 本
铅(Pb)作参考	1	In	194
Sb	2.2	Ag	212
Bi	7.1	Sn	6.4
Cu	2.5	Zn	1.3

表 8 – 3 若干无铅钎焊料及其性能

无铅钎焊料成分 （质量分数）/%	熔点范围	评述
48Sn、52In	118 共晶	低熔点、价高、低强度
42Sn、58Bi	138 共晶	确认的，与 Bi 的有效性有关
91Sn、92Zn	199 共晶	多渣，腐蚀的可能性大
93.5Sn、3Sb、2Bi、1.5Cu	218 共晶	高强度、极好的热疲劳性能
95.5Sn、3.5Ag、1Zn	218 – 221	高强度、良好的热疲劳性能
99.3Sn、0.7Cu	227	高强度和高熔点
95Sn、5Sb	232 – 240	良好的抗剪强度和热疲劳性能
65Sn、25Ag、、10Sb	233	摩托罗拉专利、高强度
97Sn、2Cu、0.8Sb、0.2Ag	226 – 228	高熔点
96.5Sn、3.5Ag	221	高强度和高熔点

3. 焊点的失效机理

焊点的主要失效机理包括热致失效、机械失效、电化学失效、电磁兼容失效与 ESA（静电放电）失效等。

1）热致失效

热致失效主要是指由热循环和热冲击引起的疲劳失效，高温导致的失效同样包括在内。由于元器件与基板的热膨胀不一致，焊点内就会产生热应力，应力的周期性变化导致焊点的热疲劳失效。热疲劳失效的主要变形机理是蠕变，当温度超过熔点温度（K）的一半时，蠕变就成为重要的变形机理。对于焊点而言，即使在室温时已超过熔点温度的一半，因此在热循环过程中蠕变成为主要的热变形疲劳失效机理。热冲击造成的失效是由不同温升速率或冷却速率给组件带来的较大附加应力的产生。热冲击条件下，由于比热、质量、结构和加热方式等各种因素的影响，组件各部分温度不相同，从而产生附加的热应力。热冲击会导致许多可靠性问题，如过载中的焊点疲劳、保形涂覆处的裂纹导致腐蚀失效和一系列的组件故障。热冲击还有可能导致出现一些在缓慢的热循环过程中没有出现的失效形式。

2）机械失效

机械失效主要是指由机械冲击引起的过载与冲击失效以及由振动引起的机械（振动）疲劳失效。当印制电路组件受到弯曲、晃动或其他的应力作用时，将可能导致焊点失效。一般而言，越来越小的焊点是组件中最脆弱的环节。然而，当它连接引脚元件等柔性结构时，由于引脚可以吸收一部分应力，故焊点不会承受很大的应力。但是当组装无引脚元件时,特别是对于大面积的 BGA 类器件,当组件受到机械冲击时,焊点就会承受较大的应力。特别对于无铅便携式电子产品,由于它的小体积、低质量和易于滑落等特点,使其在使用过程中更容易发生碰撞或跌落。因此,对于无铅化后的便携式电子产品,其跌落冲击可靠性更应该引起重视。

3）电化学失效

电化学失效是指在一定的温度、湿度和偏压条件下由于发生电化学反应而引起的失效。电化学失效的主要形式有导电离子污染物引起的桥连、枝晶生长、导电阳极丝(CAF)生长、锡须等。离子残留物与水汽是电化学失效的核心要素。

残留在印制电路板(PCB)上的导电离子污染物可能引起焊点间的桥连。特别是在潮湿的环境中,离子残留物是电的良导体,它们能跨过金属和绝缘表面移动而形成短路。

在水汽和低电流的直流偏压的综合影响下,由电解引起的金属从一导体(阳极氧化成离子)向另一导体(阴极)迁移,会发生外形像树枝或蕨类植物的金属枝晶生长。银、铜、锡、铅均容易受晶枝生长的影响。这种失效机理能够导致短路、漏电和其他电故障。

导电阳极丝(CAF)生长是枝晶生长的特例。越过绝缘体和数个导体之间的离子运输,造成金属细丝在绝缘体表面的生长。这种情形可以引起邻近导电线路的短路。这种生长一般是从阴极到阳极,但在特殊环境下也可以从阳极到阴极,或在阳极和阴极两者同时生长。

锡须指器件在长期储存、使用过程中,在机械、湿度、环境等作用下会在锡镀层的表面生长出一些胡须状的锡单晶体,其主要成分是锡。特别是在无铅条件下,纯锡使用比例急剧增加,锡须现象将会更容易发生。到目前为止,其形成与生长机理尚未完全研究透彻。

4. 焊点失效分析技术

对焊点进行失效分析,需采用一些先进的分析测试技术和仪器。不同的失效分析技术有不同的目的和适用范围,应当熟悉并熟练运用各种分析技术。

可利用实体显微镜、旋转式光学显微镜、金相显微镜结合使用,对焊点的润视角、失效部位、焊点表面颜色进行失效定位和失效模式初判;利用 X - ray 透视仪检测焊点缺陷,进行失效定位和失效模式判定;利用金相切片法检验和分析焊点焊接质量。可在不同水平上切割焊点,获得整个焊点截面上的成分分布,也可以在任何不同的角度切割,以便暴露特殊焊点的细节。经过金相切片分析可以获得焊点界面结构信息和观察焊点的焊接状态;利用扫描超声显微镜检查焊点空洞和微裂纹;利用纤维红外热像仪找出焊接缺陷位置,进行失效定位;利用红外显微镜对焊点表面(有机)污染物分析,从而可以分析腐蚀失效的原因,也可以对可焊性不良的焊盘表面有机污染物进行分析,进而分析焊点开路或虚焊的深层次原因;利用扫描电子显微镜进行焊点金相组织观察、金属间化合物与锡须观察、可焊性镀层分析;通过 EDS 获得的 X 射线图谱,评定焊点成分的化学结构,也可以进行可焊性不良的焊盘与引脚表面的污染物的元素分析。

8.3.2 电子封装物的失效分析

1. 封装基础

电子材料的封装包含着若干层次的封装,可总结为以下几点。

(1)零级封装:包括半导体、辅助材料和基片材料。

(2)一级封装:将芯片装入单芯片组件(SCM)或多芯片组件(MCM)中,包括连接线、接线带、壳体材料、封装盖和引线。

(3)二级封装:将 SCM、MCM、接线等装到印制电路板上,包括强化纤维材料、树脂、层压材料、挠性印制板材料和敷形涂覆。

(4)三级封装:将 PCB、电缆线、电源、辅助系统等装到底座或外壳上(例如母板)。从材料的角度看,这包括了支撑材料、连接材料、电缆线和挠性电路材料。

包装的最终目的是使被封装的所有部件能够协凋一致地运转。

2. 不同层次封装的失效形式和原因

1)零级封装

在零级封装中,用于制造 IC 芯片的半导体材料可能具有原子级别的或结晶级别的缺陷,从而损害其性能。这些缺陷可为线缺陷,如滑移引起的位错、不匹配位错或氧化物——氮化物边缘位错。当半导体材料在氧化气氛中进行离子注入退火以外延生长、氧化或扩散时,会产生表面缺陷,特别是堆垛层错。此外,这些缺陷提供了易于扩散的通道(管路),从而引起电子失效,如造成发射极——接收极之间的短路。

2)一级封装

在 IC 封装件中,连接芯片与引线支架的导线一般采用金和铝。当存在湿气和卤族元素如氯、溴时,铝受到腐蚀,使粘结恶化。由固态扩散生成脆性的金属间化合物在热应力或机械应力的作用下会开裂,甚至铝或金扩散入这些金属间化合物中形成空洞而造成线路断路。电镀液(特别是镀金的溶液)中的组元可能被镀在元器件上,使用过程中产生离解而使晶间弱化。使用软焊料块时,凸台根部凹陷,在焊料和凸台之间的接线金属层破裂,由于生成过多的金属间化合物而使金属界面的粘合受到损害,金属相在焊料块中的不良分布等都会产生缺陷,最终导致失效。

3）二级封装

在电镀和蚀刻过程中，残留的保护膜能阻止镀上的铜被蚀刻掉，从而产生短路；而不要求蚀刻铜的地方却被蚀刻掉，从而造成断路。在印制导线之间存在铜瘤、残余铜膜或"起霜"能降低印制导线之间的绝缘。热循环或热冲击引起的热应力能使铜印制导线开裂。在电镀过程中，各种清洗及不恰当的操作，如留下手印、油迹、灰尘、划痕等，均能引起粘合问题。此外，不当的电镀工艺会在电镀的表面上留下间隙，称之为"针孔"。

4）三级封装

接头在电子封装中最为常见。由于接头在两电子器件或组件之间传输电信号或电能，故耐久性和低而稳定的接触电阻是对其基本的要求。接头的关键零件是触点插头和触点弯曲、底板翘曲、不良运输、不当的公差和间隙、残屑和触点的不良加工等均能使接头发生机械失效。接头失效的 3 个主要原因是通过的电流过大、绝缘破裂和过大的电能消耗。这些原因能在失效的零件中产生断路。电阻短路的另一结果更为严重，能引起过热、熔化或电击伤人。接头太松或太紧的结合能使绞合导线或导线带变形，从而降低其承受电流的能力。接头还会发生一般的机械失效。

8.3.3 MD2864A-30/B 失效分析

在某产品上的存储器 MD2864A-30/B 失效，导致相关模块不能正常工作。MD2864A-30/B 是双列直插黑瓷 28 引线封装，如图 8-3 所示。

原始失效现象是：反复写几次就失效；使用一段时间后就写入失效。

为了便于解决问题，必须进行失效分析：通过外部目检、PIND 检测、粗检、细检漏试验，结果均为合格；经过管脚之间的电特性测试，2端、23 端、26 端为开路特性，与该电路管脚排列图对比，1 端和 26 端应为空脚，即 1、26 端为开路特性，2、23 端不应为开路特性；进一步进行功能测试时，发现无法正常写入数据，说明该电路功能已异常，开帽目检观察 1、2 端错位，23 端没有压焊，从而明确 2、23 端表现为开路特性的原因。这是由于生产器件厂在压焊时导致压焊方位有误，从而造成的元器件失效，这属于元器件的固有失效。

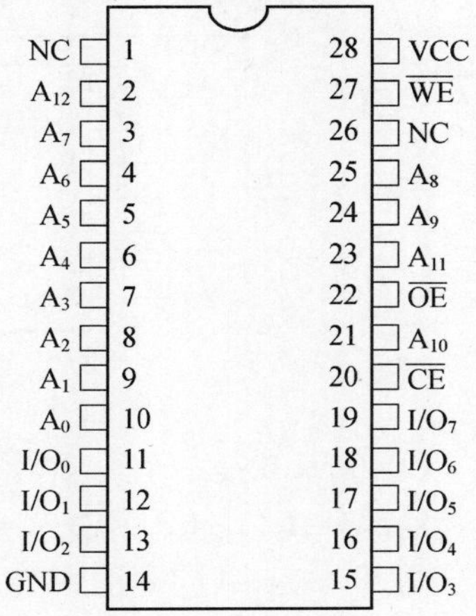

图 8-3　MD2864A-30/B 引线图

对于整机生产厂来说,只有通过优选元器件制造厂家及加强进货检验和筛选等方面的工作,才能做到事前预防,确保元器件的质量,并尽量避免元器件的固有失效。

8.3.4　CD4069UB 的失效分析

在某整机产品中,经常发生显示器点不亮或屏幕很暗等现象,技术人员一直没有找到真正的原因。在最近的一次整机调试中,这种现象又出现了,通过有关技术人员对故障的排除,发现其中有一块电路 CD4069UB 有问题,工作不正常。调试人员和设计人员都同时认为是器件的原因,因为换上器件在开机后有时能够很好地工作,一切正常。但多开关几次机器,CD4069UB 又损坏了。

设计人员认为就是器件的问题。质量部门认为这不是器件的问题,因为 CD4069UB 经过严格的检测筛选。在两个部门争执不下的情况下,只好对 CD4069UB 进行失效分析。通过外观目检未见异常;进行管脚之间电特性测试时,发现 7 脚(VSS)地端与其他端开路特性;进行 X 射线观察未见异常;开帽在金相显微镜下观察到 7 脚金属化连线已烧断,属于金属化自身电流引起的过热熔特征;在扫描电子显微镜下观察时可明显见到金属融化物与断裂处。分析结论是:过电流引起烧断地金属化连线而失效。而此时设计、调试人员都说自己没有问题,因为该产品已是很成熟的产品。此时质量部门要求调阅有关设计图纸。与 CD4069UB 相关的局部图原理图如图 8 - 4 所示。

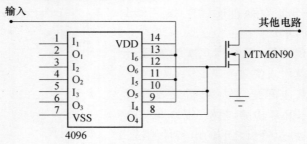

图 8 - 4　与 CD4069UB 相关的局部原理图

CD4069UB 是一个 6 反相器电路,输入 I_1、I_2、I_3,输出 O_1、O_2、O_3 连接到整机的其他部分,I_4、I_5、I_6 3 个输入连接到一起,同样把它们对应的 3 个输出 O_4、O_5、O_6 连接到一起,共同驱动一个大功率管 MTM6N90。当时设计人员的考虑是为了提高产品的可靠性进行冗余设计,使用 3 个门共同驱动大功率管,但是就是因为这一过冗余设计,导致 CD4069UB 容易烧毁。主要原因是 3 个输出门的工作不可能绝对同步,具体如图 8 - 5 所示。因为存在 O_4、O_5、O_6 输出延时,可能导致器件内部烧毁。一旦输出 O_4 的 B 点已达到高电平 V_{OH},而输出 O_5 还可能保持在 E 点低电平 V_{OL} 时,就相当于 O_4 直接短路到地。同样的情况在其他输出管脚之间也可能发生,一旦出现这种情况,通过分析器件内部原理图可知,由于内部无限流电阻,器件内部功耗就无法得以限制,从而导致器件烧毁。最后经重新改进设计,问题得以解决。

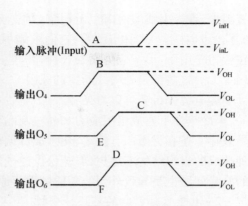

图 8-5 CD4069UB 输入输出波形图

通过这一实例充分说明,一方面,设计隐患有可能暂时无法暴露,只有通过长期的实践才能显露出来;另一方面质量部门的人员要善于利用各种工具去分析失效元器件,找到失效的真正原因,便于在以后的实际生产和设计中进行有效和针对性的改进,做到举一反三,防止同类问题再次发生。

8.3.5 电子元器件外引线断腿失效分析

1. 外引线断腿

半导体器件外引线断腿是生产中的一个普遍存在的质量问题,因断脚而失效的器件很多。外引线断裂多发生在管脚根部,用显微镜观察裂纹的起源多为锈蚀斑点,逐渐发展为贯穿直径的断裂。裂纹开始沿晶界开裂,后蔓延成穿晶裂纹,这种沿晶界开裂,后蔓延成穿晶裂纹的现象称为解理断裂。根据各种金属的成分不同,其解理面也不一样。另外裂纹具有显著特征,即主干裂纹延伸的同时还有若干分枝同时发展;裂纹的纵深一般比裂纹的宽度大若干数量级;主裂纹走向与拉应力方向垂直,分枝则与拉应力呈一定角度。用扫描电镜观察断腿断口,可以看到明显的脆性断裂特征。断口形貌特点多为准解理断裂,有大量的河流状花样,有的呈鱼骨状花样,覆盖在断口上的腐蚀物有泥纹状花样,腐蚀坑周围有球状及壳状产物。

经 X 射线能谱分析可观察断面(断口)上的元素分布。断口上的球状、壳状产物及泥纹花样皆含氯元素。锈斑轻微处多呈球状产物,氯含量较低;锈斑较严重处(裂纹源)有腐蚀坑,并为泥纹所覆盖,氯含量最高。在断口上可以看到不同形状的腐蚀产物同时并存。外引线断腿根源于腐蚀,造成外引线断腿的原因是多种因素共同作用的结果:外引线经多次测试,承受多次弯折,根部受变形和相应的拉力较严重,并在与玻璃烧结和热压时又叠加上热应力;镀金层质量不好(如有针孔、厚度不匀、起皮脱落、局部未镀上等)、表面划伤和焊料渗透造成的缝隙处,在外引线酸洗时以及包装、存放、使用过程中,极易受到污染(包括手汗的沾污)而残留 Cl^- 和 H^+ 等,它们浓缩后引起原电池孔蚀(即锈斑),以此为源在应力作用下,形成应力腐蚀开裂,尤其在潮湿环境中,Cl^- 和 H^+ 的应力腐蚀作用更大。这些都是外引线断腿的原因。

经电镜分析还可以看见:断口上有一些组织缺陷,如晶粒粗大,晶粒大小不一,因冷热加工造成组织应力和晶粒及晶界异常,塑性变形后晶体的完整性受到了破坏。还有材质原有缺陷,化学成分偏析造成的晶体结构异常,材料成分不合理造成的组织结构不理想,有疏松点或气泡,有微裂纹等。这表明材料本身存在的质量问题也是导致外引线断腿的重要原因,应该引起足够的重视。

2. 电子器件引脚的可焊性分析

实践中,可以选用引脚可焊性极为不好的一组器件(失效件),与引脚可焊性很好的另一组器件(对比件)进行对比,两组试样都是铜质材料,所含微量元素不同。通过电子探针鉴定发现,通过显微分析、电子探针分析等手段对上述两种器件材料的微观组织进行分析,借此寻求失效机理。

1)宏观分析

从外观上用肉眼观察,发现失效件和对比件没有区别,但是失效件引脚的硬度明显较小、塑性好,而对比件的引脚硬度大、塑性差。

2)微观鉴定

沿着失效件和对比件引脚的切线方向截取试样,进行微观分析。通过显微分析发现,两个试样虽然都是铜质材料,但是由于所含微量元素不同,处理工艺不同,导致组织结构完全不一样。失效件的心部高倍组织呈球状的粗大质点,该试样的表面组织粗大,并且由于压延变形,在试样的边沿还出现了孪晶组织。而对比件心部高倍组织呈细小的质点。

3)电子探针鉴定

通过电子探针鉴定,失效件中 Cu 含量大于99%,其中 Bi、Ni、Sn、P、S 等微量元素在纯铜含量范围内,但是 Sb(锑)的含量较高,属于 Cu – Sb 合金。而对比件中 Cu 含量达到99.9%以上,Bi、Ni、Pb、Sn、P、S、Al 等微量元素含量甚微,属于无氧铜。

4)失效原因分析

纯铜具有良好的导电、导热性,是面心立方体晶格,在温度和压力变化的情况下,都不会发生同素异型转变。它的强度低、塑性很高,伸长率约为30% ~ 38%,塑性变形能力强。纯铜的力学性能和变形能力随着温度升高而变化,在中温区塑性剧烈降低,在较低或较高温度下则塑性变形能力很好。

失效件的锑含量较高,虽然锑可以提高铜的耐腐蚀性,但却严重地降低了铜的导电性和导热性。锑能与含氧铜中的 Cu_2O 起反应,形成分布于晶内部的高熔点球状的粗大质点,从而改善了塑性。

对比件为无氧铜,无氧铜是一种广泛使用的金属材料,这是因为无氧铜具有导电率、导热率高,可焊性、塑性、化学稳定性好等优点。但是无氧铜易出现氢病、含氧不均匀、表面起泡、疏松、缩孔等缺陷,所以目前多采用弥散无氧铜,简称为弥散铜。最常用的方法是在铜中加入一定量的铝,并使其氧化成弥散的 Al_2O_3 质点,均匀分布在无氧铜的基体内。质点具有钉扎作用,能阻碍形变弥散铜的回复和再结晶,大大提高了再结晶温度,同时又阻止了晶粒变形,弥散相颗粒越细,分布越均匀,则强度越高。弥散无氧铜保持了很好的导电率和可焊性。

5)结论

失效件因锑含量较高,严重地降低铜的导热性和可焊性,这是降低可焊性的因素之一。同时还由于失效件的表面组织粗大及形变孪晶组织的出现,致使金属的组织应力增大,这是降低可焊性的因素之二。又因为这种粗大的组织晶界面积相对较小,导致焊料金属依赖晶界缺陷的焊结的机会降低,这是降低可焊性的因素之三。铜在低温下的塑性变形容易产生孪生组织,形变孪生组织的存在还会导致组织应力变大,组织结构、晶界密度等受到不同程度的影响。采用冷拔丝工艺易产生这样的组织时,引脚极易产生断脚。

根据以上讨论,建议电子器件的引线使用弥散无氧铜。通过比较可知,弥散无氧铜导电率和可焊性很好,如果采用含有其他微量元素的铜,必须注意对其进行细化晶粒处理,同时避免采用冷拔丝工艺。

第9章 装备失效分析案例

9.1 某重载车辆侧减速器主动齿轮接触疲劳失效分析

9.1.1 背景介绍

　　侧减速器是某重载车辆传动系统的最后一级传动装置,安装在车体两侧的转向机构和主动轮之间,主要用来降低前级传动传来的转速,增大主动轮上的扭矩。侧减速器主动齿轮与主轴为一体结构,与侧减速器被动齿轮相啮合,将由前级传动传来的全车动力通过被动齿轮传送到行动部分,驱动全车行驶。侧减速主动齿轮是全车受载最大的齿轮,始终在大载荷、高转速、多冲击的复杂苛刻环境下工作。由于密封面涂抹的铅油在使用过程中变干、脱落以及车辆行驶过程中的剧烈振动等原因,外界有大量沙石等进入减速器内成为磨料。图 9-1 所示是维修时该车拆开后的箱盖,可以看出箱盖内部有较多的沙石。由于侧减速器主动齿轮高速重载和恶劣的服役环境工作,失效主动齿轮服役不到一个中修期就发生严重的接触疲劳失效(图 9-2),齿面点蚀破落现象严重,侧减速器主动齿轮因早期失效被迫提前更换。

图 9-1　齿轮轴的服役环境　　　　图 9-2　失效的侧减速器失效主动齿轮

　　齿轮材料是 18Cr2Ni4WA 钢,该钢中含有的较多的 Cr、Ni,并且加入了大约 1% 的 W,淬透性良好,经热处理后具有很高的力学性能,强度和冲击韧性都很高,是重型车辆结构钢中性能最好的钢种之一。该重载车辆上受力最大、工作条

238

件最恶劣、传动速度最高的齿轮都由 18Cr2Ni4WA 钢制造。失效齿轮齿面热处理后,牙齿部分渗碳层深度为 1.5mm ~ 1.8mm,渗碳层硬度大于 57HRC,心部硬度为 35HRC ~ 49HRC。润滑方式为封闭式油池飞溅润滑。

9.1.2 断口分析

采用 Quanta200 型环境扫描电子显微镜观察失效齿轮磨损齿面,再从失效齿轮上取样,磨制抛光后,经 Olympus 显微镜观察试样金相显微组织,并采用维氏硬度计检测齿轮从齿面到心部的硬度。

通过对失效齿轮宏观的观察发现(图 9 – 3),在啮合受力齿面的节线附近靠近齿根一侧,沿齿宽方向分布有许多剥落坑,剥落坑附近有许多点蚀坑,这些点蚀剥落坑在齿宽方向基本上连成一线,形成由点蚀剥落组成的凹坑带,基本与齿宽同长。

图 9 – 3 失效齿轮的形貌

图 9 – 4 所示的是失效齿面的扫描电子显微镜微观形貌。发现失效齿轮的点蚀剥落坑带上有较多面积在 $2mm^2$ 以上的剥落坑,剥落坑的最大深度为 0.8mm,剥落坑底部有较浅的疲劳辉纹,底部大致与表面平行,面积较大的剥落

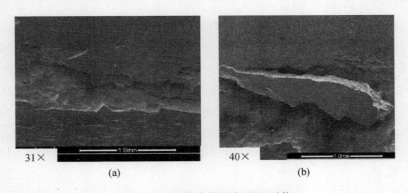

31×	40×
(a)	(b)

图 9 – 4 失效齿轮的点蚀和剥落

坑附近有许多面积小、深度浅的点蚀坑。剥落坑侧面一侧大致与表面约成45°角，另一侧约垂直于表面。试样剥落坑中尚未剥落的部分一端与齿轮基体分离，另一端与齿轮基体相连形成悬臂梁（图9-4(b)）。通过对齿轮磨损面的断口分析，发现失效齿轮具有典型的接触疲劳特征，而且齿轮节线附近偏向齿根一侧的接触疲劳失效较为严重。

9.1.3 化学成分检验

在失效齿轮的牙齿心部取样，采用相关检验方法对齿轮材料的 C、Cr、Ni 等9 种元素进行化学成分分析（表9-1），分析结果表明证明，失效齿轮材料的化学成分符合 GB/T3077—1999《合金结构钢》中 18Cr2Ni4WA 钢的技术标准。

表9-1 失效齿轮化学成分分析结果（质量分数）

元素	C	Si	Mn	Cr	元素	Ni	W	S	P
测试值	0.16	0.18	0.48	1.38	测试值	4.18	1.08	0.0031	0.030
国标值	0.13 ~ 0.19	0.2 ~ 0.4	0.3 ~ 0.6	1.35 ~ 1.65	国标值	4.0 ~ 4.5	0.8 ~ 1.2	<0.04	<0.04

9.1.4 显微组织分析

从失效齿轮牙齿部位取样抛光，经 4% 的硝酸酒精溶液腐蚀后，在 Olympus 金相显微镜下进行观察。试样心部组织为低碳板条回火马氏体及少量铁素体（图9-5），根据 JB/T6141.3—1992《重载齿轮渗碳金相检验》标准要求，齿轮心部金相组织应为低碳马氏体或下贝氏体加少量游离铁素体，不允许有大量块状、网状或针状铁素体。1 级 ~4 级为合格，5 级可由供需双方协商，6 级为不合格。试样心部组织为 2 级 ~3 级，符合要求。

渗碳层组织为高碳针状回火马氏体及少量残余奥氏体，马氏体针叶略微粗大（图9-6）。根据 JB/T 6141.3—1992《重载齿轮渗碳金相检验》要求，金相组织为隐晶或细针马氏体加少于 30% 的残留奥氏体。1 级 ~4 级为合格，5级可由供需双方协商，6 级为不合格。试样渗碳层马氏体组织为 4 级，基本符合要求。试样渗碳层中有较细的白色碳化物沿晶界析出，并呈现连续网状（图9-7），根据 JB/T 6141.3—1992《重载齿轮渗碳金相检验》标准，不符合标准规定要求。

经扫描电镜观察，白色网状碳化物在试样表面附近渗碳层呈现连续网状分布（图9-8）。至距试样表面约 1mm 处，白色网状碳化物基本消失（图9-9）。

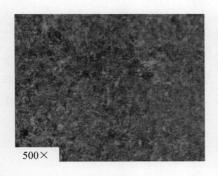

图9-5 失效齿轮的心部组织

图9-6 失效齿轮的渗碳层组织

图9-7 网状碳化物

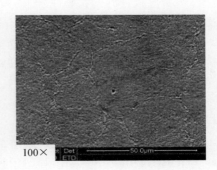

图9-8 网状碳化物

图9-9 无网状碳化物组织

　　由于侧减速主动齿轮性能上要求表面耐磨而中心具有强韧性,所以该齿轮齿面首先采用渗碳化学热处理。

　　零件通过高温渗碳,促使表面增碳,通过扩散得到一定深度的渗碳层。由于渗碳层各部分的含碳量不同,渗碳层的显微组织分布也不同。渗碳零件的表层在渗碳过程中吸收碳的浓度最高,一般碳浓度在0.85%～1.1%之间,达到了钢

241

的过共析成分。因此零件渗碳后在缓冷的条件下按照铁—碳平衡图的规律,会在奥氏体晶界处析出呈网络分布的二次渗碳体。

渗碳后产生网状碳化物的通常原因主要是渗碳炉中碳势过高,温度低而时间长,渗碳后冷却太慢所引起的。在渗碳过程中形成的网状碳化物一般比较粗大;渗碳后冷却过程中,从奥氏体析出的网状碳化物一般比较细小。失效齿轮渗碳层存在的网状碳化物较为细小,属于后者。零件渗碳后出现的网状碳化物必须通过正火等热处理方法消除,不允许淬火后再存在。而侧减速主动齿轮的热处理工艺中,齿轮渗碳空冷后进行正火处理,消除网状碳化物。失效齿轮试样的表面渗碳层存在白色网状碳化物,这表明失效齿轮渗碳后冷却速度较慢,导致从奥氏体中析出较细的网状碳化物,随后的正火等热处理工艺没有有效消除零件渗碳层中的网状碳化物。

渗碳层中存在的白色网状碳化物,以及晶界上的白色网状碳化物强度低、脆性大,容易造成应力集中,产生萌生裂纹,使得晶粒之间的结合强度显著降低,破坏了材料的力学性能,降低了齿轮的抗接触疲劳性能。

9.1.5 硬度检验

按照 JB/T6141.2—1992《重载齿轮渗碳质量检验》标准规定方法,从失效齿轮轮齿上取样磨制抛光,采用维氏硬度计测试试样硬度。试样表面到心部硬度的分布如表 9-2 所列。试样表面硬度为 699.2HV,心部硬度为 436.2HV,符合齿轮硬度设计技术要求。根据 JB/T6141.2—1992《重载齿轮渗碳质量检验》标准规定,试样表面至硬度为 550HV 处深度为有效渗碳层深度,测得试样有效渗碳层深度约为 0.9mm,技术要求渗碳层深度为 1.5mm ~1.8mm,因此失效齿轮渗碳层深度不符合要求。

表 9-2 失效齿轮的维氏硬度值分布

距表面距离/mm	0	0.2	0.4	0.8	1.0	1.2	1.6	2.5
硬度/HV	699.2	642.3	668.2	589.2	528.1	467.2	439.2	436.2

齿轮经过齿面渗碳淬火和磨齿加工,使金属晶格的位向发生改变、金属键能增加、晶粒细化和产生加工硬化,在齿面的渗碳层中产生较大的、相对稳定的残余应力场(热处理和加工硬化产生的综合应力场),该应力场也可视为是有一定厚度,由金属键交织而成的应力网。正因为齿面存在着这个残余应力场,它足以用来抵抗外力(接触应力),才使得齿面接触强度大大地提高。如果渗碳淬火时所产生的残余应力场失去平衡,则出现淬火裂纹;如果因磨齿加工产生热应力而使残余应力场失去平衡,则出现磨齿裂纹;当残余应力场某一处应力的大小不

能抵抗外力或其深度小于外力作用在齿表面的深度时,则会出现按触疲劳破坏。

因此,为了提高齿轮的承载能力,就必须有一个足可以用来抵抗接触疲劳破坏的渗碳淬火层。齿轮渗碳层深度有特定的标准,而失效齿轮渗碳层深度较技术要求相差很远,这就降低了齿轮抵抗齿面接触应力和次表层剪应力破坏的能力,严重影响齿轮的抗接触疲劳性能,导致齿轮过早接触疲劳失效。

9.1.6　结论

(1) 断口分析表明失效齿轮的失效形式为接触疲劳失效,失效齿轮节线靠近齿根一侧存在点蚀剥落坑带。存在较多面积在 $2mm^2$ 以上剥落坑,剥落坑的最大深度为 0.8mm。

(2) 金相分析表明失效齿轮次表层金相组织存在白色网状碳化物,削弱了晶粒之间的结合力,降低了齿轮的抗接触疲劳性能。

(3) 硬度检测表明表层失效的渗碳层深度仅为 0.9mm,不符合齿轮渗碳层深度要求。齿轮渗碳层过浅导致齿轮的抗接触疲劳性能严重下降。

(4) 上述分析表明侧减速器主动齿轮接触疲劳的失效原因是:因渗碳碳势不足或者渗碳时间过短造成的渗碳层过浅;在渗碳冷却过程中速度较慢,造成奥氏体沿晶界析出细网状二次渗碳体,而随后的正火处理没有有效地消除网状二次渗碳体;齿轮的接触应力较大,超过了充许用的接触应力。

9.2　轮式车辆变速箱换挡拨叉断裂失效分析

9.2.1　背景

变速箱是车辆传动系统的重要部件,其失效会严重影响整个系统的性能,造成重大损失,值得重视。本节针对某型号轮式车辆变速箱一个换挡拨叉在试车过程中突然断裂这一情况,分别从材料学、有限元计算和累积损伤角度对其进行分析研究,分析结果将为改进零件结构、查找事故源头以及确定总体设计参数提供参考依据。

9.2.2　宏观形貌分析

换挡拨叉所使用的材料是球墨铸铁 QT400 - 18(GB/T1348—1988),工作原理如图 9 - 10 所示,操纵机构通过转动拨叉环来控制拨叉的位置,从而实现换挡。拨叉断裂位置在两个内表面的交叉处,如图 9 - 11 所示,断裂平面约在两平面夹角的平分线上,与两平面夹角均约 135°。从断口的形貌照片(图 9 - 12)可以观察到有明显的疲劳源（箭头所指）、疲劳扩展区和瞬时断裂区，断裂源位于拨叉内侧尖角部位。另外，拨叉内侧与拨叉环接触部位有明显的受挤压变形的痕迹，说明换挡过程中拨叉受到拨叉环较大的冲击载荷，发生塑性变形。通过对断口进行金相分析，断裂源附近未发现冶金缺陷。经 4% 硝酸酒精溶液浸蚀后，拨叉两个侧面有淬火层，底面无淬火层，如图 9-13 所示。淬火层始于拨叉尖角处，使该处存在较大组织应力；又由于该处加工倒角过小导致应力集中严重，当零件在工作状态受到较大外力作用时，易从此处形成疲劳裂纹，并扩展断裂。

图 9-10　拨叉与拨叉环工作原理图

图 9-11　拨叉断裂位置

图 9-12　拨叉断口形貌

图 9-13　经 4% 硝酸酒精
溶液浸蚀后拨叉淬火状况

9.2.3　有限元模拟分析

根据拨叉实际尺寸和工作原理，首先利用 Pro/E 软件对换挡机构进行三维建模，拨叉在换挡过程中承受来自拨叉环的换挡力，可以视为非对称循环载荷。借助非线性有限元分析软件 MSC Patran/Marc 对三维模型进行合理的网格划分，设定边界条件，并对换挡过程中拨叉环对拨叉作用产生的接触应力、拨叉内侧尖角处所受应力和最大主应力进行仿真计算。对拨叉设计强度进行校核,从理论上对断裂原因进行分析。

1. 换挡力的试验测定和拨叉强度校核

变速箱是操纵机构通过拨叉环推动拨叉实现换挡变速,拨叉环对拨叉的作用力经换挡机构台架试验测得并换算,实现正常换挡的载荷平均值是1350N,平均换挡时间为0.2s。

根据 H. Hertz 理论,拨叉环可以看作一圆柱,与拨叉侧面接触,接触面尺寸为

$$b = 1.131 \sqrt{\frac{PR}{l}\left(\frac{1 - v_1^2}{E_1} + \frac{1 - v_2^2}{E_2}\right)} \tag{9-1}$$

最大接触应力为

$$\sigma_{max} = 0.564 \sqrt{\frac{\frac{P}{lR}}{\frac{1 - v_1^2}{E_1} + \frac{1 - v_2^2}{E_2}}} \tag{9-2}$$

式中:P 为作用在拨叉上的载荷(法向力);R 为拨叉环半径;l 为拨叉环厚度;v_1、E_1、v_2、E_2 分别为拨叉和拨叉环的泊松比和弹性模量。

根据拨叉环对拨叉作用力理论(试验实测)值1350N,利用非线性有限元仿真软件 MSC Marc 对拨叉受力状态进行计算,图9-14所示是与拨叉环接触处接触应力状态云图,图9-15所示是拨叉承受 Mises 应力状态云图。一次换挡过程拨叉所受应力—时间曲线如图9-16所示,其中曲线1为拨叉环与拨叉接触处接触应力变化曲线,最大接触应力517MPa,曲线2为拨叉内侧尖角处所受 Mises 应力变化曲线,最大值是250MPa。拨叉材料球墨铸铁 QT400-18(GB/T1348-1988)接触应力强度约为500MPa,单向应力屈服点 $\sigma_{0.2}$ 约为250MPa。该载荷使得拨叉所受接触应力和 Mises 应力刚刚达到材料单向应力屈服点,由于拨叉承受循环载荷,球墨铸铁属于循环硬化材料,单向应力—应变曲线和循环应力—应变曲线如图9-17所示,材料的循环屈服应力 $\sigma_{0.2}$ 约为400MPa,对于循环载荷,以上接触应力和 Mises 应力都没有达到材料的循环载荷屈服极限。

根据对拨叉内侧与拨叉环接触部位受挤压变形的痕迹分析,该处发生了局部塑性变形,实际换挡过程中拨叉所承受的最大接触应力超过了材料的许用接触强度。

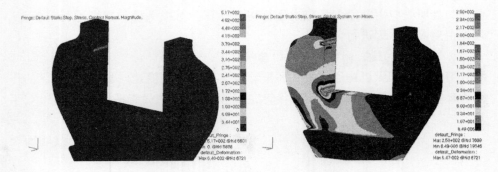

图 9 – 14　与拨叉环接触处接触应力状态云图　图 9 – 15　拨叉承受 Mises 应力状态云图

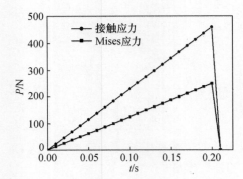

图 9 – 16　一次换挡过程拨叉与拨叉环接触应　　图 9 – 17　球墨铸铁材料单调的
力变化曲线和拨叉尖角处 Mises 应力变化曲线　　　　　和循环的应力—应变曲线

　　通过拨叉环对拨叉施加不同载荷,由 1200N 到 1800N,分别对拨叉受力状态进行仿真计算,得到拨叉环与拨叉接触处接触应力、最小主应力和 Mises 应力,以及拨叉内侧尖角处所受 Mises 应力和最大主应力,根据结果判断,实际拨叉环作用载荷主要集中在 1400N 到 1800N 这个区域。

　　2. 拨叉疲劳寿命计算

　　根据拨叉失效前实际使用时间和对拨叉受力及变形状况分析,属于低周疲劳,应采用应变—寿命(ε – N)理论计算疲劳寿命。

　　根据循环应力—应变曲线,可得

$$\frac{\Delta\varepsilon}{2} = \frac{\Delta\sigma}{2E} + \left(\frac{\Delta\sigma}{2k'}\right)^{\frac{1}{n'}} \qquad (9-3)$$

式中:$\Delta\varepsilon = 2\varepsilon_a$ 为应变幅度;k' 为循环强化系数;n' 为循环应变硬化系数。

　　k'、n' 可由试验确定。球墨铸铁 QT400 – 18 材料的 $k' = 877$、$n' = 0.14$,单调

246

的和循环的应力—应变曲线如图 9-17 所示。该材料循环应力屈服强度高于单调应力屈服强度,具有循环强化效应,是循环硬化材料。利用材料这一特性对施加不同换挡载荷的拨叉疲劳寿命进行计算,总应变—寿命曲线由 Manson - Coffin 方程可表达为

$$\frac{\Delta\varepsilon}{2} = \frac{\Delta\varepsilon_e}{2} + \frac{\Delta\varepsilon_p}{2} = \frac{\sigma'_f}{E}(2N)^b + \varepsilon'_f(2N)^c \qquad (9-4)$$

式中:N 为疲劳寿命;ε_e 为弹性应变分量;ε_p 为塑性应变分量;σ'_f 为疲劳强度系数;ε'_f 为疲劳延续系数;b 为疲劳强度指数;c 为疲劳延续指数。

由于实际拨叉承受载荷(或裂纹形成处应力/应变)是非对称循环,因此在使用 $R = -1$ 下的曲线进行疲劳寿命估算时,需要进行修正,这里选择 Morrow 修正方法。当拨叉作用设计载荷 1350N 时,经过计算其疲劳寿命是 1.51×10^5 次,正常使用状态下可以满足车辆的设计要求。另外对换挡力在 1200N 到 1800N 拨叉的疲劳寿命进行计算,绘制拨叉载荷—疲劳寿命曲线,如图 9-18 所示,载荷 1400N 到 1800N 范围内拨叉使用寿命是 1.25×10^2 次 $\sim 8.88 \times 10^4$ 次。

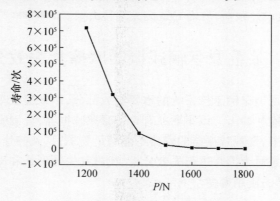

图 9-18　拨叉载荷—寿命曲线

3. 拨叉疲劳累积损伤

依据 Miner 线性疲劳累积损伤理论,在循环载荷作用下,疲劳损伤是可以线性累加的,各个应力之间相互独立和互不相关,当累加的损伤达到某一数值时,试件或构件就发生疲劳破坏。主要有两个假设:①相同应变幅值和平均应力的 n_i 个应变和应力循环将按线性累加,造成 n_i/N_i 的损伤,即消耗掉 n_i/N_i 部分疲劳寿命;②当损伤按线性累加达到 1 时,疲劳破坏就发生了,即

$$\sum \frac{n_i}{N_i} = 1 \qquad (9-5)$$

变速箱的换挡拨叉由于承受来自拨叉环的非等幅循环换挡载荷,导致拨叉内侧尖角处产生非等幅非对称循环应力,根据拨叉实际使用时间和 Miner 线性疲劳累积损伤理论,拨叉在内侧尖角处发生疲劳损伤,导致拨叉由于疲劳损伤的累积而断裂。

9.2.4 结论

(1)通过对拨叉断口形貌特征进行观察,失效是由于疲劳断裂所致,对加工及热处理工艺检测,发现拨叉内侧尖角加工倒角过小,造成应力集中,局部淬火不均匀又使该处产生组织应力。

(2)按照台架试验测定的变速箱换挡力是1350N,利用非线性有限元软件对拨叉进行强度校核和寿命计算,换挡次数是 1.51×10^5 次,可以满足车辆设计要求。

(3)根据拨叉内侧挤压变形痕迹和实际使用时间,采用 $\varepsilon - N$ 方法和 Miner 疲劳累积损伤理论,结合不同换挡力的仿真计算结果,实际换挡力应在1400N ~ 1800N 之间,超出设计载荷,从而导致拨叉断裂失效。

9.3 某重型车辆减振器摩擦片失效分析

减振器是某重型车辆悬挂系统的重要组成部分,用来吸收车体的振动,并部分吸收车体的碰撞和冲击。该车辆共有 6 个摩擦减振器,分别安装在不同部位。在车辆使用过程中,发现减振器的寿命不能满足要求,其摩擦片存在过早失效情况。本节的目的是对摩擦片进行失效分析,找出其失效形式和原因,提出解决方案,以延长减振器的使用寿命。

9.3.1 摩擦减振器工作状况

1. 工作原理

干式、摩擦片式减振器主要由连接臂、轴、体、摩擦片(内齿摩擦片、外齿摩擦片)、弹子盘、滚珠、弹簧组(碟形弹簧)等构成。摩擦减振器中共有 39 片摩擦片,其中,内齿摩擦片 20 片(图 9 – 19),可进行转动和轴向移动,称为主动摩擦片;外齿摩擦片 19 片(图 9 – 20),可轴向移动,但不能转动,称为被动摩擦片。工作过程中,减振阻力是通过摩擦片之间相对滑动形成摩擦力而产生的。

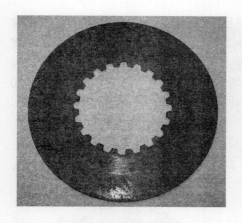
图 9 - 19　内齿摩擦片

图 9 - 20　外齿摩擦片

2. 摩擦片结构及组成

内齿摩擦片和外齿摩擦片采用相同材料制成,为"钢背—青铜粉—改性聚四氟乙烯"三层耐磨自润滑复合材料,其结构如图 9 - 21 所示。该复合材料以冷轧 35 钢板(35 - I - S - GB710 - 65)为基层,钢背一侧镀铜并烧结球形 ZQSn 8 - 3 锡青铜粉作为中间层,表面复合一层改性聚四氟乙烯(PTFE)复合材料(称为 JS - 13 摩擦材料,其组分配比如表 9 - 3 所列)作为衬层。

PTFE复合材料层

烧结层(孔内嵌
改性PTFE材料)

钢背

图 9 - 21　摩擦减振器摩擦片材料结构

表 9 - 3　衬层材料的组分配比

组分	PTFE	Pb₃O₄	MoS₂	ZQSn6 - 6 - 3
质量含量/%	36. 72	55. 5	3. 44	4. 34

249

 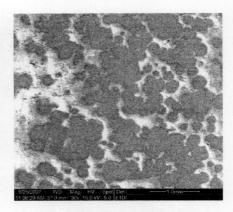

图 9 - 24　转移膜的 SEM 电子像形貌 　　　　图 9 - 25　JS - 13 复合摩擦
材料表面磨损形貌

1) 摩擦片表面的温升

以下两个现象说明摩擦片在摩滑过程中曾产生过很高的温度:①失效摩擦片的钢背表面发蓝(图 9 - 23);②烧损和粘着磨损都是典型的在高温作用下的失效表现形式。

烧损是高分子材料被加热到高于它的分解温度时而表现的一种焦化形式;粘着是摩擦面微区产生高温使 PTFE 软化甚至熔化向对偶面转移,并在基材上留下粘着坑的现象。如图 9 - 25 所示,在磨损的表面形貌中可以清晰地看到因粘着而形成的粘着坑,坑底可见烧结铜粉颗粒的存在。若温升区域比较大,则形成肉眼即可观察到粘着坑,如图 9 - 22 所示。

摩擦面局部之所以能产生较高的温升,是由于该重载车辆经常在起伏路面上行驶,起伏程度越大,则摩擦片承受的压紧力和滑动速度越大。由摩擦而产生的热量可按下式计算:

$$Q = \mu\lambda PV \tag{9-6}$$

式中:μ 为摩擦因数;λ 为热功当量;P 为单位面积上的力;V 为摩擦速度。

车辆在短时内摩擦系数 μ 变化不大,但压紧力(P)和滑动速度(V)可能增大到较高值,因此,摩擦表面实际接触区域内将产生很高的热量,造成局部温升。在苛刻路况条件下行驶距离越长,热积累越大,产生的温升越高,涉及范围也越大。

2) 衬层材料性能下降直接导致失效

在摩擦过程中,摩擦热的积累将使局部接触微区温度升高,而高温会使衬层材料的强度、硬度降低,承载能力下降,对填料的固定能力降低(使填料脱落形成磨粒);同时,较高温度也会使微区内固体润滑膜的稳定性降低,易粘着损耗,

252

使摩擦润滑状况恶化。由于以上两种情况的共同作用,加剧了烧结铜粉、硬质填料磨粒(如 Pb_3O_4)与对偶钢背间的摩擦磨损,导致铜粉磨损加重,钢背产生明显的磨痕;同时也使衬层的摩擦磨损加大,形成大量的犁沟。如果温升不能迅速降低,材料的磨损将使润滑状况持续恶化,最终导致材料的严重磨损和烧损。

图 9-26 所示为 JS-13 复合摩擦材料表面磨损形貌,可以看到磨面上有很多粘着坑,坑边沿有被粘离的痕迹,坑底可见被磨损的烧结铜粉颗粒。同时,可以看到白色 PTFE 复合材料润滑层中含有大量的颗粒物,即填料颗粒。这也证实了上述分析的正确性。

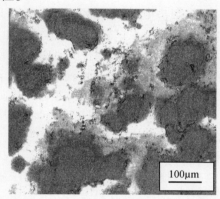

图 9-26　JS-13 复合摩擦材料表面磨损形貌

由此可以得出结论:烧结铜粉和填料硬质相在高载荷条件下较多参与了摩擦磨损,并产生很高的温度,从而使其周围的衬层材料发生粘着。衬层材料(改性 PTFE 复合材料)的耐热性能不足,是导致摩擦片整体材料失效的直接原因。

3)材料改进与效果

根据试验结果,衬层材料(改性 PTFE 复合材料)性能不足是导致整体材料失效的主要原因,因此,改进衬层复合材料,提高其耐热性,获得稳定性好的固体润滑膜,必将有助于减少摩擦片的失效。以此为依据,结合自润滑复合材料设计准则,并参照现役摩擦片衬层复合材料配方,通过对比试验确定了成分(质量分数)为 3% 纳米 SiC、52.5% Pb_3O_4、4.34% 锡青铜粉、3.44% MoS_2、36.72% PTFE 的新型复合材料最佳配方。经过试验,该材料的摩擦系数为 0.1472,耐磨性为现役 JS-13 复合材料的 17.6 倍。该材料可有效替代现有材料,提高摩擦片的寿命,进而有效地提高减振器的使用寿命。

9.3.4　结论

(1)摩擦片的失效宏观表现为表面烧损、表面粘着、表面磨损;微观表现为粘着、犁沟磨损。

（2）摩擦片产生失效的主要原因是衬层 PTFE 复合材料的耐热性差,润滑膜易损耗。

（3）改进衬层复合材料,提高材料的耐热性,获得稳定性好的固体润滑膜,这是解决摩擦片失效最直接、有效的方法。

9.4　高强铝合金腐蚀失效分析

高强铝合金在当今装备制造中的应用越来越广泛,已用于飞机的主体结构材料（如 2A12、7075 铝合金）,和机车车辆的主体结构（如 Al – Zn – Mg7000 系7N01、7A52）。但在环境介质作用下高强铝合金对腐蚀很敏感。一般情况下,铝是一种比较耐蚀的两栖金属,铝及其铝合金与氧有很强的亲合能力,在空气或水中其表面能自然形成一层连续致密的氧化物膜,氧化膜的摩尔体积比铝大30%,且处于压应力的作用下,当它遭受破坏后又立即形成。这层氧化物膜的存在使铝及其合金在普通大气环境下表现出优良的耐蚀性。但一些离子,特别是自然界广泛存在的卤化物,破坏铝表面的致密防护层,引起铝合金腐蚀。铝合金的腐蚀既有化学腐蚀,也有电化学腐蚀。飞机经常飞行于各地,受到空中飞行环境和地面停放环境的影响,特别是驻扎在沿海、多雨、潮湿、高温和工业发达地区的飞机,机体铝合金构件极易遭腐蚀。对于铝合金结构的机车车辆,车体遭受海水、盐雾侵蚀,更易腐蚀。发生腐蚀后,如不及时清理和控制,在腐蚀和疲劳载荷的交互作用下,将产生极其严重的后果。

装备用高强度铝合金主要腐蚀形式有点蚀和剥落腐蚀。腐蚀损伤后,铝合金静强度下降（拉伸强度、硬度下降）,疲劳寿命降低。

本节以 2A12CZ 铝合金和 7N01 腐蚀失效为例,分析失效过程和原因。

9.4.1　2A12CZ 铝合金腐蚀

大量的实验研究表明,EXCO 溶液浸泡试验能够很好地加速再现铝合金在服役期间的腐蚀损伤过程。所以,采用 EXCO 溶液浸泡试验模拟 2A12CZ 铝合金在服役期间的腐蚀损伤过程。根据 HB5455—90《铝合金剥层腐蚀试验方法》配制了腐蚀液,腐蚀溶液为铝合金剥蚀液（EXCO）:234g/L NaCl + 50g/L KNO$_3$ + 6.5ml/L HNO$_3$,试剂为化学纯,余量为去离子水。试验时腐蚀溶液温度控制在（35 ±1）℃。

1. 腐蚀对 2A12CZ 铝合金表面损伤分析

由于腐蚀溶液温度较高（为35℃）,试样开始腐蚀速度很快。试样放入腐蚀溶液后,试样表面很快失去金属光泽,溶液中有大量气泡产生,且溶液呈现乳白色。一段时间后,溶液变得清澈,腐蚀容器底部有许多乳白色絮状物,试样表面出现黑褐色点蚀或剥蚀产物,气泡仍不断从试样表面冒出。经过不同时间腐蚀,得到几组表面腐蚀损伤宏观形貌,如图 9-27 所示。根据 HB5455—90 标准判定分别属于不同腐蚀等级:点蚀 P(2h)、初等剥蚀 EA(6h)、中等剥蚀 EB(12h)、严重剥蚀 EC(24h)。

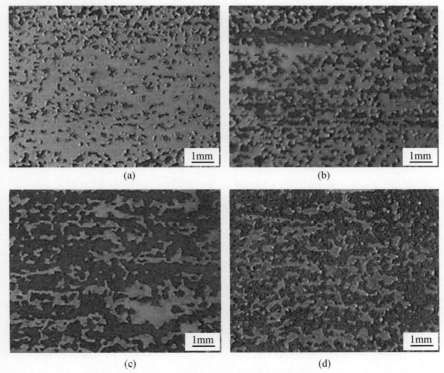

图 9-27　2A12CZ 铝合金腐蚀后的表面宏观形貌
(a) 点蚀 P;(b) 初等剥蚀 EA;(c) 中等剥蚀 EB;(d) 严重剥蚀 EC。

　　从表面形态上可以看出:浸泡至 2h 的试样表面有不连续的腐蚀点,在点的边缘有轻微鼓起,呈现出点蚀形态;在 6h 后更加明显,表面有少量鼓泡开裂,呈现出初等剥蚀形态;腐蚀 12h 后,试样表面大面积剥落,有明显的分层并扩展到金属内部,呈现出中等剥蚀形态;浸泡 24h 后,产生了较严重的剥蚀,剥蚀扩展到较深的金属内。

　　沿垂直于轧制方向将腐蚀试样切断,制成金相观测沿深度方向的腐蚀情况,在制作过程中注意不要损坏腐蚀表面。图 9-28 所示的为不同腐蚀程度的

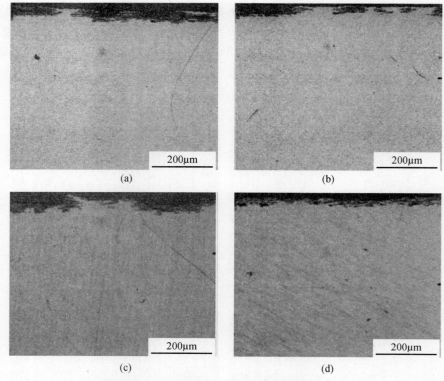

图9-28 2A12CZ铝合金腐蚀深度断面金相图样

（a）点蚀P；（b）初等剥蚀EA；（c）中等剥蚀EB；（d）严重剥蚀EC。

2A12CZ铝合金试样的腐蚀深度断面金相图像。

2. 2A12CZ铝合金腐蚀机理

2A12CZ为Al-Cu-Mg系铝合金在自然时效处理时，主要强化相为θ相$CuAl_2$，S相$CuMgAl_2$和少量的$MnAl_6$在晶界析出，晶界周围形成一个无沉淀带的贫铜区。2A12CZ铝合金晶界组织结构如图9-29所示。

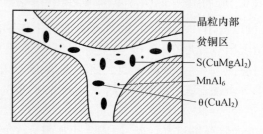

图9-29 2A12CZ铝合金晶界区组织结构

2A12CZ 合金中各相的电极电位并不相同,99.95% Al 为 -0.85V,CuAl2 为 -0.73V,CuMgAl2 为 -1.0V,MnAl6 为 -0.85V。这种不同的电极电位在腐蚀溶液中会形成原电池,发生选择性阳极溶解而产生晶间腐蚀及剥蚀。其中晶内基体和正电性的相(如 CuAl2)作为阴极,而负电性的相如晶界贫铜区作为阳极,组成腐蚀原电池,并在大阴极小阳极情况下加速了阳极溶解,形成沿晶界的阳极溶解通道而发生晶间腐蚀,即腐蚀电池的阳极区主要发生金属铝的溶解,并不断有溶解出来的 Al^{3+} 离子转入电解质液膜中,即

$$Al \rightarrow Al^{3+} + 3e \qquad\qquad (9-7)$$

释放出的电子迁移到原电池的阴极区,腐蚀电池的阴极区主要发生氧或氢离子的还原反应,即吸氧或析氢反应:

$$2H_2O + O_2 + 4e \rightarrow 4OH^-$$
$$2H^+ + 2e \rightarrow H_2 \uparrow \qquad\qquad (9-8)$$

在腐蚀原电池电场的作用下,腐蚀孔外的 Cl^- 等阴离子不断向蚀孔内迁移、富集,使得溶液的腐蚀性增强;腐蚀孔内的金属 Al^{3+} 离子的浓度随腐蚀反应的进行而不断增加,并且发生水解反应:

$$Al^{3+} + 3H_2O \rightarrow Al(OH)_3 \downarrow + 3H^+ \qquad\qquad (9-9)$$

反应的结果使蚀孔内 H^+ 的浓度升高,溶液酸性增强,进一步加速了腐蚀孔内金属铝的溶解。腐蚀孔因阴极析氢反应而使阴极区溶液的 pH 值升高,形成的腐蚀产物(氢氧化铝及杂质)堵塞在孔口,阻碍了腐蚀孔内和孔外的离子扩散和腐蚀溶液的对流,蚀孔内的溶液得不到稀释形成"闭塞电池",使蚀孔内腐蚀过程成为一个自催化过程,并持续不断地自发进行下去。在蚀孔坑内,腐蚀将优先沿晶界扩展,在晶界形成连续的阳极溶解通道,即发生晶间腐蚀。

铝合金板材在轧制、挤压或模锻加工时,使晶粒沿受力方向变形,成为平行于金属表面的扁平粒子。具有高度方向性的组织结构,在构件中必然存在沿挤压或轧制方向的残余张应力,使腐蚀沿平行于型材表面的晶间发展,满足铝合金发生剥蚀的基本条件。特别是直接腐蚀型材的横截面,其轧制或挤压纤维组织更明显,腐蚀更易沿轧制层间晶粒向内部渗透。

另一方面,对腐蚀产物的分析表明,在腐蚀过程中生成的 $Al(OH)_3$ 这种不溶性的腐蚀产物,因为金属 Al 原子的相对原子质量为 27,密度为 $2.7g/cm^3$;$Al(OH)_3$ 的相对分子质量为 78,密度为 $2.42g/cm^3$,所以可以计算出由金属 Al 转化为 $Al(OH)_3$ 时,每消耗 1 体积的金属 Al,就会产生 3.2 体积的 $Al(OH)_3$。由于生成的不溶性腐蚀产物的体积大于所消耗的金属的体积,从而产生"楔入效应",形成晶界内张应力,使被破坏了结合力的晶粒翘起,撑开了上面未被腐

蚀的金属层,导致沿晶裂纹的形成和扩大,出现层片状的剥蚀形貌。2A12CZ 铝合金腐蚀发展过程示意图如图 9−30 所示。

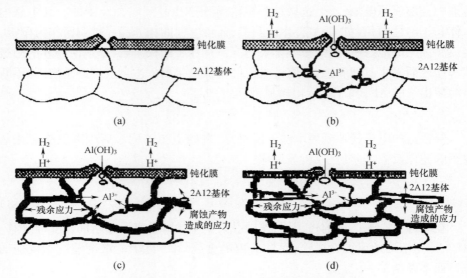

图 9−30   2A12CZ 铝合金腐蚀发展过程示意图
(a) 点蚀萌生; (b) 点蚀优先在晶界发展; (c) 晶界腐蚀; (d) 表面金属剥落。

从轧制铝合金材料产生腐蚀的全过程分析来看,易于产生剥落的条件可简单归纳为:①适宜的腐蚀环境;②铝合金为轧制或挤压成形,具有方向性很强的扁平晶粒结构;③铝合金具有较明显的沿晶腐蚀敏感性的活性阳极通道,形成腐蚀产物不溶或难溶,其体积大于基体金属体积,能产生"楔入效应"。

3. 腐蚀对 2A12CZ 铝合金力学性能影响及分析

为评价腐蚀对铝合金力学性能的影响,一系列轴向拉伸静力试验检测了不同腐蚀程度试样的屈服应力、拉伸强度及伸长率。图 9−31 所示的为试样腐蚀后机械性能与腐蚀时间的变化关系。

检测结果表明所有腐蚀后的试样机械性能下降,浸泡腐蚀 2h,即发生点蚀后剩余拉伸强度为原始材料的 93%;浸泡腐蚀 24h(即发生较严重剥落腐蚀后),剩余拉伸强度是原始材料的 79%。伸长率下降幅度最大,浸泡腐蚀 2h 伸长率变为原始材料的 77%,而浸泡腐蚀 24h 后伸长率只有原始材料的 35%。

根据前文描述的 2A12CZ 铝合金的腐蚀损伤及测量的腐蚀深度,可解释机力学能下降。铝合金试样腐蚀后,表面形成点蚀坑,产生应力集中;表面剥落腐蚀后,不仅是尺寸减薄,且表面存在许多腐蚀裂纹,在拉伸的过程中,微裂纹长大,并逐渐连接成为较大的裂纹,裂纹扩展至 K_{IC} 值时将使铝合金发生快速断裂。

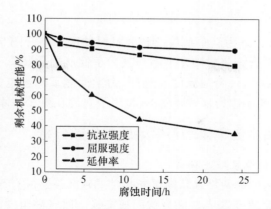

图 9 – 31　2A12CZ 铝合金不同腐蚀时间后的剩余力学性能

另外,腐蚀介质沿着挤压层向试样内部渗透,形成应力腐蚀开裂,也是铝合金屈服强度及拉伸强度快速下降的原因。图 9 – 31 所示的腐蚀后铝合金伸长率的更大下降,一方面是腐蚀层失去了拉伸延展性,另一方面腐蚀引起的基体氢脆使材料脆化,伸长率下降。

　　图 9 – 32 所示是 2A12CZ 铝合金经历不同腐蚀时间后的显微硬度的变化情况。显微硬度测量值可以反映腐蚀深度的变化情况,压痕区域的剥蚀损伤表现了该区域的性能下降。对于已发生严重剥蚀的试样,表面材料因剥蚀而脱落,因此测量值反映了还存留在基体上的腐蚀损伤。从图 9 – 31 中可以看出,遭受腐蚀的铝合金表层硬度急剧下降,腐蚀时间越长,硬度下降越显著。

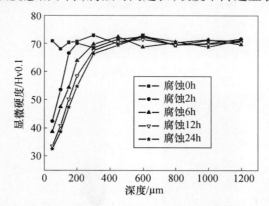

图 9 – 32　2A12CZ 铝合金不同腐蚀时间后硬度沿深度的变化

　　测量显微硬度值的好处是硬度能够近似地提供屈服强度等力学性能沿断面深度下降的情况,一般金属材料的拉伸强度与硬度之间的关系为

$$\sigma_b = c \cdot \text{HB} \qquad\qquad (9 - 10)$$

式中：σ_b 为拉伸强度；c 为经验系数；HB 为材料硬度。结合图 9 – 31 和图 9 – 32 可得出，2A12CZ 铝合金表层硬度下降与其力学性能退化间有一定的关系，腐蚀时间越长（如腐蚀 24h），腐蚀深度就越深，力学性能下降也越大，其距表层距离超过 300μm 后硬度才达到基体硬度，这也表明腐蚀在更深基体中造成了损伤。

9.4.2　7N01 铝合金车体水箱横梁断裂失效分析

1. 失效过程和现象描述描成

图 9 – 33 所示的为两件水箱横梁断裂件。两断裂件共有 5 组装金属紧固组件的螺栓孔和销孔，7 个长孔。断裂截面横穿装金属紧固组件的螺栓孔与销孔，如图 9 – 33 中 2、5 所指的位置。经检查两个横梁断裂件的 7 个长孔周围均无裂纹，而 5 个装金属紧固件的螺栓孔和销孔截面均有不同程度的裂纹，2#、5# 处最严重，完全断裂；1#、3#、4# 虽未断裂，但已折弯，用 150 mm 钢尺置于其下，挠度清晰可见，如图 9 – 34 所示。1# 螺栓孔处挠度 1.48 mm，3# 螺栓孔处 0.8 mm，4# 螺栓孔处 1.14 mm。将螺栓卸掉，打磨光后，裂纹肉眼可见，图 9 – 35 所示为折弯最大的 1# 螺栓孔处的表面裂纹，除图 9 – 35 中明显可见的裂纹外，主裂纹还有几处分枝（螺栓孔左侧）。

图 9 – 33　水箱横梁断裂件

图 9 – 34　螺栓位置折弯挠度

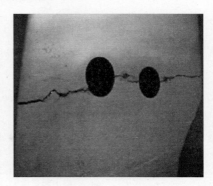

图 9 – 35　螺栓孔处表面裂纹

2. 宏观检查

检查断口和周围的表面,断口没有变形的痕迹,属于脆性断口。断口上除有灰白色的沉积物外,还有许多黑色沉积物,经过丙酮溶液浸泡超声波振荡清洗,黑色的沉积物依然未完全除净。表明断口上裂纹存在时间很长。将断口周边表面油漆磨净、打光后,肉眼即可见许多裂纹,为了清晰地展现裂纹宏观全貌,用着色探伤将裂纹显示出来,如图9-36所示。试样上灰色的条纹即为裂纹,围绕螺栓孔许多呈放射状的裂纹是肉眼不易看到的。

 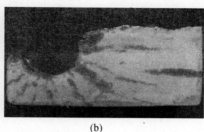

(a)   (b)

图9-36 试样表面裂纹宏观形貌
(a) 2#;(b) 5#。

3. 金相检查和扫描电镜分析

裂纹的显微形态如图9-37所示。这些表面裂纹起源于有拉应力的表面,宽长比很小,有分枝,一些裂纹相互并不连接,大多数裂纹沿晶界扩展,偶见穿晶,是典型的铝合金应力腐蚀裂纹。图9-37、图9-38是断口上扫描电镜观察到的典型形貌。冰糖状花样证实断口属于晶间断裂,与金相观察沿晶裂纹是一致的。有二次裂纹,晶粒上有腐蚀产物。晶粒表面有腐蚀坑是沿晶型应力腐蚀裂纹的特点。从裂纹形态和断口形貌观察,均可以断定水箱横梁是应力腐蚀裂纹。

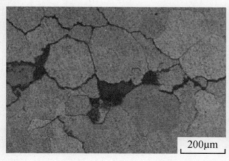 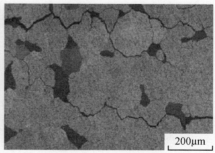

图9-37 裂纹的显微形态

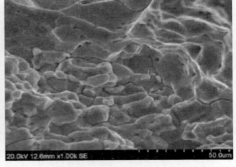

图9-38　冰糖状花样(300×)　　　图9-39　有二次裂纹和腐蚀产物(1000×)

4. 腐蚀失效分析

1) 横梁组织检查

图9-40对比了断裂横梁与挤压型材金属显微组织形貌。两者均为铝的α固溶体和分布其上的不溶熔杂质相(金属间化合物),但是断裂横梁金属的晶粒要粗大得多,挤压型材晶粒度6级~7级,本次断裂横梁晶粒度3级~5级,断裂横梁晶粒度很不均匀。从常规判断晶粒粗大,晶界变少,杂质相对集中,有利于腐蚀进行。

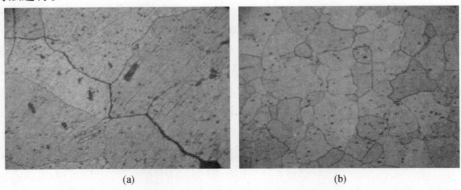

(a)　　　　　　　　　　　　　　　(b)

图9-40　金属显微组织形貌

(a) 断裂横梁金相组织;(b) 挤压型材金相组织。

使用扫描电镜能谱进行线扫描分析,检查成分有无偏析现象。图9-41所示的为横跨两条裂纹扫描,测定其成分变化,结果仅有铝在裂纹处数量急降,镁和锌没有明显变化,表明成分是均匀的。图9-42所示的为选择横跨裂纹和晶界作线扫描,检查其成分变化,依然是铝在裂纹处数量突降,在晶界稍有下降,镁和锌仍然均匀。检查结果表明,成分是均匀的铝数量含量在裂纹处下降是腐蚀的损失。也可推断出断口上所见灰白色腐蚀物是 Al_2O_3。

262

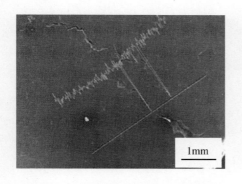
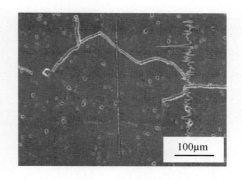

图 9 - 41　裂纹及其附近线扫描图像　　　　　图 9 - 42　裂纹与晶界现扫描图像

　2）力学原因分析

　　应力腐蚀裂纹的产生除材料与介质需匹配外,拉应力的存在是必要的条件。螺栓孔周围裂纹的分布形态和该处应力场有关。横梁螺栓孔拧紧形成的三点弯如图 9 - 43 所示,A - A 横截面弯矩最大,厚度方向上板面受最大拉应力。应力腐蚀裂纹最先出现在 A - A 截面的上表面,横梁的断裂即该应力腐蚀裂纹扩展所致,2#、5#螺栓孔处也属这种情况。1#、3#、4#螺栓孔裂纹发展尚处于不同阶段,其两侧边缘裂纹从上板面向下扩展的长度亦有差别。5#螺栓孔加筋边裂纹占其厚度85%,薄边占74%;3#螺栓孔分别占 24.84.8、65% ;4 号螺栓孔34.2、58%。裂纹深浅不同,造成的挠度也各异。横梁的断裂都是发生在螺栓孔和销孔截面上,一方面是该截面承受的弯矩最大;另一方面是截面积最小。而图 9 - 36 上螺栓孔周边放射形的裂纹,有些裂纹与三点弯产生的拉应力几乎平行,因此必然还存在另外的力。分析可知,螺栓扭紧时产生的轴向拉力会在螺栓孔周边产生局部变形,如图 9 - 44 所示。横梁壁厚为 6 mm,中间的螺母被销固定,但与板有间隙,螺栓的拉力会使孔边金属向上局部变形,孔周边上板面沿圆周被拉长,形成圆周拉应力,这就是在螺栓孔周围形成放射形裂纹的力学原因。销孔周围就见不到此类裂纹,如果横梁壁厚大或者加大加厚下螺母垫圈,中螺母压得紧,此种裂纹出现的可能就小。通常应力腐蚀裂纹是属于低应力断裂,产生应力腐蚀开裂的应力一般都低于材料的许用应力或疲劳极限。对于某种材料在某种介质中应力腐蚀开裂而言,存在一个临界应力,如果在低于临界应力的应力下工作,就不会发生应力腐蚀裂纹,超过临界应力后应力值越高,裂纹发展越快,寿命越短。因此在许可的条件下应尽量降低应力以防止应力腐蚀开裂或延长使用寿命。

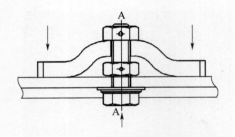 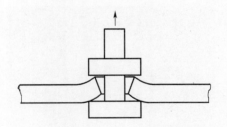

图 9 - 43　横梁螺栓孔拧紧形成的三点弯　　　　图 9 - 44　螺栓孔周边局部变形示意图

就介质而言,机车车辆在各种地域都可能运行,环境差别很大,在北方干燥的天气下不容易产生应力腐蚀开裂,在南方潮湿多雨的天气,甚至沿海海洋气氛中运行就极易产生开裂。7 系列铝合金在潮湿多雨以及海洋气氛(氯化物)环境下对应力腐蚀开裂是比较敏感的,为降低其应力腐蚀敏感性,从化学成分、热处理制度等诸方面进行过很多研究,如 Al - Zn - Mg 合金的应力腐蚀敏感性取决于 Zn 和 Mg 的总量以及 Zn 和 Mg 含量的比值,最佳比值为 3∶1,总量应小于 5%。此外,加入微量 Cr、Mn、Cu、Zr、Ti 均有助降低应力腐蚀敏感性。近年开发的 T77 处理即降低第二级时效的时效温度和延长时效时间进一步提高其综合性能。

应力腐蚀是由于腐蚀环境和静态或单向变化的拉应力共同作用引起的一种局部腐蚀,通常会导致裂纹的形成而造成脆性破裂,造成金属结构承载性能明显下降,是一种较为隐蔽的局部腐蚀形式。裂纹的萌生和亚临界扩展往往在宏观上没有明显的预兆,裂纹扩展到临界长度后使得应力强度因子达到断裂韧性时易于造成突发性的断裂失效事故。拉应力、特定的腐蚀环境和敏感材料是发生应力腐蚀破裂的三要素。在环境介质无法改变的条件下,对应力腐蚀裂纹的敏感性、材料组织、热处理制度、应力状态的改变仍然能够有一定的调节作用。

5. 结论

(1) 机车车辆底板横梁的断裂性质是应力腐蚀开裂,横梁断裂原因是应力腐蚀裂纹。

(2) 应力腐蚀裂纹均从螺栓孔表面开始向内发展,金属紧固组件处螺栓的紧固力是该处发生应力腐蚀裂纹的力因素,在许可的条件下,应尽量降低扭紧力。

(3) 断裂横梁的晶粒度从几个检查件看均较新的挤压原材料粗大,变粗大晶粒对横梁断裂有不利影响。

9.5　某型号军用手枪枪管断裂失效分析

国营某军工厂研制生产的某新型手枪,是我国新型军用战斗手枪,已经大批量装备部队。但在实际生产过程中,却连续发生枪管断裂事故,造成了较大的经济损失和不良影响。

9.5.1　断口形貌分析

1. 宏观分析

通过观察宏观断口,发现裂纹源在枪管内表面阴阳线的交界线上,裂纹的扩展部分有明显的放射条纹,如图9-45所示,箭头指示处为裂源,裂纹以裂源为中心,呈弧形向外扩展。断口形貌呈现脆性特征,最终断裂部位有明显的剪切唇,断口表面明显分为黑区和亮区两个区域,黑区呈暗褐色。

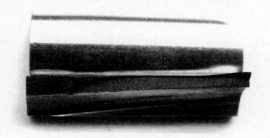

图9-45　枪管断口形貌

此外,用显微镜观察了裂纹尾部,发现裂纹口部有0.02mm的深度渗有铬层,如图9-46所示,裂纹口部白色渗入部位即为渗入的铬层,说明枪管在内膛镀铬时已经产生了裂纹。

2. 显微分析

利用 PhilipsXL30-TMP 电子显微镜对断口进行了二次电子图像扫描,发现由枪管内表面向外,断口类型有明显的变化,断口靠近内表面裂纹源的部分(脆性断裂区)呈现沿晶断裂形态,并有明显的二次沿晶界裂纹,局部有腐蚀产物;中间过渡区(裂纹扩展区)呈现准解理+韧窝+沿晶的断裂形态;接近外表面的部分(快速拉断区)呈现准解理+韧窝的断裂形态。从离枪管内表面420μm处每隔420μm进行了图像拍照,如图9-47所示。图9-48所示为沿晶断裂区断口形貌,图9-49所示为裂纹扩展区的断口形貌,图9-50所示为快速拉断区的断口形貌。

图 9 - 46 枪管裂纹口部放大图(1000×)

图 9 - 47 断口全景扫描图像

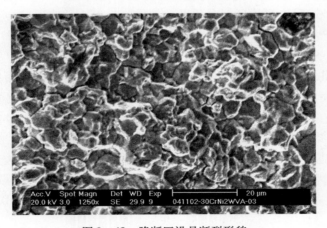

图 9 - 48 脆断区沿晶断裂形貌

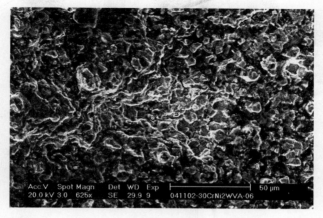

图 9 - 49　裂纹扩展区断口形貌

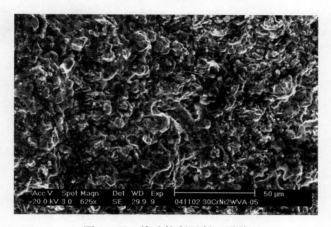

图 9 - 50　快速拉断区断口形貌

9.5.2　断口析出物结构分析

1. 断口析出物能谱图

利用能谱仪对裂纹源附近断口黑色区域的腐蚀物进行了结构分析,发现腐蚀物成分与基体材料成分有较大不同,其中析出物比基体多了 Cl 和 Al 元素成分,O 和 S 元素含量大幅增加,析出物能谱图及元素含量如图 9 - 51 所示。

2. 析出物元素成分分析

从如图 9 - 51 所示的断口析出物成分可以看到,枪管材料中的合金元素 Cr、Ni、W、V 等在能谱图中未反映出来,Fe 元素、Si 元素和 C 元素含量比基体低,主要是因为 5keV 的激发电压未击穿表层析出物,没有打到基体成分;O 元素

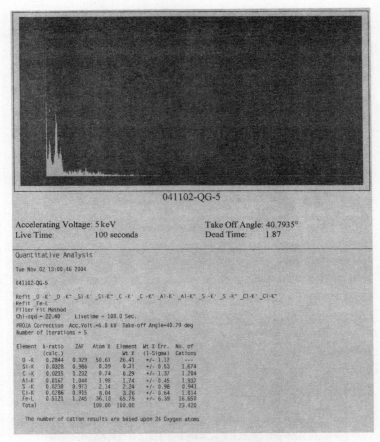

041102-QG-5

Accelerating Voltage: 5 keV   Take Off Angle: 40.7935°
Live Time: 100 seconds   Dead Time: 1.87

```
Quantitative Analysis

Tue Nov 02 13:00:46 2004

041102-QG-5

Refit _O -K`_O -K`_Si-K`_Si-K`_C -K`_C -K`_Al-K`_Al-K`_S -K`_S -K`_Cl-K`_Cl-K`
Refit _Fe-L
Filter Fit Method
Chi-sqd = 22.40     Livetime = 100.0 Sec.
PROZA Correction  Acc.Volt.=5.0 kV  Take-off Angle=40.79 deg
Number of Iterations = 5

Element k-ratio    ZAF  Atom %  Element Wt % Err.  No. of
        (calc.)                 Wt %   (1-Sigma) Cations
O -K    0.2844   0.929  50.61   26.41  +/- 1.17   ---
Si-K    0.0328   0.986   0.39    0.31  +/- 0.53  1.674
C -K    0.0215   1.232   0.74    0.29  +/- 1.37  1.204
Al-K    0.0167   1.044   1.98    1.74  +/- 0.45  1.937
S -K    0.0230   0.973   2.14    2.24  +/- 0.98  0.941
Cl-K    0.0286   0.915   8.04    3.26  +/- 0.64  1.014
Fe-L    0.5121   1.245  36.10   65.75  +/- 6.39 16.650
Total            100.00 100.00                   23.420

The number of cation results are based upon 24 Oxygen atoms
```

图 9 – 51   断口析出物能谱图及元素成分

的增多是由于断口表面存在氧化物;Al 元素的出现主要是由于高压弹发射药中含有 Al 粉;而 Cl 元素的出现和 S 元素的大幅增多,主要由于除氧化膜时的浸酸造成。

工厂在枪管镀铬之前,为了方便去除表面氧化膜,增加了浸酸工艺,酸溶液成分为:30% 的硫酸、10% 的盐酸、2% 的 DPE – 3、WA、FXT – 1、OP 等镀锌混合添加剂和 58% 的水。

9.5.3   失效机理分析和模拟验证试验

枪管失效机理初步分析如下。

枪管在镀铬前就存在了微裂纹,其产生原因与热处理后的校直有很大关系,由于枪管材料本身强度较高,对应力敏感,可能是校直直接导致的裂纹,或残余

268

内应力与其他条件综合作用产生裂纹。但从断口的宏观和微观分析来看,断口裂纹源附近有腐蚀的现象,断口宏观和微观形貌符合应力腐蚀断裂的特征,因此,初步断定枪管的断裂原因为应力腐蚀或校直裂纹与应力腐蚀相互作用的结果。

其断裂机理为:枪管在热处理后,少数枪管出现较大的变形,为保证枪管准直度,对变形枪管进行了校直,造成枪管产生校直裂纹或较大的残余应力,在枪管内表面呈拉应力形式存在。枪管镀铬前,为除去表面氧化膜,进行了浸酸工艺,在拉应力和酸介质的共同作用下,枪管在内表面阴阳线交接的应力集中处产生应力腐蚀裂纹并扩展,或阴阳线交接的应力集中处产生的校直裂纹在内应力和腐蚀介质的共同作用下继续快速扩展,最后在进行高压弹试验时,在高膛压的作用下,枪管被拉断。

9.5.4 综合分析和改进措施

1. 枪管失效机理综合分析

通过前面试验数据和模拟验证试验结论,断定9mm手枪枪管断裂的根本原因是应力腐蚀。首先,由于枪管准直度要求较高,热处理后变形的枪管都进行了校直,根据前面情况可知枪管材料热处理后强度高,对应力敏感,于是在枪管的内表面存在残余的内应力,并以拉应力形式存在,拉应力的存在为应力腐蚀提高了应力条件。其次,在枪管镀铬前,加工车间为了比较容易地去掉表面氧化膜,用硫酸、盐酸等酸性溶液进行了酸洗,一般情况,枪管酸洗时间为30min左右,如果枪管因镀铬质量不合格或其他原因进行了重复脱铬、镀铬,则总的酸洗时间更长,也就是说,枪管有充分接触酸腐蚀介质的机会,这为应力腐蚀提供了腐蚀条件。另外,就枪管材料30GrNi2WVA本身而言,其在890℃淬火,360℃回火的热处理状态下,力学性能不佳,强度高、脆性大,对应力敏感,同时对酸介质下的应力腐蚀开裂也比较敏感。从而,在应力和腐蚀条件的相互作用下,枪管产生了应力腐蚀开裂现象。

具体过程描述如下:枪管热处理时,由于枪管前后壁厚不同,冷却速度存在差异,从而产生了拱形的塑性变形,枪管中部变形最大。校直后,枪管产生了塑性变形,在枪管内部残留了较大的内应力,在枪管内表面阴阳线交界的部位,过渡角R较小,造成了应力集中。在这个残余拉应力的作用下,材料表面的晶界出现了滑移等缺陷,同时由于塑性变形也存在位错等晶界缺陷,因此,层错能较高。此时,材料处于酸腐蚀介质中并承受拉应力,存在缺陷的晶界表面的氧化保护膜被腐蚀破坏,基体金属直接暴露于介质中,形成一个小的阳极,其周围保护膜完好的大区域为阴极,形成电化学电池,电化学活动性增强,阳极电化学溶解,即裂纹形核。此时,拉应力集中导致裂纹张大趋势较强,防止了腐蚀产物使电化学反应停止,这样在机械和化学的联合作用下,使材料的应力腐蚀裂纹成核并扩展。裂纹初步扩展后,消耗了能量,释放了表面的部分应力,使活动的裂纹很快停止下来。未完全释放的残余内应力集中在了裂纹的尖端,促进裂纹尖端电化学反应的进行,即阳极极化过程。如此反复进行,促使裂纹不断扩展。特别是在枪管镀铬时,枪管再次短时间接触酸介质,更促进了应力腐蚀裂纹的扩展。从残件试样来看,裂纹扩展到枪管壁厚的 1/2 左右后,在高压弹的膛压作用下,最终瞬间断裂。

2. 枪管断裂失效的预防措施

根据失效分析的情况,实施了预防枪管应力腐蚀的改进措施,具体措施如下。

(1) 改进了热处理工艺,由原来的 890℃ 淬火、360℃ 回火改为 890℃ 淬火、250℃ 回火,提高了材料的综合力学性能。

(2) 将热处理工艺中的油介质淬火改为硝盐分级淬火,从而减小了枪管的热处理变形。

(3) 在枪管最后一道校直工序后增加 200℃ 的去应力回火工艺,及时消除了枪管的残余内应力。

(4) 禁止了枪管镀铬前的酸洗除锈工序,改为铅擦膛工艺,避免了枪管长时间接触腐蚀介质。

改进措施实施后,经过两个月的生产实践,工厂生产 10000 余件枪管再未出现应力腐蚀开裂现象。

9.6 热循环作用下圆筒基体热障涂层的失效过程分析

9.6.1 背景

热障涂层(TBCs)作为目前最先进的高温防护涂层之一,已经越来越广泛地应用于航空发动机高温热端部件上。由于热障涂层系统中陶瓷层、粘接层与基体金属材料具有不同的热膨胀系数,在工作过程中容易出现不匹配热应力从而导致陶瓷层剥落失效,失去其热防护作用,很大程度上阻碍了热障涂层的应用。研究陶瓷层的剥落失效机理,对设计长寿命、高可靠性的热障涂层具有重要意义,已经成为国内外研究热障涂层技术的焦点问题。

随着科技的进步,目前对 TBCs 涂层失效研究手段也在逐步地得到改善,如利用电镜扫描技术、拉曼光谱扫描技术、CT 方法及数值模拟等手段,研究 TBCs

破裂失稳全过程,并分析各个热循环阶段的力学特征。本节针对带等离子喷涂热障涂层的圆筒基体试样展开热循环试验,并根据试验条件利用有限元软件ABAQUS 对试样中的瞬时温度以及应力分布进行了模拟,并基于陶瓷层中应力的计算结果探讨了热障涂层的失效过程。

9.6.2 热循环试验

基体为圆筒,材料采用 K423A 高温合金,双层结构热障涂层的陶瓷层和粘接层均采用等离子喷涂方法制备。热循环试验过程如下:将制备好的试样置于某型红外线急速加热装置内,一端固定,另一端自由;在圆筒内部持续通以流量为 2500L/h 的冷却空气,对试样外表面进行红外线辐照加热,加热 450s 时关闭加热装置,使试样在自然环境下冷却 120s,然后再次进行红外线辐照加热,如此往复。图 9 - 52 为对试样加热的示意图。红外线加热装置非完全封闭,可以在试验过程中随时对试样表面剥落情况进行观察,同时,在一定的时间间隔内取下试样用工具显微镜观察试样表面的开裂情况,试验的终止条件为观察到试样表面出现垂直裂纹或陶瓷层剥落。

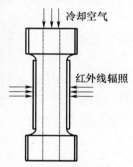

图 9 - 52 试样加热的示意图

通过试验发现,试样在经历很少的几次热循环之后便出现陶瓷层表面开裂并呈龟裂状的现象,经过912 次热循环,陶瓷层并未出现剥落。图 9 - 53 所示分别为沉积态与经历了 3 次热循环之后热障涂层的表面形貌,从图 9 - 53(b)可观察到表面垂直裂纹。

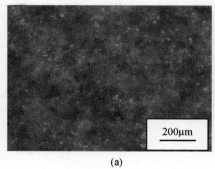

垂直裂纹

200μm

200μm

(a)

(b)

图 9 - 53　陶瓷层表面形貌
(a)沉积态;(b)经历了 3 次热循环之后。

普遍采用陶瓷层屈曲失稳破坏理论解释陶瓷层失效现象,但是该理论没有考虑陶瓷层中垂直裂纹的出现以及垂直裂纹对界面裂纹的影响,故不适合本例。下面通过对热障涂层系统在热循环过程中的瞬时应力进行分析,来解释如图 9－53 所示的试验现象。

9.6.3　有限元模拟分析热障涂层失效

1. 陶瓷层瞬时温度场与应力场计算

1）有限元建模

用有限元软件 ABAQUS 建立热循环载荷作用下热障涂层试样的有限元模型,进行瞬态温度场与应力场分析,从应力的角度探讨热障涂层失效机理。一方面由于缺乏试样两端的传热边界条件,另一方面出于简化分析的考虑,本书的计算按二维平面应力问题进行计算。试验中试样沿轴向的变形是自由的,如果按平面应变问题进行计算,试样轴向的变形完全受到限制,与实际情况相差较大,按平面应力问题进行分析虽然不能给出试样轴向的应力,但如表 9－4 所列的陶瓷层的泊松比比较小,可以认为陶瓷层中因为与基体热膨胀系数不一致而导致的轴向机械变形对径向与周向变形的附加影响较小,对于本研究关心的陶瓷层中的应力,计算能够给出相对准确的平面内径向应力 σ_r 和周向应力 σ_θ 值。

表 9－4　材料参数

材料	弹性模量 E/GPa	泊松比 μ	热膨胀系数 $\alpha/10^{-5} \cdot \text{℃}^{-1}$	密度 $\rho/\text{kg} \cdot \text{m}^{-3}$	比热容 $/\text{J} \cdot \text{kg}^{-1} \cdot \text{℃}^{-1}$	热导率 $\gamma/\text{W} \cdot \text{m}^{-1} \cdot \text{K}^{-1}$
基底	211	0.33	1.48	7980	—	—
	197	0.33	1.52		460	11.6
	188	0.33	1.56	—	490	15.5
	176	0.33	1.62	—	544	19.6
	157	0.34	1.69		624	23.7
	120	0.35	1.75		733	27.5
粘合层	200	0.30	1.36	7800	400	5.8
	190	0.30	1.42			7.5
	175	0.31	1.46			9.5
	160	0.31	1.52			12
	145	0.32	1.61	—		14.5
	120	0.33	1.72	7430		16.2

材料	弹性模量 E/GPa	泊松比 μ	热膨胀系数 $\alpha/10^{-5} \cdot ℃^{-1}$	密度 ρ/kg·m^{-3}	比 热 容 /J·kg^{-1}·℃$^{-1}$	热 导 率 γ/W·m^{-1}·K^{-1}
陶瓷 涂层	48	0.10	0.90	5000	450	1.2
	47	0.10	0.92	—	—	1.19
	44	0.10	0.96	—	—	1.18
	40	0.11	1.01	—	—	1.15
	34	0.11	1.08	—	—	1.16

图 9-54 所示为试样横剖面 1/4 视图及有限元模型,试样横剖面的几何尺寸如图 9-54(a)所示。采用顺序耦合的方法计算模型的温度场和应力场。计算温度时采用 DC2D4 单元,单元数为 18400 个,节点数 18847 个,计算时间取加热时间 105s,降温时间 120s。计算应力时,将温度场的计算结果作为结构的热载荷输入,将热分析单元转换成相应的应力分析单元。计算步长采用自适应控制,初始时间步长均为 1s。

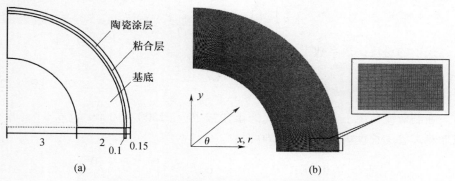

图 9-54 试样横部面 1/4 视图及有限元模型
(a) 几何尺寸；(b) 有限元网格。

2）材料参数设定

各层材料参数如表 9-3 所列。

3）传热边界条件与温度初始条件

由于模型的对称性,图 9-54(b)所示的有限元模型两端自然取为绝热边界条件。热边界条件的确定主要考虑试样内外部表面。

试验中配备热电偶测温系统,对试件加热时使热电偶丝与试样外表面加热区紧密接触,直接读取所测部位的温度值。一方面,通过比较所测得的试样表面的最高温度和试验目标值来控制加热设备的输出功率,另一方面按一定的时间间隔读取试样外表面的温度值,为结构瞬时温度场的计算提供第一类热边界条件。实验中测得的试样外表面温度历程如图 9-55 所示。

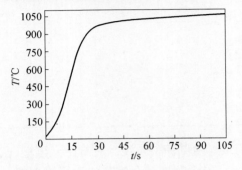

图 9-55 外表面温度历程

试样内表面与降温过程中的外表面按第三类热边界条件考虑。在已知边界上结构体与周围流体的换热系数 h 和周围流体温度 T_f 的情况下,边界条件表示为

$$-k\left[\frac{\partial T}{\partial n}\right]_w = h(T_w - T_f) \qquad (9-11)$$

式中的对流换热系数工程上工程上取为

$$h = \frac{N_u \lambda}{l} \qquad (9-12)$$

强制对流情况下,当冷却空气的雷诺数 Re 在 2300 ~ 10000 的范围内,并且被加热圆管的长度内径比 $L/D < 60$ 时:

$$N_u = 0.023Re^{0.8}P_r^{0.4}\left[1 + (D/L)^{0.7}\right]\left[1 - \frac{6 \times 10^5}{Re^{1.8}}\right] \qquad (9-13)$$

自然对流情况下

$$N_u = c\,(G_r \cdot P_r)^n \qquad (9-14)$$

当 $(G_r \cdot P_r)$ 值在 $10^4 \sim 10^9$ 的范围内,c 取值 0.59,n 取值 0.25。

式中:k 为结构材料的导热系数;n 为结构边界的外法线方向;T_w 为结构边界的表面温度;T_f 为周围流体的温度;Re 为流体雷诺数;P_r 为流体普朗特数;G_r 为流体格拉晓夫数;D 为换热器特征尺寸,本文中取试样的内径;L 为试样的长度。

通过以上公式计算得到圆筒内部通冷却空气强制对流冷却时的对流换热系数为 $h = 183\text{W} \cdot \text{m}^{-2} \cdot \text{℃}^{-1}$,而降温过程中圆筒外部自然对流冷却时的对流换热系数为 $h = 16\text{W} \cdot \text{m}^{-2} \cdot \text{℃}^{-1}$。模型的初始温度为室温30℃。

4）力的边界条件

有限元模型的两端取为对称边界条件,模型下端部竖向的位移被限制,而上端部横向的位移被限制。另外,取涂层的喷涂温度200℃为系统的无应力温度。

2. 计算结果

1）温度场

从模型的不同位置取点考察系统温度的变化,图9-56所示为陶瓷层外表面$r=5.25$mm处,陶瓷层/粘接层界面$r=5.10$mm处,粘接层/基体界面$r=5$mm处以及试样内表面$r=3$mm处温度T随时间t变化的曲线。

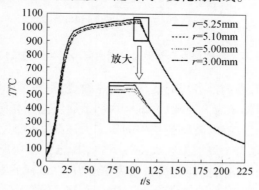

图9-56 试样上不同点温度随时间的变化

试验时在圆筒内部通冷却空气试图部分模拟带热障涂层航空发动机涡轮叶片的工况,但是从所确定的边界条件来看,冷却空气的对流换热系数相对较小,因此试样内表面散热会较慢。从图9-55可以看出,在对试样外表面进行红外线辐照加热时,试样内侧温度上升与外表面温度上升基本同步,在接近稳态温度场时,试样内外表面温度差仅为35℃。该结果初步表明,对于带热障涂层的圆筒试样,实验室条件下在试样内部通冷却气流不会使涂层厚度方向形成较大的温度梯度。在停止红外线加热的瞬间,试样外表面较内部有较大的降温速度,但由于自然对流传热系数小的缘故,这种差别不明显,随着降温时间的增长,试样中的温差逐渐缩小并最终接近均匀温度场。

2）应力场

因为各层热膨胀系数不一致,当温度发生变化时,试样中将产生热应力。图9-57显示的分别是陶瓷层外表面$r=5.25$mm处与陶瓷层/粘接层界面附近陶瓷层一侧$r=5.11$mm处的周向应力随时间的变化曲线。

从图9-57中可以看出,试样从喷涂温度冷却到室温时,陶瓷层的外表面与界面附近处存在残余压应力,分别为48MPa与47MPa。在对试样加热开始的瞬

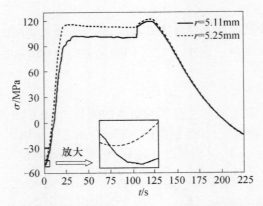

图 9-57　陶瓷层表面与界面处周向应力随时间的变化曲线

间,陶瓷层温度上升而内部各层温度尚未发生改变,陶瓷层的膨胀将受到内部各层的限制而产生附加压应力。随后,试样内部金属层温度开始升高,金属层的膨胀将缓和陶瓷层的压应变,使陶瓷层中的压应力逐渐减小,由于金属层的热膨胀系数大于陶瓷层,随着金属层温度大幅度升高,其热膨胀变形将超过陶瓷层,从而导致陶瓷层的周向应力由压应力转变为拉应力,在试样的温度场接近稳态时,陶瓷层表面处的周向拉应力约为 113MPa,而界面附近处约为 105MPa。从图 9-57 中可见,进入冷却过程后陶瓷层的周向拉应力在短时间内小幅增大随后下降,这是由于冷却初期陶瓷层降温速度大于内侧金属,而导致陶瓷层的收缩受金属限制的缘故。

陶瓷层表面是否出现垂直裂纹可根据周向应力 σ_θ 判断,而陶瓷层/粘接层界面的开裂与否则与界面处的径向应力 σ_r 密切相关。

图 9-58 所示为陶瓷层与粘接层界面附近 $r=5.11\text{mm}$ 处径向应力 σ_r 随时间的变化曲线。从图 9-58 中可以看出,径向应力的变化趋势与周向应力相反。在加热开始的瞬间,径向应力为拉应力,其值约为 1.5MPa,随着加热过程的进行,径向应力逐渐转变为压应力,试样中温度场达到稳态时,压应力值约为 3.5MPa,在降温过程开始的短时间内,该值有所增大。

3. 失效机理分析

等离子喷涂的陶瓷层与粘接层之间的连接属于机械结合,结合强度通常为 30MPa ~ 70MPa。图 9-58 中界面处的径向应力在试样冷却到室温时为拉应力,但其值远小于界面的结合强度,不足以直接造成界面开裂而导致陶瓷层剥落。然而,在试样升温的过程中以及冷却开始的瞬间,陶瓷层中出现很高的周向拉应力,最高可达 122MPa,因为等离子喷涂的热障陶瓷涂层空隙率通常很高以及存

276

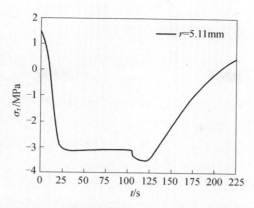

图 9 - 58   陶瓷层界面处径向应力随时间的变化

在大量缺陷,其抗拉强度往往远低于烧结陶瓷,一般为 20MPa ~ 50MPa,在较高的周向拉应力作用下,沿轴向的垂直微裂纹将首先在陶瓷层中较薄弱处或存在缺陷处出现,在热循环作用后,陶瓷层中的轴向微裂纹将连通形成宏观可见裂纹。本计算未能对陶瓷层中轴向应力进行考虑,但可以预见,陶瓷层在热循环过程中将同样出现较大的轴向拉应力,导致陶瓷层垂直于轴向开裂,陶瓷层中轴向与垂直于轴向的表面裂纹交错出现使陶瓷层表面呈龟裂状。垂直裂纹作为陶瓷层的边缘会在结构中引起边缘效应,界面力学中称为"界面端"效应,界面端处严重的应力集中将使陶瓷层在该处开裂,产生边界界面裂纹,随着热循环的进行,界面裂纹扩展至另一端边界将最终导致陶瓷层以龟裂网格宽度大小片状剥落。在一定程度上,陶瓷层中首先出现垂直裂纹使陶瓷层与基底之间的变形不匹配程度降低,对热障涂层的剥落失效寿命是有益的。

4. 小结

对圆筒基体热障涂层试样进行了热循环载荷作用下的失效试验,结合试验条件,利用有限元软件计算了热循环过程中热障涂层系统的应力,分析了陶瓷层失效的原因。计算结果表明,试样处于室温时,陶瓷层内残余周向应力为压应力,随着热加载的进行,周向应力逐渐从压应力变为拉应力,当试样中温度达到稳态最高温度时,陶瓷层表面的周向拉应力值达 113MPa,在冷却过程开始的瞬间该值略有上升,该应力造成热障涂层在经历为数不多的几次热循环之后即发生表面开裂现象;对于完整结构来说,陶瓷层/粘接层界面的剥离应力(径向应力)在系统处于低温状态时为拉应力,但其值比较小,短时间内不足以造成界面的开裂;相比之下,表面垂直裂纹出现后所引起的边缘效应更易导致界面的开裂。垂直裂纹的出现降低了陶瓷层面内的应变能,这对热障涂层的剥落失效寿命是有益的。

9.6.4 声发射技术分析热障涂层失效

TBCs 失效过程是一个相当复杂的积累损伤的动态过程,采用声发射检测技术对 TBCs 涂层裂纹的产生、发展和断裂过程进行监测,与传统的裂纹检测相比,不仅能够实现裂纹的实时、动态监测,而且能够得到与理论上疲劳裂纹扩展速率曲线相似的结果。因此,采用声发射技术对 TBCs 涂层破裂进行动态监测有很好的工程应用前景。国外已有利用声发射技术监测 TBCs 涂层破裂的研究,甚至利用 AE 信号分析进行 TBCs 寿命预测评估。

1. 检测系统构成

利用氧、丙烷燃气加热,压缩空气冷却方法对航空发动机热端部件工作环境进行模拟(图9－59)。试样正反面均装有高精度红外测温装置,实时监控温度变化情况。试样基体上焊有波导杆,末端装有声发射信号传感器,采集到的 AE 信号经放大送入计算机处理。声发射传感器用于接收材料内部的声发射1信号,其性能对测试非常重要,试验机中采用 RLI5 型声发射专用传感器。其信号采集部分是压电陶瓷,可采集信号频率范围是 50kHz ~ 300kHz。声发射传感器的电压输出信号非常弱,需要放大器放大后再传输。选用的前置放大器是一种通用放大器,可获得 20dB、40dB 和 60dB 的增益。具有单端输入和差分输入两种输入方式。选用 PCI 声发射卡对声发射特征参数和波形进行实时处理,具有18 位 A/D 转换、3kHz ~ 3MHz 频率范围。计算机分析软件采用 AEwinTM。该实时声发射分析软件包括前端数字滤波、图解滤波、AE 特征提取、报警输出、各种定位功能、2D 和 3D 图形、多参数分析、聚类分析、波形处理及相关分析、HIT 数据线形显示、统计及重放功能等。

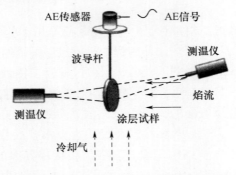

图 9 – 59 声发射热循环系统工作原理简图

2. 试验分析

热循环试验过程如下:将试样涂层面加热到 1200℃ 并保持 5min,然后用压缩空气冷却到300℃以下,重复两个过程进行热循环试验(图9-60),曲线为涂层试样正反面温度值。热循环的同时,连接在试样上的 AE 系统中不断记录声发射数据并转换成点图、曲线等数据格式以供分析。

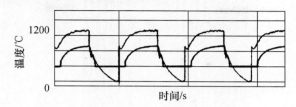

图 9 - 60　热循环温度曲线图

如图9-61(a)和图9-61(b)所示,信号幅度和事件数随着热循环次数增加而增加,这是由于涂层中不断增多的微裂纹所致。在图9-61(b)中,一个循环中 t_1 对应热循环中加热阶段,t_2 为冷却阶段,可以看出刚进入加热阶段与冷却阶段时会产生高声发射数量,说明温度的急升与陡降会导致涂层间的强应力,进而产生大量声发射信号。t_1 区间内信号数从较高逐渐衰减到没有,对应热循环从升温到保温的过程,这是由于大多数声发射信号产生于温度变化的过程中,且温度变化快慢直接对应信号数量的多少,这与试验中涂层剥落发生在温度急升时的试验现象相吻合。从图9-61(a)和图9-61(b)中容易发现试样内部产生作用力随循环次数增加越来越强烈,通过定量分析可以作为判断涂层性能和预测涂层寿命的依据。图9-61(c)是一块全新试片进行前几次热循环试验时的声发射信号数量图。T_1 为第一个加热阶段与保温阶段,T_2 为第一个冷却阶段,T_3 为第二个加热与保温阶段,T_4 为第二个冷却阶段。第一个加热阶段由于来自结合层弹性变形及氧化的比例较少,热生长氧化物(TGO)界面层应力未达到材料所受的最大先期应力,所以没有明显的声发射出现。而在第二个加热阶段,产生了大量声发射信号,这是由于热氧化生长层 TGO 在热循环过程中的疲劳与涂层内应力的综合作用结果,TGO 的生长使得应力超过最大值时,声发射速率明显增加。

图9-61(d)中可以发现,从4000s后,温度急升过程中会产生高持续时间的声发射信号。根据在线工业 CCD 捕捉到的照片,可以发现试样涂层有轻微的剥落。在图9-61(d)中,当 AE 信号均为高持续时间(100000s),出现了大量中间信号(持续时间在20000s~100000s),同时发生涂层剥离的现象。多次试验验证这些信号是由于涂层剥落所产生的 AE 信号。

3. 结论

试验结果表明,涂层在热循环过程中产生了大量 AE 信号,包括频率、振幅、

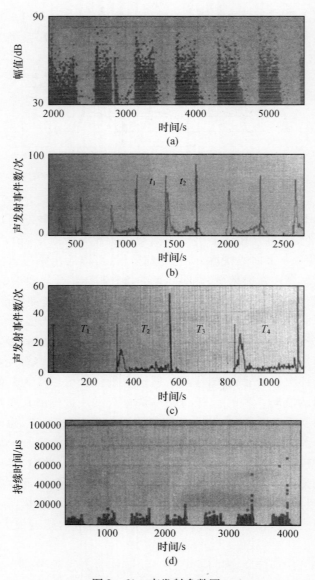

图 9 – 61　声发射参数图

（a）声发射信号幅值图；（b）声发射信号数量图；
（c）一块全新试片的前三个循环；（d）声发射信号的持续时间图。

数量以及持续时间等，这些信号的特征与涂层失效存在着必然联系，且声发射信号能够反映 TBC 裂纹动态演化过程。声发射事件主要是由于裂纹扩展产生的，并随温度—应力变化表现出不同的特征。在初始加载阶段至初始裂纹出现之前,其声发射活动不很明显;一旦 TBCs 出现初始裂纹,在相应应力点声发射事件明显增多;在微裂纹扩展的非稳定阶段至涂层破坏瞬间,声发射活动变得异常活跃,声发射事件变化率最大。

声发射疲劳裂纹监测的主要困难在于疲劳试验过程中的大幅度机械噪声干扰,如焰流冲击、机械震动以及冷却冲击所产生的噪声,其幅度大,频率分布广,使得微弱的疲劳裂纹萌生和扩展产生的声发射信号被湮没。可以通过更多试验与更优的信号处理方法建立数学模型,对涂层性能及寿命进行有效评估。

9.7 高速电弧喷涂 3Cr13 涂层不同工作环境下失效模式分析

高速电弧喷涂 3Cr13 马氏体不锈钢涂层因其具有强度高、耐磨性好、价格低廉等特点,广泛应用于再制造工程领域。在电弧喷涂材料从熔化到凝固形成涂层发生在几毫秒的时间内,3Cr13 发生马氏体相变,形成具有较高的硬度和优良耐磨性的涂层。此外,在电弧喷涂过程中发生的马氏体相变具有体积增加效应。这种体积增加效应可以部分地补偿涂层冷却时产生的体积收缩,从而减少了涂层内应力,提高了涂层体系的可靠性。

图 9-62 给出了 3Cr13 高速电弧喷涂的截面组织。涂层表现为典型的波浪形的层状结构。可以看出涂层与基体结合良好,片状结构细小,颗粒变化程度大,组织致密。由于喷涂过程中,颗粒的陆续堆叠和部分颗粒的反弹散失,在涂层内部不可避免地存在一部分孔隙和空洞,但涂层孔隙的尺寸小,数量少,并且基本上处在粒子扁平叠加的重叠处。

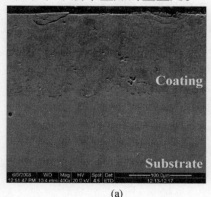 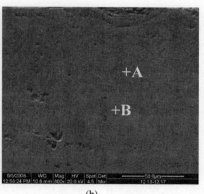

(a)   (b)

图 9-62 3Cr13 涂层截面形貌 SEM 照片

(a)低倍照片;(b)高倍照片。

9.7.1 干摩擦条件下3Cr13涂层的失效分析

1. 表面、截面形貌观察

干摩擦条件下,摩擦因数随时间的变化如图 9 - 63 所示,可分为跑合磨损期、稳定磨损期、剧烈磨损期。当涂层被磨穿时,涂层达到磨损寿命,摩擦因数出现突变的特征。涂层失效时的表面形貌如图 9 - 64 所示。

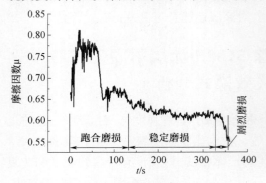
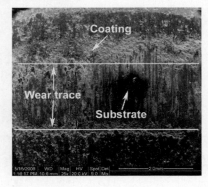

图9-63　摩擦因数随时间的变化　　　　图9-64　干摩擦涂层失效时的表面形貌

涂层磨损过程截面形貌如图 9 - 65 所示。可将涂层的磨损截面形貌作为涂层剥落规律和磨损失效机制的最主要判据。在涂层跑合磨损期,由于涂层和下试样表面微观凸体互嵌形成接触点,以及在干摩擦加速作用下产生的高温高压,使得接触点上形成焊合结点,在摩擦副相对滑动的作用下造成接触点和焊合点剪断,如图 9 - 65(a)所示,这就造成了涂层在跑合期表面相对粗糙。通过高倍形貌发现,图 9 - 65(b)所示的这种剪切断裂从表面到次表面都有发生,因此可以判断,涂层的在跑合期磨损主导类型为黏着磨损的涂抹和擦伤形式。次表面裂纹萌生后沿着涂层不同成分间(图 9 - 65(c)所示的黑灰色氧化物和原丝材合金这两相间)界面扩展,说明这种接触点和焊合点的断裂力大于涂层中主要成分间的结合力。

稳定磨损期试样的 SEM 照片如图 9 - 65(d) ~ 图 9 - 65(e)所示。在跑合期后,涂层和下试样表面的微观凸体被磨平,表面相对光滑,剪切断裂发生在表层,从而保证了稳定阶段磨损率最小。因此判断涂层在稳定磨损期的主导类型为磨料磨损和黏着磨损的轻微磨损形式。在涂层次表面涂层自身的空隙 A 附近萌生了一条裂纹 B,并向表层扩展,如图 9 - 65(f)所示,分析认为在反复摩擦作用下涂层微观缺陷(孔隙、微裂纹等)的周围会存在较大的应力集中。这种应力集中促使微观裂纹萌生和扩展,为涂层达到剧烈磨损期出现剥落现象提供

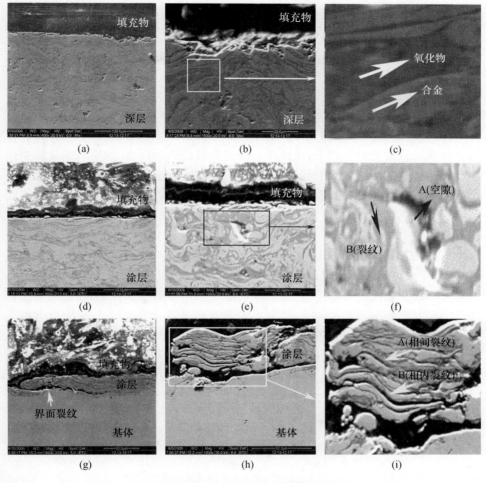

图9-65 磨损过程截面形貌

了前提条件。

从剧烈磨损期试样 SEM 截面照片(图9-65(g))可以看出,在剧烈磨损期时,涂层与基体间出现了裂纹,这主要是由于涂层和基体本身为机械结合,在较高的界面剪切应力与界面处微观缺陷的相互作用下,界面裂纹萌生扩展进而导致涂层从基体剥落,这是涂层失效的常见现象。当然,在界面分层剥落形成过程中,涂层和基体的性能差异形成的残余应力不连续、涂层和基体的界面状态等因素也可能对界面分层的形成有着一定的作用。此外,涂层中形成较大的剪切力作用,这样的剪切力不足以使得涂层成分层剥落,但可能会在局部位置引发较大的塑性变形,进而导致出现涂层氧化物相内分层,氧化物和涂层材料合金这两相的层状结构逐层开裂,形成贯通裂纹,如图 9 – 65(h) ~ 图 9 – 65(i)所示,涂层迅速剥落,因此判断涂层在剧烈磨损期的主导失效机理以疲劳磨损为主。

2. 残余应力分析

残余应力是导致涂层开裂、剥落的主要原因之一,因此测量比较磨损各个阶段的残余应力变化,对分析涂层失效具有重要意义。

不同磨损阶段的涂层的残余应力如图 9 – 66 所示。在未磨损试验的原始试样表面测得的衍射角 2θ 随 $\sin2\Psi$ 的增大而减小,而到了跑合期 2θ 随 $\sin2\Psi$ 的增大而增大且变化斜率较大,这说明在经过短暂的跑合期后,涂层残余应力由拉应力迅速转变为压应力。引起这一变化的主要原因是涂层在跑合磨损期,接触磨损区的温度迅速升高(图 9 – 67 中试样基体的温度在 80 ℃左右)使涂层表层产生塑性变形;但在涂层次表面仍可能处在弹性变形状态,受其限制涂层表面产生残余压应力与次表层产生残余拉应力相平衡,这是典型的冷态塑性变形起主导作用的状态。随着跑合期的结束进入稳定的磨损阶段,温度升高速度放缓(图 9 – 67 中试样基体的温度在 150 ℃左右),但接触区的温度使整个涂层产生热膨胀引起热态塑性变形效应,此时基体温度相对接触区仍较低,涂层表层受到基体的限制产生了残余拉应力,因此在稳定期残余应力值变小。在剧烈磨损期时,虽然涂层的温度更高(图 9 – 67 中试样基体的温度在 160 ℃左右),但此时涂层的厚度已经接近于零,影响涂层的残余应力的主要因素由温度变成涂层的厚度,基体对涂层的热膨胀影响变大,因此涂层在基体影响收缩下产生压应力。

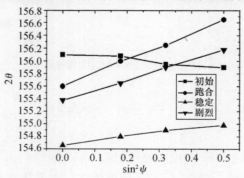

图 9 – 66　2θ – $\sin2\Psi$ 的关系图

3. 硬度分析

涂层硬度是影响涂层磨损失效的最主要因素之一。图 9 – 68 所示为 3Cr13 涂层的磨损在各个阶段的截面测得的显微硬度数值。涂层在经过跑合期后硬度略有增加,在稳定期硬度达到最高值,在剧烈期开始下降。分析认为,涂层在摩擦过程中受到了冷作硬化,使得涂层的硬度随磨损时间的推移呈增加趋势,但在

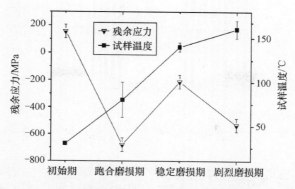

图 9 – 67　磨损过程中残余应力、试样温度变化图

剧烈磨损期涂层开始出现分层松散现象,在分层比较严重的 A 区域(图 9 – 69),硬度值下降最大;而在涂层分层相对较轻的 B 区域,硬度值下降不明显,甚至有变大的可能,但从总体上看剧烈期的硬度比稳定期要小。对比跑合期和剧烈期的硬度发现,虽然剧烈期硬度比跑合期高,但不意味着剧烈期的耐磨性好,原因在于过分的冷作硬化促进了裂纹的萌生与扩展,造成的涂层的松散,使剧烈期的磨损率大于跑合期的磨损率。

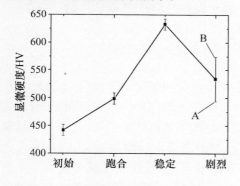

图 9 – 68　磨损过程中硬度变化曲线

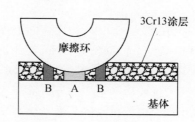

图 9 – 69　摩擦接触示意图

4. 结论

(1)3Cr13 涂层在干摩擦加速条件下的磨损失效机理是动态变化的,涂层的磨损失效主导机理从跑合磨损期的黏着磨损转换成剧烈磨损期的疲劳磨损,而这种机理转换是在稳定磨损期完成的。

(2)影响涂层残余应力的主导因素在整个磨损寿命中各不相同,影响跑合期涂层残余应力的主要因素是冷态的塑性变形,稳定磨损期主要是热态塑性变形,最后剧烈磨损期主要是基体热膨胀作用。

（3）在整个磨损寿命过程中，涂层表面发生了冷作硬化现象，从而提高了涂层的表面硬度。但过分的冷作硬化将引起涂层材料疏松，进而引起硬度相对降低并加剧涂层的剥落。

9.7.2　含磨粒润滑条件下涂层失效分析

1. 磨损表面形貌分析

观察发现磨粒对涂层表面作用形成 3 类典型的磨损形貌，如图 9 - 70、图 9 - 71 和图 9 - 72 所示。

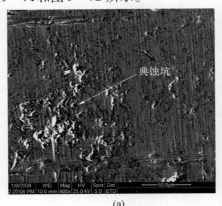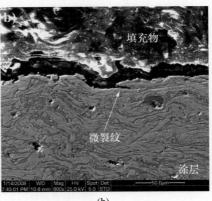

（a）　　　　　　　　　　　（b）

图 9 - 70　磨粒微切削作用下的涂层 SEM 图

（a）表面；（b）截面。

在图 9 - 70 中，涂层表面出现平行于滑动方向的犁沟，同时还有点蚀坑并伴随微裂纹。油润滑条件下，在 3Cr13 涂层和磨粒之间存在一层润滑油膜，当油膜厚度小于润滑油中磨粒的尺寸时，如果磨粒的硬度远高于涂层，当磨粒进入接触区后，就被接触正压力压入涂层表面，当摩擦副间发生相对滑动时，在切向力的作用下，磨粒对涂层表面产生剪切、犁皱和切削作用，导致在涂层表面留下平行于滑动方向的犁沟。在磨粒微切削过程中导致涂层表面微凸体的塑性变形和微观断裂，从而加速形成了点蚀坑，如图 9 - 70（a）所示。通过截面图（9 - 70（b））发现，在加速磨损形成的犁沟和点蚀坑过程中会在涂层表面伴随产生微裂纹，微裂纹很可能从表面萌生，并向涂层次表面扩展，最后可能产生二次裂纹折向表面。

在图 9 - 71 中出现较大的剥落坑，同时存在平行于涂层表面的贯通裂纹。由于磨粒介入使得磨损接触区局部应力增大；同时，当磨粒从表面滑过时，涂层材料都要连续经受压缩拉伸的循环应力作用。这直接导致涂层内部微观缺陷（孔隙、微裂纹等）的周围会存在较大的应力集中，从而促使着微观裂纹的萌生

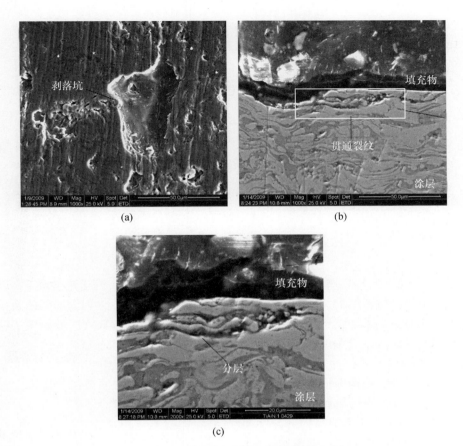

图 9 – 71　磨粒挤压作用下的涂层 SEM 图

(a) 表面；(b) 截面；(c) 局部放大截面。

和扩展,进而促使涂层表面出现大的剥落坑,如图 9 – 71(a)所示。在磨损过程中,由于摩擦力和磨粒挤压双重作用,在表面上产生了的最大压应力和发生在离表面一定距离处的最大剪应力,这可能导致涂层局部位置出现引发较大的塑性变形,使致涂层内部氧化物相和合金相分离,产生裂纹,一旦裂纹扩展与涂层内微观缺陷处裂纹相互连接,会沿着与涂层表面几乎平行的方向继续扩展,形成如图 9 – 71(b)所示的贯通裂纹,造成如图 9 – 71(c)所示的分层剥落,加速涂层磨损。

在图 9 – 72 中出现严重磨的损破坏区域。当磨粒进入摩擦接触区时,未进入接触区的磨粒聚集在摩擦副润滑入口区,造成磨粒在该表面聚集,导致区域内点蚀坑较多,如图 9 – 72(a)所示。同时磨粒的逐渐聚集严重影响磨损接触区正常的供油量,并导致较大温升,使润滑油的黏度下降。供油量不足和温升都将严

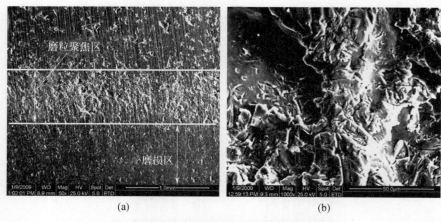

(a)　　　　　　　　　　　　(b)

图 9 – 72　磨粒聚集作用下的涂层 SEM 图
(a) 表面；(b) 磨损区局部放大。

重恶化润滑状态,导致磨粒与涂层材料直接接触大大增加。高速电弧喷 3Cr13 涂层属于脆性材料结构,磨粒和涂层产生粘着磨损的几率较小,但润滑油的减少使得磨粒对涂层犁和滚压的作用增加,图 9 – 72(b)所示局部放大区域出现了缺少润滑被磨粒直接严重破坏的涂层表面。

2. 结论

磨粒引起的加速磨损作用及相关失效形式有 3 种:磨粒的微切削作用主要引起涂层表面的点蚀坑和微裂纹;磨粒的挤压作用主要加速涂层表层出现大的剥落坑,同时可能引起涂层内部分层现象;磨粒的聚集作用主要是减少了润滑,加剧了磨粒对涂层的犁和滚压的作用。

9.7.3　不同载荷条件下涂层失效分析

1. 低载荷下失效

图 9 – 73 所示的是低应力($F = 50N$)作用下的 3Cr13 涂层表面形貌。表面的主要失效模式表现为大量的点蚀坑和剥落坑,而且涂层表面的点蚀和剥落发生位置比较浅。涂层在磨损过程中,摩擦副间微凸体的断裂,局部的塑性变形和摩擦接触区的微观滑移以及硬质磨粒的磨削,都导致了点蚀坑的形成,从微观来看如图 9 – 73(c)所示,点蚀裂纹很可能从表面开始,向涂层内扩展造成材料折断脱落。而点蚀有时候会伴随着涂层内部层状结构的开裂和剥离的迹象,从而导致比点蚀坑面积更大的剥落坑的形成。

因此,低载荷下涂层失效模式主要是点蚀坑和剥落失效。

2. 高载荷下失效

高载荷下,涂层表面磨痕宽度、犁沟的深度以及大的剥落坑的数目都相应增

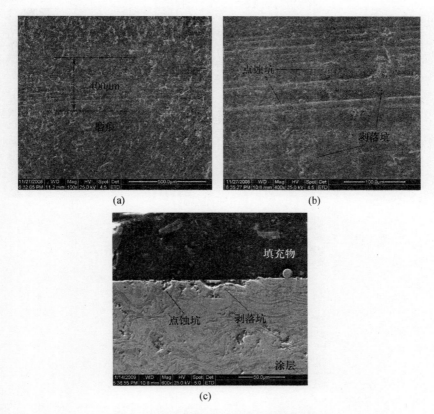

图 9 - 73　低载条件下涂层磨损 SEM 照片

加,如图 9 - 74 所示。从磨损失效的形貌来看,载荷的增加而使涂层内部分层失效主要有 4 个特征:①涂层失效区域有陡峭的边界和平坦的底部;②分层失效以涂层合金材料和氧化物相间分层为主;③分层失效的区域深度一般在距表面一定距离处可能与涂层内部最大剪切应力值的位置相当(图 9 - 74(c));④与点蚀和剥落坑相比,分层失效的区域的深度较深。出现上述特征的主要原因:在法向载荷增大的作用下,除了在涂层表面构成较大的犁削应力外,在涂层次表面形成了最大剪切应力。相关研究表明最大剪切应力出现在摩擦接触表面下方,距离表面距离为 0.78b,其中 b 为接触圆半径。在较大剪切应力下,在亚表层易产生剪切塑性变形及位错,并不断积累进而形成微裂纹,从而引起亚表层发生涂层分层现象。同时由于涂层层状结构之间为机械结合,当涂层内剪切应力超过其层与层结合强度时,将加速涂层内部裂纹的萌生。涂层内部的微观缺陷(孔隙、微裂纹等)也可能加速导致微观裂纹的萌生。裂纹的扩展的途径总是倾向于涂层的内部不同相间结合面,并沿着与表面平行的方向进行。

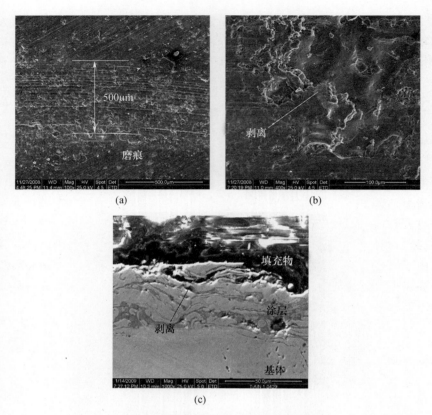

(a)   (b)

(c)

图 9 - 74　高载条件下涂层磨损 SEM 照片

因此,高载荷下涂层的失效模式是层内分层失效。

3. 结论

载荷大小影响涂层整个磨损寿命过程中的失效行为。当载荷较低时,点蚀和剥落是涂层主导失效机制;当载荷较高时,分层失效是引发涂层磨损失效的关键机制。

9.8　某重型车辆变速箱断齿及箱体断裂失效分析

9.8.1　背景介绍

某重型车辆在由下长坡转入平坦路时,突然发动机发出咔咔响声。停车检查,发现二挡主动齿轮断掉 1 个齿,而三挡主动齿轮连续断掉 3 个齿。二挡被动齿轮除 1 个齿有被啃印痕外,其余各齿完好,而三挡被动齿轮各齿严重啃齿。同时,紧靠三挡被动齿轮的变速箱上箱体断裂1个角,并有若干小块。该车辆发动机的动力经主离合器、分动箱传入变速箱螺旋锥形主动齿轮,再由螺旋锥形被动齿轮传入中间轴。中间轴上安装了所有的主动齿轮,当动力传输时它们都是旋转的,其旋转方向为顺时针方向(面对变速箱中间轴)。主轴上安装了所有的被动齿轮,这些被动齿轮中哪一个与主动齿轮啮合,则由该被动齿轮二、三挡同步器,1倒挡同步器和四、五挡同步器控制。

9.8.2 断齿和齿顶宏观形貌

图9-75所示为二挡主动齿轮断齿后的宏观形貌。该断口宏观特征是:靠左侧齿根是裂源区;中间是呈半个椭圆状的裂纹扩展区,具有明显的裂纹扩展方向条纹;断口右侧是瞬断区,有明显的断裂方向条纹,并呈向下凹的球面状,比较粗糙;最右侧齿根边缘有一条不太高的撕裂棱。根据如上特征可判断是冲击断口。由于该齿轮安装在中间轴上,按顺时针方向转动。裂源区—扩展区—瞬断区的裂纹扩展方向与齿轮转动方向相一致,可判断造成事故的主要原因是高速转动的被动齿轮把主动齿轮轮齿打断,属于快速冲击断裂。

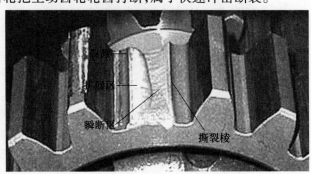

图9-75　二挡主动齿轮断齿后的宏观形貌

图9-76所示为三挡主动齿轮断齿后的宏观形貌。与二挡主动齿轮类似,由裂源区—扩展区—瞬断区的裂纹扩展方向与齿轮转动方向相一致的宏观特征可判断:是被动齿轮把主动齿轮轮齿打断。由3、2号断齿的扩展区所占面积分别超过其断口面积的50%,且表面光滑完整,可知该齿轮处于良好的塑性和韧性状态。根据其转动方向,可判断断齿顺序为3、2、1号。图9-77所示是三挡被动齿轮齿顶被啃形貌,可见齿顶被啃严重。

9.8.3 微观形貌分析

采用扫描电镜分析三挡主动齿轮断齿裂源区、扩展区和瞬断区的微观形貌。

图 9-76　三挡主动齿轮断齿后的宏观形貌

图 9-77　三挡被动齿轮齿顶宏观形貌

　　图 9-78 所示是裂源区微观形貌,发现其存在被拉长了的开口韧窝,则其开口方向即为应力方向。韧窝的拉长方向即为应力的方向,也是该裂纹的扩展方向。被拉长的开口韧窝说明该裂纹是承受急速冲击应力所致,即裂纹的产生和扩展都是在急速冲击条件下形成的,这就是该断齿开裂的原因。需要指出,齿根部分找不到某一个裂源,而是沿齿根一条直线都是裂源区,由此可推断该齿轮是在急速冲击下全齿根开裂。

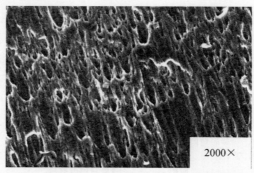

图 9-78　三挡主动齿轮断齿裂源区微观形貌

292

图 9 - 79 (a) 所示是扩展区微观形貌, 呈被拉长了的撕裂型韧窝特征。图 9 - 79 (b) 所示是裂纹扩展区与瞬断区交接部位的微观形貌, 左半部分是裂纹扩展的后期, 右半部分是瞬断区。左半区仍以方向性很强的韧窝为主, 但扩展区有少量的类似于河流花样的特征。这一特征说明材料有点变脆的倾向, 这是因为承受载荷加载速度很快所致, 进一步证实所受载荷为急速冲击。

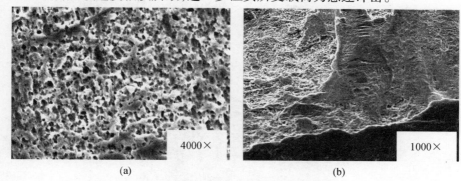

(a)　　　　　　　　　　　　　　　(b)

图 9 - 79　三挡主动齿轮断齿扩展区微观形貌
(a) 扩展区; (b) 扩展区与瞬断区交界。

图 9 - 80 所示是瞬断区微观形貌。出现典型的撕裂棱, 其撕裂方向性很强, 也很显著, 呈显著瞬断微观特征。

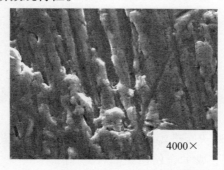

图 9 - 80　三挡主动齿轮断齿瞬断区微观形貌

9.8.4　金相分析

将三挡主动齿轮 2 号断齿切割 1/3, 镶嵌成金相分析试样。在 OLYMPUS 金相显微镜观察、照相, 得到该齿轮渗碳层表层、中部及心部金相组织如图 9 - 81 所示。

齿轮表面渗碳层淬火 + 低温回火后的金相组织为铁素体 + 回火马氏体。齿轮经渗碳和相关热处理后, 表面组织应为针状回火马氏体组织加少量渗碳体组

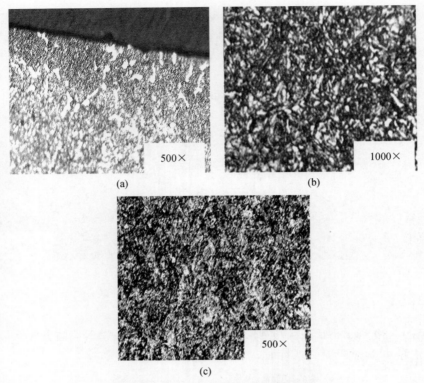

图 9 – 81　三挡主动齿轮 2 号断齿
(a) 渗碳层表层；(b) 中部及；(c) 心部、金相组织组。

织。而图 9 – 81(a)中,表层组织中出现了块状铁素体,属于不正常组织。分析其原因可能是在热处理加热时,出现了比较严重的脱碳现象,使局部区域呈亚共析钢。

齿轮渗碳层中部淬火 + 低温回火后的金相组织为铁素体 + 回火马氏体(图 9 – 81(b)),该组织是正常的合格组织。

齿轮心部的金相组织为板条状回火马氏体 + 少量铁素体(图 9 – 81(b)),该组织是正常的合格组织。

9.8.5　硬度分析

图 9 – 82 所示为齿轮表层沿深度的硬度分布曲线。在齿表层 0.25mm 范围内,硬度由表面的 675HV 下降至 520HV,这反映了齿表层存在脱碳层的存在及其并影响对表层性能的影响。渗碳层的硬度稳定在 675HV(相当于 58HRC);渗碳层深度为 1.7mm。齿轮心部硬度为 421HV(相当于 43HRC)。

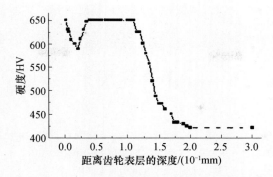

图 9 - 82　齿轮表层沿深度的硬度分布曲线

经硬度检验,该齿轮除表层脱碳而导致表层硬度下降外,其余都符合设计图纸的要求。

9.8.6　结论

经 SEM 分析,三挡主动齿轮 2 号断齿的微观形貌特征如下:无明确的裂源,而是沿齿根直线全面开裂,近裂源区为被拉长了的开口韧窝;裂纹扩展区属被拉长的变形韧窝;瞬断区为众多的典型的撕裂棱。因此,该齿轮断口属于快速冲击撕裂,但齿轮材料仍处于塑性、韧性较高的状态。

根据二挡主动齿轮和三挡主动齿轮上的断齿残部断口的裂源区、扩展区、瞬断区 3 阶段的发展方向,以及变速箱中间轴与主轴的位置关系、轴与齿轮的相互关系、尤其是传输动力时轴的转向关系,结合断齿截面的金相分析和硬度测验,除因表面脱碳而引起表层局部区域有少量铁素体外,其余都符合技术条件,可以判定该事故为高速转动的被动齿轮将主动齿轮的齿"憋断"。

参 考 文 献

[1] 陶春虎,刘高远,恩云飞,等. 军工产品失效分析技术手册[M]. 北京:国防工业出版社,2009.

[2] 刘贵民,马丽丽. 无损检测技术[M].2 版. 北京:国防工业出版社,2010.

[3] 廖景娱. 金属构件失效分析[M]. 北京:化学工业出版社,2003.

[4] 王浪平,王小峰,汤宝寅. 等离子体浸没离子注入与沉积技术的发展及前沿问题[J]. 中国表面工程, 2010,23(1).

[5] Johnson D J, Kusawa G W, Farnsworth A V, et al. Production of 0.5 – TW proton pulses with aspherical focusing magnetically insulated diode [J]. Physical Review Letters, 1979, 42(9).

[6] Davis H A, Remnev G E, Stinnett R W, et al. Intension beam Treatment of Materials [J]. Materials Research Society Bulletin, 1996, 21.

[7] Hodgson R T, Baglin J E E, Pal R, et al. Ion beam annealing of semiconductors [J]. Applied Physics Letters, 1980, 37(2).

[8] 王旭,董志宏,王兰芳,等. HIPIB 辐照处理对 316L 不锈钢耐磨性的改善 [J]. 武汉理工大学学报, 2007,21(7).

[9] 谭庆彪. 强流脉冲离子束(HIPIB)辐照 AZ31 镁合金的腐蚀磨损行为 [D]. 大连交通大学,2007.

[10] 李明娟,刘伟波. 不同工艺参数的强流辐照对钛合金表面形貌的影响 [J]. 热加工工艺,2011,23 (20).

[11] 阎爽. 强流脉冲碳离子束辐照高温金属材料试验研究 [D]. 沈阳大学,2011.

[12] 宋同凯. 强流脉冲离子束辐照 WC – Ni 硬质合金实验研究 [D]. 大连理工大学,2010.

[13] 李玉海,邢贵和,李生志,等. M2 高速钢强脉冲离子束表面改性及其耐磨耐蚀性 [J],沈阳工业大学学报,2010,12(2).

[14] 梅显秀,李晓娜,孙文飞. 强流脉冲离子束辐照对 DZ4 合金微观结构的影响 [J],稀有金属材料与工程,2009,31(8).

[15] 郭甲. 强流脉冲离子束辐照改性 WC – Co 硬质合金强化机制研究 [D]. 大连理工大学,2009.

[16] 王玉辉,肖福仁,廖波. W6Mo5Cr4V2 钢表面强流脉冲离子束辐照研究 [J]. 材料热处理学报, 2007,5(6).

[17] 梅显秀,孙文飞,王友年,等. 强流脉冲离子束辐照 YSZ 热障涂层表面改性 [C]. 2010 全国荷电粒子源粒子束学术会议论文集,2010. 6.

[18] 陈军. 复合氮化物硬质涂层的 HIPIB 辐照研究 [D]. 大连理工大学,2008.

[19] 李继承,林莉,赵扬,等. HIPIB 辐照前后 Cr_2O_3 陶瓷涂层超声衰减特性研究 [J]. 无损检测,2007, 10.

[20] 梅显秀,徐卫平,马腾才. HIPIB 烧蚀等离子体沉积 DLC 薄膜结构及性能 [J]. 大连理工大学学报,2004,13(4).

[21] 刘臣,武洪臣,徐忠成. 大面积强流脉冲离子束改性 EB – PVD 涂层研究 [C],第六届全国表面工

程学术会议暨首届青年表面工程学术论坛论文集, 2006.

[22] X. P. Zhu, F. G. Zhang and M. K. Lei. Surface modification of cemented tungsten carbides by high – intensity pulsed ion beam irradiation [C]. 6th China international conference on surface engineering. Xi'an, China, 2011. 5.

[23] 王旭. 强流脉冲离子束辐照 316L 不锈钢结构及性能研究 [D]. 大连理工大学. 2007.

[24] 颜莎, 乐小云, 赵渭江, 等. 强脉冲离子束在金属中引起的应力波效应 [J]. 核技术, 2003, 26(3).

[25] Konstantin Von Niessen and Malko Gindrat. Plasma spray – PVD: a new thermal spray process to deposition to the vapor phase [J]. Journal of thermal spray technology. 2011, 20(4).

[26] 程华, 张晰, 张广城, 等. 用等离子体增强化学气相沉积制备微晶 Si 薄膜 [J]. 材料研究学报, 2010, 31(5).

[27] Xie Dong, Pei yannan and Gui Xian. Influence of metal interlayer on the properties of DLC films deposited on UHMWPE by ECR – PECVD method [C]. 6th China international conference on surface engineering. Xi'an, China, 2011. 5.

[28] 杨智慧. 基于 ECR – PEMOCVD 技术的 GaN 和 InN 薄膜的生长及性能研究 [D]. 大连理工大学, 2010.

[29] 王海斗, 徐滨士, 等. 表面涂层加速寿命试验技术. 北京: 人民邮电出版社, 2011.

[30] 黄云, 恩云飞. 电子元器件失效模式影响分析技术 [J]. 电子元件与材料, 2007, 26(4).

[31] 郑石平. 电子元器件失效分析技术的工程应用 [J]. 现代雷达, 2006, 28(11).

[32] 王开建, 李国良, 张均, 等. 电子器件的失效分析 [J]. 半导体学报, 2006, 27.

[33] 刘宏. 大工业电子元器件应用过程中的哦质量控制与失效分析 [J]. 可靠性分析与研究, 2005, 11.

[34] 万向荣. 电子仪器失效(故障)分析 [J]. 可靠性分析与研究, 2005, 9.

[35] 吕俊霞. 电子元器件的失效分析技术 [J]. 质量与标准, 2008, 7.

[36] 黄云. 电子元器件可靠性增长的分析技术 [J]. 电子产品可靠性与环境试验, 2004, 3.

[37] 查利 R 布鲁克斯, 阿肖克. 考霍莱. 工程材料的失效分析 [M]. 谢斐娟, 等译. 北京: 机械工业出版社, 2003.

[38] 恩云飞, 罗宏伟, 来萍. 电子元器件失效分析及技术发展 [J]. 失效分析与预防, 2006, 1(1).

[39] 董均海. 电子元器件失效分析技术 [J]. 现代情报. 2006, 4.

[40] 张辉, 李树君, 王伟平. 声发射技术在热障涂层失效机理研究中的应用 [J]. 无损检测, 2010, 32(6).

[41] 柴志刚. 某涡轴发动机 I 级涡轮叶片叶尖涂层剥落失效分析 [J]. 失效分析与预防, 2007, 2(1).

[42] 朴钟宇, 徐滨士, 王海斗. 热喷涂金属陶瓷涂层的接触疲劳失效机理分析 [C]. 第七届全国表面工程学术会议暨第二届表面工程青年学术论坛论文集, 2008, 10.

[43] 邓化凌, 宋云京, 王勇, 等. CFB 锅炉用 MMC 防磨涂层的失效原因及机理 [J]. 腐蚀科学与防护技术. 2008, 20(3).

[44] 李勇, 张强, 张少玲, 等. 等离子喷涂纳米结构 YSZ 热障涂层的失效 [J]. 材料保护, 2008, 41(10).

[45] 吴霞, 张锐, 张而耕. 物理气相沉积涂层冲头开裂原因的失效分析 [J]. 机械制造, 2011, 49(560).

[46] 王军, 冯国旭, 杨亚东, 等. 直升机复合材料桨叶振动失效分析 [J]. 失效分析与预防, 2011, 6(2).

[47] 张敏, 晁利宁, 李继红, 等. 某焦炉煤气风机叶轮断裂失效分析 [J]. 材料热处理技术, 2011, 40(12).

[48] 林晓斌. 零件失效分析和抗疲劳设计 [J]. 热处理, 2011, 26(2).

[49] 曾黎明. 功能复合材料及其应用 [M]. 北京：化学工业出版社, 2006.

[50] 姜厚温, 冯建林, 陈宗浩, 等. 添加 n - SiC 的多元 PTFE 复合材料研究 [J]. 中国表面工程, 2007, 20(5).

[51] Li Fei, Hu Keao, Li Jianlin, et al. The friction and wear characteristics of nanometer ZnO filled polytetrafluoroethylene [J]. Wear, 2002, 249.

[52] Cai Hui, Yan Fengyuan, Xue Qunji, Liu Weimin. Investigation of properties of Al_2O_3 – polyimide nano – composites [J]. Polymer Testing, 2003, 22.

[53] 石森森. 固体润滑材料 [M]. 北京：化学工业出版社. 2000.

[54] 邵鑫, 薛群基. 纳米和微米 SiO_2 颗粒对 PPESK 复合材料摩擦学性能的影响 [J]. 机械工程材料, 2004, 28(6).

[55] 黄丽, 杨儒, 郭江江, 等. 微米和纳米 SiO_2 改性聚四氟乙烯的摩擦磨损性能 [J]. 复合材料学报, 2004, 21(4).

[56] 胡浩炬, 张建宇, 齐红宇, 等. 热循环作用下圆筒基体热障涂层的失效过程分析 [J]. 材料科学与工程学报, 2010, 28(1).

[57] 陈德民, 李雪原, 胡纪滨, 等. 轮式车辆变速箱换挡拨叉断裂的积累损伤研究 [J]. 北京理工大学学报, 2006, 26(10).